Depressive alte Menschen seelsorgerlich begleiten

Klaus Depping

Depressive alte Menschen seelsorgerlich begleiten

Auswege aus Schwermut und Verzweiflung

LVH

Die Deutsche Bibliothek – CIP-Einheitsaufnahme

Depping, Klaus:
Depressive alte Menschen seelsorgerlich
begleiten : Auswege aus Schwermut und
Verzweiflung / Klaus Depping. - Hannover : LVH, 2000
ISBN 3-7859-0804-0

2. Auflage 2002

Titelgestaltung: Martin Türk, Weenzen
Gesamtherstellung: poppdruck, Langenhagen
Printed in Germany

Inhalt

Vorwort von Prof. Dr. med. Grond

Depression ist die häufigste psychische Störung im Alter. Nur $^1/_3$ der Altersdepressiven wird erkannt und nur $^1/_{10}$ angemessen behandelt (Berliner Altersstudie, 1996). Wenn Depression im Alter zur Zeit ein blinder Fleck der Medizin ist, darf sie es nicht auch noch in der Seelsorge werden.

Der Religionsphilosoph Romano Guardini sagte, daß Depression eine zu wichtige Krankheit ist, als daß wir sie den Ärzten allein überlassen können, d. h. Depression sollte in einem multidisziplinären Team von Angehörigen, Pflegenden, Ärzten, Psychotherapeuten, Sozialarbeitern und Seelsorgern – die in der Literatur oft nicht einmal erwähnt werden – behandelt werden. Seelsorger allein können die schmerzhaften Realitäten der Schwermut und Verzweiflung nicht beseitigen, aber zusammen mit Psychiatern und Psychotherapeuten den Weg aus der Depression weisen, die Gläubigen stärken, sich aus der Depression mit Gottes Hilfe herauszuarbeiten.

Ich bin sehr erfreut, daß Herr Pastor Klaus Depping dieses Buch über die seelsorgerliche Begleitung depressiver alter Menschen geschrieben hat. Er ist nicht nur ein großartiger Kenner verwirrter, sondern auch depressiver alter Menschen.

Nach der Schilderung der Depressionsformen wendet sich der Autor der Welt des Depressiven in Gedanken-, Gefühls- und Glaubenswelt zu. Im Hauptteil motiviert er zu seelsorglichem Handeln auf dem Weg zu neuem Denken, neuem Erleben und zu einer neuen Lebensgeschichte. Schließlich erweitert er Seelsorge in speziellen Kontexten wie Seelsorge als Milieugestaltung, in der Gruppe, an Angehörigen und professionellen Pflegenden und im Gottesdienst mit Depressiven und regt zur Seelsorgefortbildung an.

Der Autor verfolgt zwei Ziele, daß Seelsorger depressive alte Menschen besser verstehen und mit ihnen hilfreich umgehen, z. B. durch Hinterfragen verzerrter Depressions-fördernder Denk- und Sprachmuster, durch Gefühls- und erzählende Biographiearbeit.

Mich hat beeindruckt, daß der Autor die Aufgabe gemeistert hat, Schwermütige so einfühlsam verstehen zu versuchen, daß eine lebendige Interaktion, ein Dialog von Person zu Person, vom Seelsorger zum Kranken zur Hoffnung für die Depressiven wird, weil er immer wieder mit sorgfältig ausgewählten Bibelzitaten und Liedtexten zum liebenden Gott hinführt. Der Autor baut nicht auf verkopfter Theologie auf, sondern hilft, die Wechselwirkung von

niederdrückenden Gedanken und Gefühlen zu verstehen und zu verändern. Er zeigt seelsorgliche Möglichkeiten auf, aus Schuldgefühlen, Hilf-, und Hoffnungslosigkeit andere Perspektiven zu finden und das Selbstwertgefühl zu stabilisieren.
Das Buch hilft, daß aus der erlebten Gottesferne nicht auch eine Seelsorgferne wird. Einige wenige Seelsorger verkünden aus eigener Überforderung oder aus eigener Betroffenheit als Angehörige immer noch einen unerbittlich strafenden Gott. In der vorliegenden ermutigenden Seelsorghilfe gelingt es dem Autor, Seelsorger zu motivieren, daß sie dem depressiven alten Menschen die Versöhnung mit sich selbst ermöglichen, indem sie im Glauben an den barmherzigen Gott Hoffnung gegen alle Verzweiflung vermitteln.

Prof. Dr. med. Erich Grond   Hagen (Westfalen), im Februar 2000
Internist – Psychotherapeut
Sozialmedizin

Vorwort des Autors

Nachdem bereits vor einigen Jahren als Ergebnis eines Projektauftrages vom Diakoniedezernat des Landeskirchenamtes der Ev. - luth. Landeskirche Hannovers eine zweibändige Abhandlung über die Demenzproblematik im Alter im selben Verlag erschien (Klaus Depping, 1993), liegt nun eine Veröffentlichung zum zweiten problematischen D, zur Depression im Alter, vor.
Ziel des Buches ist es, für ein Problem sensibel zu machen, das in seiner Bedeutsamkeit und Leidensgewichtigkeit noch oft unterschätzt wird. Das Buch bemüht sich, eine Wahrnehmungs-, Verstehens- und Handlungshilfe für den seelsorgerlichen Umgang mit Menschen zu sein, die im besonderen Maße „mühselig und beladen" (Mt. 11,28) sind. Leserinnen und Leser sollen ermutigt werden, zusammen mit den Betroffenen nach Auswegen aus Schwermut und Verzweiflung zu suchen.
An der Entstehung dieses Buches haben viele Anteil, an erster Stelle natürlich die betroffenen Menschen, die mir begegnet sind. Viele Anstöße habe ich in Fortbildungsveranstaltungen bekommen durch Teilnehmerinnen und Teilnehmer verschiedener Berufsgruppen. Ein besonderer Dank gilt Herrn Prof. Dr. med. Erich Grond. In mehr als zehn Jahren hat er an zahlreichen Fortbildungsveranstaltungen im Bereich der Ev.-luth. Landeskirche Hannovers mitgewirkt. Dabei ging es auch immer wieder um die Depression im Alter. Neben seinen medizinischen und psychotherapeutischen Beiträgen war es ihm immer wieder ein großes Anliegen, die Wichtigkeit der Seelsorge herauszustellen. Er hat auch dieses Buch wieder durchgesehen und hilfreiche Korrektur- und Ergänzungsvorschläge gemacht. Zu danken ist auch der Leiterin des Lektorats des Lutherischen Verlagshauses, Frau Dr. Bettina Kratz. Sie hat mir wertvolle Darstellungshilfen gegeben. Ihrem Drängen ist es zu verdanken, daß das Buch endlich fertig wurde. Nicht zuletzt habe ich meiner Sekretärin, Frau Christa Dorn, für umfangreiche Korrekturarbeiten und Tips für die Ausnutzung des Computers zu danken.
Das Buch soll eine Hilfe sein für Pastorinnen und Pastoren, für Diakoninnen und Diakone bei ihrem seelsorgerlichen Dienst mit alten Menschen. Ich denke aber auch an ambulante und stationäre Pflegekräfte sowie an Sozialarbeiterinnen und Sozialarbeiter, die ihre Tätigkeit als eine auch seelsorgerliche verstehen. Ich wünsche mir, daß auch ehrenamtliche Mitarbeiterinnen und Mitarbeiter in

der Seelsorge hier Orientierung finden. Ich hoffe, daß das Buch verständlich genug ist, um auch Angehörigen wenigstens in Teilen eine Hilfe zu sein.

Klaus Depping Hannover, im März 2000

Einführung

Geradezu obligatorisch am Anfang eines solchen Buches ist, daß man Auskunft darüber gibt, mit welcher Häufigkeit das Problem in unserer Gesellschaft und somit auch in der Kirche vorhanden ist. Diesem Informationsbedürfnis soll entsprochen werden. Geradezu aufrüttelnd sind zwei in der Allgemeinbevölkerung durchgeführte repräsentative Erhebungen zur Häufigkeit der Depression im Alter: die Duderstadtstudie (Rainer Welz 1994) und die Berliner Altersstudie (Karl Ulrich Mayer/Paul B. Baltes 1996). Nach der Duderstadtstudie sind 27,4% aller über 65jährigen depressiv. Die Berliner Altersstudie kommt auf 27% aller über 70jährigen. Die Depressionsrate steigt mit zunehmendem Alter an. In Duderstadt beträgt sie im Alter von 70-74 14,6%, im Alter von 75-79 Jahren 43,2%. Die Berliner Altersstudie weist für das Alter von 70-74 23% aus, für das Alter von 85-89 33%. Frauen sind stärker betroffen als Männer. In Berlin liegt der Anteil der Frauen in der gesamten untersuchten Altersspanne bei 30%, der Anteil der Männer bei 19%. In Duderstadt beträgt das Verhältnis Männer – Frauen 1: 2,5; 53,8% der über 80jährigen Frauen sind depressiv. In Duderstadt wurde auch die Häufigkeit von Depressionen in Heimen und Privathaushalten festgestellt. In Heimen sind 36,8% und in Privathaushalten 26,6% depressiv. Bei diesen Zahlen handelt es sich keineswegs um Zustände des Deprimiertseins oder der Trauer, sondern um einen eigentlich behandlungsbedürftigen Krankheitszustand.
Man mache sich einmal die Mühe, diese Zahlen auf den eigenen nahen Bereich hin zu denken: auf die eigene Kirchengemeinde, auf den Seniorenkreis, den man leitet, auf die Bewohnerschaft des Altenheims, in dem man tätig ist, auf die Patientinnen und Patienten der Diakonie/Sozialstation oder des Krankenhauses.
In diesem Buch werden Möglichkeiten der seelsorgerlichen Begleitung depressiver alter Menschen dargestellt. Eine solche Begleitung ist nur möglich auf dem Hintergrund der Kenntnis des Problems. Daher werden wir uns zunächst mit der Frage beschäftigen, was eine Depression ist. Wir werden verschiedene Formen von Depression kennenlernen, zunächst ganz allgemein und dann bezogen auf das Alter. In einem weiteren Schritt fragen wir, was in einem depressiven Menschen vorgeht. Wir werden versuchen, seine Innenwelt zu ergründen, werden fragen nach seinen Gedanken, nach seinen Gefühlen und danach, welche Rolle der Glaube bei der Depression spielt.

Bis dahin haben wir dann eine Plattform geschaffen für die Überlegung, an welchen Punkten seelsorgerliches Handeln ansetzen kann, welche Wege problemangemessen sind. Wir werden drei Ansatzpunkte und Wege aufzeigen, die sich an unterschiedlichen „Regungen“ der Seele orientieren. Wir fassen dabei seelsorgerliches Handeln weit auf. Wir verstehen darunter die Begleitung des Menschen in a l l e n Problemfeldern sowohl im sogenannten Profanen wie auch dort, wo ausdrücklich die Frage nach dem Glauben thematisiert wird.
Diese drei Ansätze und Wege haben zunächst die Einzelseelsorge im Blick, die Begegnung von zwei Menschen, die helfend bzw. Hilfe suchend aufeinander treffen. Anschließend behandeln wir einige besondere Bereiche seelsorgerlichen Handelns. Wir werden nach einer depressionsmindernden Milieugestaltung fragen, nach Möglichkeiten in der Gruppenseelsorge Ausschau halten. Es wird uns die Seelsorge an den Angehörigen sowie den Mitarbeiterinnen und Mitarbeitern ein Anliegen sein. Schließlich beschäftigen wir uns unter Depressionsgesichtspunkten mit dem Gottesdienst. Wir weisen weitergehende Hilfsmöglichkeiten auf. Am Schluß steht eine methodisch-didaktische Hilfe für die Leitung von Fortbildungsgruppen.

A. Formen der Depression

Depression ist nicht gleich Depression. Es gibt verschiedene Formen, Typen, die sich in vielerlei Hinsicht unterscheiden. Hinzukommt, daß es in der Psychiatrie unterschiedliche Einteilungen, Klassifikationen, gibt, die von unterschiedlichen Erkenntnisinteressen geleitet sind. Im folgenden sollen die beiden gängigsten Klassifikationsarten beschrieben werden: die ätiologische (ursachenbezogene) Klassifikation und die syndromale (beschreibende) Klassifikation. Die Darstellung erfolgt zunächst ohne Berücksichtigung des Altersfaktors. In einem späteren Kapitel werden wir fragen, in welcher spezifischen Weise sich Depression im Alter darstellt.

I. Ätiologische Klassifikation

Die Ätiologie ist die Lehre von den Entstehungsbedingungen einer Krankheit. Sie fragt danach, welche Faktoren eine Krankheit verursachen und aufrechterhalten können. Unter ätiologischen Gesichtspunkten begegnen in der Literatur bei der Klassifikation der Depression immer wieder drei Begriffe: psychogen, somatogen und endogen. Die Endsilbe -gen gehört zu dem Wort „Genese". Genese bedeutet: Entstehung, Entwicklung. Es gibt somit drei verschiedene Felder, auf denen Depression entstehen und sich entwickeln kann. Im folgenden sehen wir uns diese drei Felder genauer an.

1. Psychogene Depressionen

Von einer psychogenen Depression spricht man, wenn bei der Entstehung der Depression keine körperliche Verursachung nachweisbar ist. Das heißt allerdings nicht, daß diese Krankheit frei sein muß von körperlichen Symptomen. Wohl jeder kennt den Ausspruch: „Es ist mir auf den Magen geschlagen", womit die Rückwirkung einer psychischen Belastung auf den Körper gemeint ist. Eine psychogene Depression, die allerdings nicht schon immer dann vorhanden ist, wenn einem etwas auf den Magen geschlagen ist, hat durchaus körperliche Folgen.
Die psychogene Depression kann in unterschiedlicher Gestalt auftreten. Es werden verschiedene Subtypen, Unterformen, genannt, die auf unterschiedliche Konstellationen der Ursachenlage und

Auslösebedingungen weisen. Die am häufigsten genannten Subtypen sind: neurotische Depression, reaktive Depression und depressive Entwicklungen (vgl. Manfred Wolfersdorf 1995, S. 58 ff).

a) Neurotische Depression

Das Wort „Neurose" wurde 1776 von dem schottischen Arzt William Cullen geprägt. Er verstand darunter sämtliche krankhaften nervösen und psychischen Abweichungen. Nach und nach kam es zu einer Bedeutungsverengung. Philippe Pinel beschränkte den Begriff auf Abweichungen, die nicht organisch zu begründen sind. Unter dem Einfluß von Charcot, Janet und schließlich von Freud wurde die Bedeutung der Lebensgeschichte der Betroffenen bei der Entstehung der Neurose herausgestellt (Harald Blonski 1998, S. 10). Man unterscheidet heute verschiedene Arten von Neurosen. S. O. Hoffmann und G. Hochapfel (1991, S. 85f) nennen folgende Psychoneurosen: Angstanfall, Angstneurose, Phobien, Herzangstneurose, das hypochondrische und neurasthenische Syndrom, psychischer Masochismus, hysterische Neurose, das Depersonalisierungs-Syndrom, das Borderline-Syndrom, Charakterneurose und Persönlichkeitsstörung, die sogenannte narzißtische Neurose und die neurotische Depression. Wir beschränken uns hier auf die neurotische Depression.

Die Neurosetheorien gehen wie gesagt davon aus, daß die Ursache einer neurotischen Depression in der Lebensgeschichte des Menschen verankert ist. Dabei spielt die frühe Kindheit, bei einigen Autoren auch die spätere Kindheit und Jugend, eine besondere Rolle. Vor allem die Tiefenpsychologie unterschiedlicher schulischer Ausrichtung, ansatzweise aber auch kognitive, auf das Denken bezogene psychologische Ansätze haben sich mit dieser Frage beschäftigt. Da sich die verschiedenen Schulen zum Teil nur in den theoretischen Ableitungen und nicht in den Ergebnissen unterscheiden, sollen die Argumente hier nicht Schulen sondern Themenbereichen zugeordnet werden. Drei Themenbereiche sind von Bedeutung: Emotionale Unterversorgung, Überbehütung und strenge Normenerziehung.

Gerhard A.E. Rudolf (1993, S. 152 ff) führt mehrere Untersuchungen an, die sich mit Störungen der Familiensituation in der Kindheit befassen, mit dem Problem des „Broken Home". Kinder, die ein Elternteil vor dem 15. Lebensjahr verloren, die unehelich geboren wurden, als Pflege- oder Stiefkind lebten oder länger als ein Jahr im Heim verbrachten, erwiesen sich im späteren Leben als

besonders depressionsgefährdet, ebenso bei Trunksucht oder Kriminalität eines Elternteils. J. Bowlby (1986) beschreibt, wie sehr verunsichernd es für ein Kind ist, von seiner Mutter getrennt zu werden, und daß dieses Trauma unbewältigt lebenslang bestehen bleiben und aktualisiert werden kann. Nach Auffassung von Martin E. P. Seligman (1986, S. 100) führt der Elternverlust in der Kindheit zum Erleben von „Hilflosigkeit", was dann im Erwachsenenalter anfällig gegenüber Depression macht. Nach R. A. Spitz (1980) führt ein Entzug von affektiver Zufuhr bei Kleinkindern zu schweren meist irreparablen Störungen. Kurt und Gudrun Eberhard (1997, S. 57 ff) verweisen auf mehrere Untersuchungen, die belegen, daß eine „emotionale Deprivation" in der Kindheit als Erklärung für spätere Depressionen herangezogen werden kann. Nach Erik H. Erikson (1966) ist es wichtig, daß das Kind in den ersten Jahren ein Urvertrauen entwickeln kann. Die Entwicklung eines Urmißtrauens begünstigt den Weg in die Depression.
Typisch für einen Menschen mit diesem Hintergrund ist, daß er aufgrund seiner negativen Geborgenheitserfahrung mit einem starken Nachholbedarf an Zuwendung durchs Leben geht. Bei dem Versuch, diese Zuwendung zu bekommen, ist er unersättlich. Er klammert sich geradezu an und überfordert damit oftmals seine Mitmenschen. Zur Auslösung einer Depression kann es kommen, wenn solch ein Mensch Bezugspersonen verliert, von denen er im starken Maße emotional abhängig ist.
Neben einer emotionalen Unterversorgung kann aber auch eine Überversorgung schädlich sein. Rolf Merkle (1995, S. 16) stellte bei Depressiven unter anderem fest: „Meist waren die Eltern sehr überbehütend und beschützend." Nach dem Begründer der Individualpsychologie A. Adler (1947) wirkt sich „übertriebene Zärtlichkeit" sowie die Bereitschaft der Eltern, ihren Kindern alle Schwierigkeiten aus dem Weg zu räumen, nachteilig auf das spätere Leben aus. Ähnlich sieht es R. Spitz (1980). Kinder, die ein Zuviel an Fürsorge erfahren, denen alles abgenommen wird oder die nie allein sein dürfen, werden in ihrer Entwicklung ungünstig beeinflußt. Nach S. O Hoffmann und G. Hochapfel (1991, S. 119) hat „exzessive Verwöhnung" zur Folge, daß der Mensch „nie die emotionale Lektion lernt, daß er unabhängig sein darf".
Typisch für einen Menschen mit diesem Hintergrund ist, daß er aufgrund seiner erfahrenen Überprotektion Schwierigkeiten hat, mit auftauchenden Problemen angemessen umzugehen. Er zeigt wenig Selbständigkeit, traut sich selbst wenig zu und befindet sich

daher in Abhängigkeit von anderen Menschen, in die er sich geradezu fordernd hineinbegibt. Auch dieses führt dann oftmals zu einer Überforderung der Mitmenschen. Zur Auslösung einer Depression kann es kommen, wenn solch ein Mensch in schwierigen Situationen niemanden findet, der ihm „die Steine aus dem Weg räumt".

Neben der emotionalen Unterversorgung und der Überbehütung spielt als dritter Problemherd die erfahrene Normenerziehung eine Rolle. Depressive Menschen sind von einem sehr strengen Gewissen (Über-Ich) bestimmt, das in den frühen Abschnitten der Lebensgeschichte ausgebildet wurde. Alexander Lowen (1978) vertritt die Auffassung, daß der Grundstein für eine Depressionsentwicklung gelegt wird, wenn das Kind in der frühen Kindheit die Erfahrung macht, daß Akzeptiertwerden von seiten der Eltern an bestimmte Bedingungen geknüpft ist. So wenn etwa das Kind die Erfahrung macht, daß es nur akzeptiert wird, wenn es negative Gefühle unterdrückt oder wenn es bestimmte Leistungen erbringt. Nach Aaron T. Beck (1986, S. 33) hat der depressive Mensch in der Kindheit und Jugend depressionsfördernde Denkschemata erlernt, insbesondere die Anforderung des Perfektionismus. Er hat die Überzeugung internalisiert: „Wenn ich nicht alles perfekt mache, bin ich ein Versager." Albert Ellis (1982, S. 64 ff) spricht von sogenannten Mußturbationen. Unter anderen bringt er folgende Beispiele: „Ich muß von allen geliebt und anerkannt werden", „Man muß tüchtig und leistungsfähig sein". Karen Horney (1985, S. 88f) beschreibt die „Tyrannei der Sollte". Diese erfahrenen Sollte haben Auswirkung auf das ganze Leben. Der Mensch versucht, sie erbarmungslos zu realisieren. Er wird empfindlich gegenüber Kritik. Er haßt sich, wenn er den Maßstäben nicht gerecht wird.

Typisch für einen Menschen mit diesem Hintergrund ist, daß er sich stets bemüht, hohen Anforderungen gerecht zu werden. Er möchte vollkommen, perfekt sein, allzeit akzeptiert werden. Da sein Ich-Ideal aber überzogen ist und ohnehin zum Menschsein das Scheitern gehört, gerät er immer wieder in psychische Tieflagen. Er entwickelt Scham- und Schuldgefühle, sein Selbstwertgefühl wird verletzt. Da er den hohen Normenanspruch auch an andere stellt, kommt es zu Konflikten mit der Umwelt. Zur Auslösung einer Depression kann es kommen, wenn solch ein Mensch etwa durch Krankheit oder Arbeitsverlust in Lebenslagen kommt, in denen er den Selbstwert begründenden Normen nicht mehr entsprechen kann.

b) Reaktive Depression

Von einer reaktiven Depression spricht man, wenn unmittelbar vor dem Ausbruch der Depression ein Ereignis auszumachen ist, mit dem der Mensch offenbar nicht fertig wird. Er ist in eine Situation gekommen, die ihn überfordert. Diese Situation wird als Streß erlebt. Auf diesen Streß reagiert der Mensch mit einer Depression. Es ist vor allem das Verdienst der in den 60er Jahren begonnenen sogenannten life-event-Forschung, die Bedeutung von zentralen Lebensereignissen als Belastungselement herausgestellt zu haben. Es gibt zahlreiche Ereignisse, die für eine reaktive Depression verantwortlich sein können. Das kann der Verlust eines lieben Menschen sein, das Durchfallen bei einer Prüfung, das Versagen bei einer Aufgabe. Zahlreiche Menschen reagieren depressiv, wenn sie gekündigt werden oder wenn sie in den Ruhestand gehen. Depressiv können Menschen werden, wenn sie die Erfahrung machen, daß sie von jemanden abgelehnt werden, wenn der Kontakt zu den Kindern oder den Eltern abreißt oder wenn sie auf einmal in finanzielle Schwierigkeiten geraten.

Nicht jeder Mensch, der mit derartigen Ereignissen konfrontiert wird, reagiert depressiv. Ob es zur Ausbildung einer Depression kommt, ist von mindestens drei Faktoren abhängig. Zum einen ist von Bedeutung die subjektive Wertung des Ereignisses. Der eine erlebt die Verrentung als die große Befreiung, auf die er schon lange gewartet hat, der andere als Zusammenbruch seiner Identität. Weiterhin sind die sogenannten coping-Strategien von Bedeutung. Coping-Strategien sind Prozesse, mit denen der Mensch versucht, seine Lage in den Griff zu bekommen. Dieses kann in der Weise geschehen, daß versucht wird, das Problem irgendwie zu lösen. Oder es wird versucht, die Emotionen entlastend zu beeinflussen etwa durch das Ausleben von Ärger, durch Flucht oder durch Abwehrmechanismen. Je mehr ein Mensch über solche Bewältigungsstrategien verfügt, um so geringer ist das Depressionsrisiko (vgl. Christian Adam 1998, S. 131f). Schließlich ist das soziale Netzwerk von Bedeutung. Weniger gefährdet ist, wer in seiner Problemlage auf Menschen oder auch Institutionen zurückgreifen kann, die ihn vor allem emotional oder auch materiell unterstützen. Voraussetzung ist natürlich, daß solche Unterstützungsangebote auch in Anspruch genommen werden (vgl. Christian Adam 1998, S. 126ff). Oftmals wird zwischen neurotischer Depression und reaktiver Depression nicht unterschieden. Man zieht beide Begriffe zusammen und spricht von einer neurotisch-reaktiven Depression. Dahinter steht die Auffassung, daß der Mensch in den genannten Situationen dann depressiv reagiert, wenn er bereits neurotisch vorgeschädigt ist. Die gegenwärtige Situation wirkt dann als Auslöser für frühkindliche Erfahrungen, die durch ähnliche Erlebnisse in der Gegenwart reaktiviert werden. Es gibt aber auch gute Gründe für eine Trennung. Gegenwärtige Erfahrungen können so mächtig werden, daß sie auch ohne einschlägige neurotische Vorschädigung für sich allein in die Depression treiben. Besonders Menschen, deren Leben bisher im großen und ganzen reibungslos verlaufen ist, die über wenig Leidenserfahrungen verfügen, dürften gefährdet sein, wenn es auf einmal ganz anders kommt.

c) Depressive Entwicklungen

An der life-event-Forschung der ersten Phase wurde kritisch angemerkt, daß sie sich zu sehr punktuell mit Einzelereignissen beschäftige und übersehe, daß es daneben auch durchgängige streßauslösende Lebenslagen gebe. Diese Kritik führte dazu, daß nun auch Dauerbelastungen intensiver untersucht wurden. Dauerbelastungen können etwa sein: eine schwierige Arbeitssituation, das sogenannte Burn-out-Syndrom oder ein jahrelang anhaltender Beziehungskrieg. Derartige Dauerbelastungen können zu sogenannten depressiven Entwicklungen führen. Sie können schließlich in eine totale Erschöpfung einmünden, weshalb in diesem Zusammenhang auch von einer Erschöpfungsdepression gesprochen wird.

Paul Kielholz (1971) hat typische Dauerbelastungen geschlechtsspezifisch zugeordnet. Sie können folgende Ursachen haben:

Bei Frauen:

- Langdauernde affektive Spannungen, die durch unbefriedigendes Liebes-, Sexual- und Geltungsstreben bedingt sind; Mangel an Liebe, Zärtlichkeit, Anerkennung; anhaltende eheliche Zerwürfnisse, Untreue und Alkoholismus des Ehepartners.
- Emotionale Überforderung infolge effektiver Doppelbelastung durch Haushalt, Kindererziehung, unbefriedigende Werktätigkeit, finanzielle Sorgen; Arbeit in einem spannungsgeladenen Milieu.
- Vereinsamung, Isolation und Entwurzelung, besonders bei ledigen Frauen, die aus der Geborgenheit der Familie auf dem Lande allein in die anonyme Masse des städtischen Milieus übersiedeln, keinen mitmenschlichen Kontakt finden und deshalb auch keine Aussprachemöglichkeiten haben.

Bei Männern:

- Ungenügende Anerkennung infolge beruflichen Versagens, ein Übergangenwerden bei Beförderung oder Lohnerhöhung oder affektive Überforderung in der Vorgesetztenrolle, Angst vor dem Versagen im Beruf, vor Konkurrenz und um die Existenz.
- Dauernd wechselnde Aufgaben unter Zeitdruck mit verantwortungsvollen Entscheidungen in einem lärmigen, gehetzten Arbeitsmilieu.
- Zusätzliche Spannungen infolge ehelicher Zerwürfnisse, unbefriedigter Sexualität, Liebeskonflikten und finanzieller Sorgen.

Reaktive Depression und depressive Entwicklung sind oft miteinander verbunden. Das belastende Einzelereignis wird zum Auftakt für eine chronische Dauerbelastung mit unterschiedlichen hinzukommenden Momenten. So führt möglicherweise eine Kündigung zu einer belastenden längeren oder gar unbegrenzten Arbeitslosigkeit oftmals verbunden mit finanziellen Problemen. „Ich habe gerade 200 DM übrig", sagte mir neulich ein Arbeitsloser. Der Kontakt zu den Arbeitskollegen reißt ab und führt in die Isolation. Äußerung eines Arbeitslosen: „Meine Arbeitskollegen rufen schon lange nicht mehr an."

2. Somatogene Depressionen

Der Begriff „Soma" bedeutet Leib, Körper. Anders als bei den psychogenen Depressionen sind somatogene Depressionen körperlich begründbar. Hier liegt eine körperliche Erkrankung vor, die Depressionen auslöst. Auch hier werden Subtypen unterschieden: die organische Depression und die symptomatische Depression.

a) Organische Depression

Von einer organischen Depression spricht man, wenn eine Erkrankung des Gehirns für die Depression verantwortlich ist. Sie tritt häufig bei folgenden Krankheiten auf (R. Steinhilper 1990 S. 43):

- Hirnläsionen durch Schädeltrauma
- Arteriosklerose
- Hirntumor
- progressive Paralyse
- Demenz
- Epilepsie
- Oligophrenie.

b) Symptomatische Depression

Als symptomatisch wird eine Depression bezeichnet, wenn sie auf eine Erkrankung zurückzuführen ist, die außerhalb des Gehirns liegt. Sie kann zum Beispiel auftreten (Rolf Steinhilper 1990, S. 43; Manfred Wolfersdorf 1995, S. 63f):

- nach Infektionen (z. B. nach Grippe, Pneumonie, Hepatitis, Aids)
- bei chronischen Kreislauferkrankungen
- bei schweren Nierenerkrankungen
- in biologischen Krisenzeiten wie Pubertät, Schwangerschaft, Wochenbett, Klimakterium
- bei Diabetes, Herzinfarkt, Krebs, chronischer Polyarthritis, Arteriosklerose
- bei Dauerbehandlung mit bestimmten Medikamenten.

3. Endogene Depression

Psychogene und somatogene Depressionen werden auch unter dem Begriff „exogene Depressionen“ zusammengefaßt. Die Krankheit tritt sozusagen von außen an den Menschen heran. Im Gegensatz dazu ist die endogene Depression eine Krankheit, die sich von innen heraus entfaltet. Die Krankheit kann in zwei Formen auftreten. Bleibt die Depression allein, so spricht man von einer unipolaren oder einer mono-polaren Krankheit. Kommt es zwischenzeitlich zu Phasen einer übersteigerten Hochstimmung, so spricht man von einer manisch-depressiven Erkrankung. Zur Erklärung dieser Krankheit werden vor allem biologische Erkenntnisse herangezogen. Das biologische Argument hat eine lange Geschichte, die sich bis ins Altertum zurückverfolgen läßt. Wir finden die biologische Sichtweise bereits im antiken Griechenland in den Hippokratischen Schriften. Dort wird eine Schwarze Galle (melan chole) verantwortlich gemacht, weswegen in diesem Krankheitsfeld die Bezeichnung „Melancholie“ üblich wurde. Dieser natürliche Körpersaft sei im Übermaß vorhanden und störe das Gleichgewicht der Säfte. Die heutige Biochemie macht vor allem einen Mangel an sogenannten Neurotransmittern, an Stoffen, die für die Weitergabe von Informationen von Nervenzelle zu Nervenzelle im Gehirn zuständig sind, für diese Krankheit verantwortlich. Die Genetik, die Vererbungslehre, weist auf die Rolle der Erblichkeit hin. Sie hat herausgefunden, daß Menschen aus Familien, in denen diese Krankheit schon einmal aufgetreten ist, ein erhöhtes Krankheitsrisiko haben. Trat bei den nächsten Familienangehörigen eine manisch -depressive Erkrankung auf, so liegt das Risiko einer eigenen Erkrankung bei 15%, bei einer monopolaren Form bei etwa 10% (Ole J. Rafaelsen/ Hanfried Helmchen 1982, S. 17). Wenn ein eineiiger Zwilling diese Krankheit hat, liegt die Auftretungswahrscheinlichkeit beim zweiten Zwilling bei 65%, bei zweieigen Zwillingen bei 14% (Frans A. Albersnagel u. a. 1993, S. 69ff). Allerdings muß auch gesehen werden, daß bei aller biologischer Bedingtheit dieser Krankheit auch äußere Auslöser als mitbedingende Faktoren eine nicht unerhebliche Rolle spielen.

II. Syndromale Klassifikation

Die bisher dargestellte ätiologische Klassifikation ist in der gegenwärtigen Literatur noch häufig anzutreffen und wird von vielen Fachleuten auch immer noch geschätzt. Seit einigen Jahren hat sich allerdings in der psychiatrischen Diagnostik ein Wandel vollzogen von einer ätiologischen zu einer syndromalen Klassifikation. Ein Syndrom ist das Bild, in dem sich die Krankheit darstellt. Dieses Krankheitsbild weist mehrere Symptome, Krankheitszeichen, auf, die je nach Art für eine bestimmte Krankheitseinheit stehen. Wegweisend für die Einordnung der Krankheit ist also jetzt weniger ihr Quellgrund sondern die nach außen tretende, anhand von Merkmalen beschreibbare Erscheinung. Zentrale Beschreibungsmerkmale sind dabei der Verlauf und der Schweregrad der Krankheit. In der psychiatrischen Arbeit sind heute zwei Leitfäden gebräuchlich: Die Internationale Klassifikation der Krankheiten (International Classification of Diseases) in der 10. Revision (ICD-10) der Weltgesundheitsorganisation (World Health Organization, kurz WHO) und das Diagnostisch-Statistische Manual (Diagnostic and Statistical Manual of Mental Disorders) in der 4. Revision (DSM-IV) der American Psychiatric Association (APA). In beiden Leitfäden werden die Depressionen den sogenannten affektiven Störungen zugeordnet. Damit wird zum Ausdruck gebracht, daß die Hauptsymptomatik in einer Veränderung der Stimmung liegt, die wiederum von einem Wandel der Aktivität begleitet wird.
Wir müssen uns an eine neue Terminologie gewöhnen. Die syndromale Klassifikation benutzt andere Begriffe als die ätiologische. So wird etwa die neurotische Depression hier Dysthymie genannt. Die

somatogene Depression erhält die Bezeichnung: organische depressive Störung. Die Problematik der endogenen Depression wird hier je nach Erscheinungsweise mit den Begriffen bipolare affektive Störung, Major (schwere) Depression oder Melancholie belegt. Wir sehen uns nun die Depression in der syndromalen Klassifikation näher an.

1. Dysthymie

Bei einer Dysthymie, Dysthymia oder dysthymen Störung handelt es sich um eine chronische depressive Verstimmung. Wesentliches Kennzeichen nach ICD-10 ist die langdauernde depressive Verstimmung. Der Mensch ist müde, erlebt alles als Anstrengung, kann nichts genießen, er grübelt und klagt, schläft schlecht und fühlt sich unzulänglich. Trotz dieser Beeinträchtigungen ist er aber in der Regel noch in der Lage, mit den wesentlichen Anforderungen des täglichen Lebens fertig zu werden. DSM-IV nennt folgende Symptome, wobei mindestens 2 vorhanden sein müssen und das Krankheitsbild seit mindestens 2 Monaten andauert:

- Appetitlosigkeit oder übermäßiges Bedürfnis zu essen
- Schlaflosigkeit oder übermäßiges Schlafbedürfnis
- Energiemangel oder Erschöpfung
- geringes Selbstwertgefühl
- Konzentrationsstörungen oder Entscheidungserschwernis
- Gefühl der Hoffnungslosigkeit.

Das beschriebene Krankheitsbild kann allein auftreten. Es kann aber auch zu einem Wechsel zwischen depressiven Perioden und Perioden mit leicht gehobener Stimmung kommen. Man spricht in diesem Fall von einer Zyklothymie oder einer zyklothymen Störung. DSM-IV bezeichnet die gehobene Stimmung als eine hypomane Symptomatik. Das manische Bild ist gekennzeichnet durch ein erhöhtes Selbstwertgefühl oder durch Größenideen, durch ein verringertes Schlafbedürfnis, durch vermehrte Gesprächigkeit oder Rededrang, Ideenflucht oder Gedankenrasen. Die Betriebsamkeit ist gesteigert oder es kommt zu psychomotorischer Unruhe. Im übermäßigen Maß beschäftigt sich der Mensch mit vermeintlich angenehmen Aktivitäten, die zumeist negative Folgen haben. Es kommt etwa zu unkontrollierten Einkaufstouren oder zu törichten geschäftlichen Investitionen. Die Vorsilbe hypo- besagt, daß die genannten Erscheinungen in einer noch leichten Ausprägung vorhanden sind.

2. Major Depression/depressive Episode

Die Dysthymie wird in der amerikanischen Literatur auch als „minor depression disorder“ bezeichnet, als eine leichtere Form der Depression. Diese Bezeichnung darf aber nicht zu der Annahme verleiten, sie sei nicht so ernst zu nehmen. Sie ist durchaus mit erheblichem Leidensdruck verbunden und behandlungsbedürftig. Gerechtfertigt ist diese Bezeichnung nur im Vergleich zu einer noch schwereren Form der Depression. DSM-IV bezeichnet sie als Major Depression; in ICD 10 wird sie depressive Episode genannt. Charakteristisch sind nach DSM-IV folgende Symptome:

- Depressive Verstimmung an fast allen Tagen
- Interesse oder Freude vermindert
- Verlust oder Zunahme von Gewicht oder Appetit
- Schlaflosigkeit oder vermehrtes Schlafbedürfnis
- Psychomotorische Unruhe oder Hemmung
- Müdigkeit oder Energieverlust
- Wertlosigkeits- und Schuldgefühle
- Denken, Konzentration und Entscheidungsfähigkeit erschwert
- Gedanken an Tod oder Suizid oder Suizidversuch
- nach ICD-10 auch negative und pessimistische Zukunftsperspektiven.

Nach DSM-IV müssen über einen Zeitraum von 2 Wochen mindestens 5 Symptome vorhanden sein, wobei depressive Verstimmung oder Verlust an Interesse oder Freude obligatorisch sind.

Es werden verschiedene Schweregrade unterschieden. Bei einer leichten Ausprägung hat der Mensch Schwierigkeiten, seine normale Berufstätigkeit und seine sozialen Aktivitäten fortzusetzen, gibt sie aber nicht vollständig auf. Bei einer mittelgradigen Ausprägung kann der Mensch seine sozialen, häuslichen und beruflichen Aktivitäten nur unter erheblichen Schwierigkeiten fortsetzen. Bei einer schweren Ausprägung gelingt ihm dieses nicht mehr, allenfalls noch begrenzt. Bei einer schweren Ausprägung können auch psychotische Merkmale hinzukommen, d. h. es treten Wahnvorstellungen und Halluzinationen auf. Wie bei der Dysthymie kann es auch hier zu einem Wechsel zwischen depressiven Perioden und Perioden mit gehobener Stimmung, zu manischen Perioden, kommen. Ist dies der Fall, dann spricht man von einer bipolaren affektiven Störung. Der manische Pol ist hier stärker ausgeprägt als bei einer Zyklothymie, begrifflich durch den Wegfall der Vorsilbe hypo- ausgedrückt.

3. Melancholie/depressive Episode mit somatischem Syndrom

Der Begriff der Melancholie taucht wie gesagt bereits in der Antike in den Hippokratischen Schriften auf und ist bis zum heutigen Tage im Gebrauch. Die Definitionen haben sich allerdings im Laufe der Geschichte gewandelt. Bei einer Melancholie handelt es sich im heutigen Verständnis nach DSM-IV um eine Major Depression mit zusätzlichen Merkmalen. ICD 10 nennt dieses Krankheitsbild eine depressive Episode mit somatischem Syndrom. Folgende Symptome sind nach ICD 10 und DSM-IV auffällig:

- Interessenverlust oder Verlust der Freude an normalerweise angenehmen Aktivitäten
- Mangelnde Fähigkeit, auf eine freundliche Umgebung oder freudige Ereignisse emotional zu reagieren
- Frühmorgendliches Erwachen
- Morgentief
- psychomotorische Hemmung oder Agitiertheit
- deutlicher Appetitverlust
- Gewichtsverlust

nach IDC-10 kommt hinzu:

- deutlicher Libidoverlust

nach DSM-IV kommen hinzu:

- Verstimmung stärker als die Trauer um einen geliebten Menschen
- Übermäßige oder unangemessene Schuldgefühle.

Nicht alle Symptome müssen vorhanden sein. Das Krankheitsbild ist ausgeprägt, wenn mindestens 4 Symptome vorhanden sind, wobei nach DSM-IV Verlust von Freude oder mangelnde Fähigkeit, auf Positives aufhellend zu reagieren, obligatorisch sind.

4. Depressive Symptome bei anderen Krankheiten

Depressive Symptome, wie sie oben erwähnt worden sind, können nun aber auch im Zusammenhang mit anderen Krankheiten vorkommen. Man spricht dann auch von Komorbidität. Das heißt, depressive Symptome sind Begleiter einer anderen Krankheit oder man sagt, eine Krankheit ist mit depressiven Symptomen assoziiert oder man spricht von einer sekundären Depression. Einige solcher Krankheiten seien erwähnt. Nach ICD-10 können bei folgenden Störungen depressive Symptome auftreten:

- Bei organischen Störungen wie Demenz, Delir, Schädelhirntrauma, bei Infektionskrankheiten (z. B. Grippe)
- Bei Störungen durch psychotrope Substanzen wie nach massivem Alkoholmißbrauch oder bei Drogensucht

- Bei Schizophrenie als schizoaffektive Störung (affektive und schizophrene Symptome in derselben Krankheitsphase), als postschizophrene Depression (im Anschluß an eine Schizophrenie)
- Bei neurotischen und Belastungsstörungen wie bei Phobien, Panikstörung, Zwangsstörung, Reaktionen auf schwere Belastungen, Anpassungsstörung, hypochondrischer Störung, Neurasthenie (Klage über geistige oder körperliche Erschöpfung)
- Bei Verhaltensauffälligkeiten mit körperlichen Störungen wie bei Eßstörungen, Schlafstörungen, sexuellen Funktionsstörungen, Verhaltensstörungen im Wochenbett.

III. Depression im Alter

Wir haben uns in den vorausgegangenen Abschnitten mit den verschiedenen Formen von Depression befaßt, haben spezielle Ursachen beleuchtet und klassentypische Symptomfelder beschrieben. Dabei waren wir noch nicht auf den Altersfaktor eingegangen. Dieses soll nun geschehen. Wie stellt sich Depression im Alter dar? Gibt es ein spezielles Profil?

Bereits im Mittelalter finden wir vereinzelt Hinweise auf das Vorkommen der Depression im Alter. Verantwortlich ist wie auch in anderen Lebensaltern die schwarze Galle, die Melancholie. Constantinus Africanus (1080 n. Chr.) stellt im Rückgriff auf arabische Quellen fest, daß im Alter auf Grund der schlechten Beschaffenheit des Blutes die Melancholie weit verbreitet sei, weshalb das Alter von Ernst und Schwermut begleitet sei und das Lachen ganz oder fast ganz verschwinde (Heinrich Schipperges 1993, S. 124). Um das Risiko einer Depression zu verringern, empfehlen im 14. Jahrhundert Regeln für die Gesundheitspflege, daß im Alter auf Speisen verzichtet werden solle, die zu einer Vermehrung der schwarzen Galle führen. Nach Auffassung der mittelalterlichen Mediziner sind schädlich: schwer verdauliche Speisen, zähflüssige Nahrung, Fleisch von Wasservögeln, Fisch, Hülsenfrüchte. Empfohlen werden hingegen: sehr kleiehaltiges Brot, Fleisch von Haus- und Wildgeflügel, zartes Fleisch von Lamm, Kalb und Schwein, Eier, Milch von Esel oder Ziege mit einer Prise Salz und mit etwas Honig gesüßt, sowie Wein in Maßen (Mirko D. Grmek 1996, S. 354).

Eine systematische, gezielte Erforschung von psychischen Belastungen im Alter wie auch der Depression findet erst seit einigen

Jahrzehnten statt. Inzwischen hat sich im Schoße der Psychiatrie die Gerontopsychiatrie als eine Spezialdisziplin für Altersfragen herausgebildet. Wegweisende Erkenntnisse sind auch im Bereich der Gerontopsychologie entstanden. Wie stellt sich Depression im Alter im Rahmen einer ätiologischen und einer syndromalen Klassifikation nach dem heutigen Erkenntnisstand dar?

1. Ursachen

Charakteristisch für das Alter ist, daß die ätiologisch beschriebenen Klassen psychogen, somatogen und endogen nicht mehr klar abgrenzbar sind. Im Alter stellt die Depression ein Mischgebilde aus unterschiedlichen, gleichzeitig wirkenden Ursachenkonstellationen dar. Mehrere Verursacher spielen zusammen. Depression im Alter ist „multikausal bedingt und multifaktoriell bestimmt" (Rolf D. Hirsch 1992, S. 9). Die Fülle der Jahre verbunden mit einer Fülle von Erlebnissen führt dazu, daß sich mehrere Problematiken übereinander legen. Es lassen sich allerdings bestimmte Schwerpunkte ausmachen, Ursachenkomponenten, die von unterschiedlicher Gewichtigkeit sein können. Diese Ursachenkomponenten sollen im folgenden diskutiert werden.

a) Die psychischen Faktoren

Wie aus der ursachenbezogenen Klassifikation bekannt ist, lassen sich die psychischen Faktoren in die Bereiche neurotisch, reaktiv und von Dauerbelastungen ausgehende depressive Entwicklungen einteilen. Wir wollen nun untersuchen, welche Bedeutung diese Bereiche im Alter haben.

Was das Neurotische anbetrifft, so stellt Rainer Tölle fest: „Neurosen können das ganze Leben bis ins Senium durchziehen" (1985, S. 319). Dabei nimmt die depressive Neurose eine ungünstige Sonderstellung ein. Während es etwa bei einer hysterischen Reaktion oder bei der Zwangs- und Angstsymptomatik im Alter zu einer Abschwächung der Symptomatik und damit zu einer Reduzierung des Leidensdruckes kommt, entwickeln sich depressive Neurosen weniger günstig. Die Symptomatik ändert sich nicht. Der Grund liegt sicher darin, daß gerade das Alter in Situationen und Erlebnisse führt, welche das Reaktivieren von frühkindlichen Erfahrungen begünstigen. Das Alter schafft verstärkt Situationen, die frühere Erlebnisse wieder erwachen lassen, alte Probleme erneut auflegen. Wer bereits in der Kindheit den Verlust der Mutter erleben mußte,

kann beim Verlust von Ehefrau oder Ehemann in eine neurotische Depression hineingleiten. Nicht nur der Verlust von Partner oder Partnerin belastet, auch die wieder auflebenden schmerzlichen Kindheitserfahrungen. Wer in der Kindheit gelernt hat, erfolgreich und möglichst perfekt sein zu müssen, konnte dieses in Zeiten der Gesundheit und Berufstätigkeit eventuell befriedigend realisieren. Im Alter hingegen erfährt der Mensch aufgrund seiner Begrenzungen die Unerfüllbarkeit dieser Norm und erlebt sich als wertlos. Wer bereits früher zahlreiche Hilflosigkeitserlebnisse gehabt hat, erlebt die im Alter durch Krankheit und Pflegebedürftigkeit erfahrene Hilflosigkeit doppelt schwer. E. Murphy (1989, S. 244) nennt folgende für das Alter typische Auslöser: Tod eines Ehegatten oder eines Kindes, ernsthafte eigene Körperkrankheit oder eine Krankheit bei Nahestehenden, schwere finanzielle Verluste, erzwungener Wohnungswechsel auf dem Boden von Sanierungsprogrammen.
Was die psychoreaktive Ausprägung der Depression im Alter anbetrifft, so ist für das Alter charakteristisch, daß es zu einer Häufung von kritischen Lebensereignissen kommt. Diese treten in mehreren Lebensbereichen auf. Es sind vor allem Verlusterlebnisse, die das Leben im Alter belasten. Erich Grond (1993, S. 29f) nennt folgende alterstypische Verlusterlebnisse, die zum Ausgangspunkt für psychoreaktive Depressionen werden können:

- Verlust von Partner und Bezugspersonen
- Verlust von Rolle, Status und Selbstwertgefühl
- Verlust von Einkommen
- Verlust der gewohnten Umgebung
- Verlust der Gesundheit
- Verlust bisheriger Kompetenzen
- Verlust der Selbständigkeit bis zur totalen Abhängigkeit
- Verlust von Freiheit in Familie oder Heim
- Verlust von religiöser Bindung.

Natürlich fällt nicht jeder alte Mensch durch solche Verlusterlebnisse im Alter in eine Depression. Auch im Alter spielt die Bewertung des Verlustes eine Rolle. Eine Verwitwung kann als Einstieg in die Sinnlosigkeit des Lebens gesehen werden. Sie kann aber auch als Befreiung von einer lange ertragenen Bindung gewertet werden, auch wenn man das nicht offen zugeben mag. Auch alte Menschen verfügen über coping- Strategien, mit denen sie Verlusterlebnisse in den Griff bekommen. So kompensiert manch ein alter Mensch seinen beruflichen Rollenverlust dadurch, daß er ein Ehrenamt übernimmt, in dem seine beruflichen Kompetenzen noch gefragt sind. Viele alte Menschen werden durch ein familiäres oder gemeindliches Netzwerk aufgefangen. Allerdings wird es besonders bei hochbetagten Menschen schwieriger, mit Verlusterlebnissen umzugehen. Viele Verlusterlebnisse erhalten Endgültigkeitscharakter. Die Wahrscheinlichkeit, daß sich die Gesundheit noch einmal vollends herstellt, wird geringer. Kompensationsmöglichkeiten werden auf Grund von körperlichen und geistigen Einschränkungen begrenzter. Mit zunehmendem Alter wird das soziale Netzwerk dünner. Der Ehepartner oder die Ehepartnerin ist verstorben. Die Kinder sind eventuell weit weggezogen. Von den Geschwistern mußte man sich nach und nach verabschieden. Die Kohorte, zu der ich gehöre, wird immer kleiner. Was bleibt ist dann oftmals nur noch ein institutionelles Stützsystem. Dieses hat naturgemäß weniger emotionale Ausstrahlung als die Menschen, die zu mir gehören.

Depressive Entwicklungen werden durch Dauerbelastungen gefördert. Christian Adam (1998, S. 186ff) nennt die zentralen Dauerbelastungen, die im Alter das Leben erschweren können:

- unbefriedigende Sozialbeziehungen
- fehlende soziale Unterstützung (tatsächliche oder subjektiv wahrgenommene)
- eheliche Spannungen
- Streit mit Familienangehörigen
- körperliche Defizite wie Gehbehinderungen, degenerative Erkrankungen, Herzerkrankungen, Sehstörungen und Schwerhörigkeit
- schlechte Ausstattung und Lage der Wohnung.

Die permanent auftretenden körperlichen Beeinträchtigungen stehen an erster Stelle unter den Ursachen für depressive Entwicklungen. An zweiter Stelle stehen die verschiedenen Belastungen im sozialen Bereich. Dauerbelastungen sind nicht nur wegen ihrer Permanenz gegenüber einzelnen kritischen Lebensereignissen mit einem höheren Depressionsrisiko verbunden, sondern auch wegen der geringer werdenden sozialen Unterstützung. Untersuchungen haben gezeigt, daß die Umwelt zwar bei einzelnen kritischen Lebensereignissen eine große Unterstützungsbereitschaft zeigt, sich aber mehr und mehr zurücknimmt, wenn sich der Mensch auf Dauer problematisch präsentiert.

b) Die somatischen Faktoren

Alter ist keineswegs mit Krankheit gleichzusetzten, wohl aber erhöht sich im Alter die Wahrscheinlichkeit, daß es zu Einbrüchen in der Gesundheit kommt. Erich Grond (1993, S. 22) nennt im Hinblick auf das Alter einige zentrale körperliche Krankheiten, die Depressionen nach sich ziehen können.

Eine organische Depression kann entstehen
- bei Demenz vom Alzheimer-Typ
- bei Multi-Infarkt-Demenz und Apoplex
- bei Parkinson
- bei Chorea Huntington
- bei Epilepsie, MS, Hirntumoren u. a..

Eine symptomatische Depression kann entstehen
- bei inneren Leiden: z. B. der Leber, Niere, von Herz-Kreislauf, bei Hormonstörung, Anämie, chronischen Infekten, Krebs
- bei der Behandlung mit bestimmten Pharmaka (pharmakogene Depression), z. B. durch Blutdrucksenker, Kortison, Rheumamittel, Antibiotika, Neuroleptika und Tranquilizer, Antiepileptika und Zytostatika.

Typisch für das Alter ist, daß eine Krankheit oftmals nicht allein bleibt. Andere Krankheiten gesellen sich dazu. Man spricht von der Multimorbidität, von der Polymorbidität oder der Polypathie, d. h. von der Mehrfacherkrankung im Alter. Durch die Mehrfacherkrankung erhöht sich natürlich das Risiko der Ausbildung einer Depression.

Wie verläuft der Weg von einer körperlichen Erkrankung zur Depression? Für die Ausbildung einer Depression auf dem Boden einer körperlichen Krankheit sind vor allem biochemische und psychoreaktive Faktoren von Bedeutung.

Man hat festgestellt, daß es bei bestimmten somatischen Krankheiten zu biochemischen Veränderungen kommt, die wahrscheinlich ihrerseits die Entstehung von Depression begünstigen können. So kommt es zum Beispiel bei der Parkinson-Erkrankung zu einer Mangelerscheinung des Neurotransmitters Dopamin. Bei der Huntington-Erkrankung wurde eine Imbalance der Neurotransmitter Dopamin und GABA (Gamma-Amino-Buttersäure) festgestellt (Rolf D.Hirsch 1992, S. 117). Ganz allgemein läßt sich sagen, daß der Mensch besonders dann depressionsgefährdet ist, wenn hirnorganische Veränderungen eintreten, welche die Funktion der Neurotransmitter Dopamin, Noradrenalin und Serotonin beeinträchtigen. Neurotransmitter sind Stoffe, die im Gehirn für den chemischen Transport von Informationen von Zelle zu Zelle verantwortlich sind. Eine Unterversorgung mit diesen Stoffen führt unter anderem zu Antriebsstörungen, beeinflußt den Appetit, beeinträchtigt das

Zeitgefühl, den Tag-Nacht-Rhythmus, verbunden mit Schlafstörungen und drückt die Stimmung (Rolf D. Hirsch 1992, S. 47). Weiterhin wirkt eine körperliche Krankheit auch psychoreaktiv. Krankheit ist ein Verlusterlebnis, die Erfahrung des Verlustes von Gesundheit und Wohlbefinden. Ebenso wie der Verlust von Partner oder Partnerin oder der Verlust der vertrauten Umgebung eine Psychoreaktion mit depressiver Symptomatik zur Folge haben kann, so kann auch die Krankheit als Verlusterlebnis von Gesundheit dazu führen, daß der Mensch eine psychoreaktive Depression entwickelt. Dabei sind vor allem die Konsequenzen von Bedeutung, welche die Krankheit für die Lebensführung mit sich bringt. Untersuchungen haben gezeigt, daß Seh- und Hörstörungen, Arthrose, Arthritis und Koronarleiden häufig mit Depressionen einhergehen. Dabei ist es nicht die Krankheit an sich, die für die Depression verantwortlich ist, sondern die damit verbundene Einschränkung der Aktivität, der Verlust der Fähigkeit, für die täglichen Bedürfnisse selber aufzukommen. Man beklagt, daß man nicht mehr kochen, telefonieren, schreiben, spazierengehen und einkaufen kann (Cécile Ernst 1997, S. 6).

c) Die biologischen Faktoren

Die psychischen und die somatischen Faktoren sind im Alter die häufigsten Quellen für das Entstehen einer Depression (Erich Grond 1988, S. 275). Im Vergleich damit haben die biologischen Faktoren einen geringen Stellenwert. Die überwiegend biologisch begründete endogene Depression kommt im Alter relativ selten vor. Christian Adam (1998, S. 57) stellt nach Auswertung mehrerer Studien fest, daß sie nur ein Zehntel aller Depressionen im Alter ausmacht. Wird im Alter eine endogene Depression festgestellt, so handelt es sich zumeist nicht um eine Ersterkrankung. Die endogene Depression im Alter ist in der Regel vielmehr eine aus früheren Jahren ins Alter mitgeschleppte Krankheit, die im Alter wiederholt aufbricht. Im Vergleich zu jüngeren Jahren kommt es dann bei der bi -polaren/manisch-depressiven Form zumeist zu Veränderungen. Wird eine bi -polare/manisch-depressive Krankheit mit ins Alter genommen, so wandelt sie sich in der Regel in eine mono -polare/nur depressive Krankheit. „Manische Zustandsbilder sind im höheren Lebensalter seltener“ (Klaus Oesterreich 1981, S. 129). Kommen sie vor, so sind sie abgeflacht. Aufgrund von noch nicht näher geklärten biochemischen Prozessen erscheint die Manie als „matte Manie mit wenig ausgeprägter Affektivität“.

2. Erscheinungsbilder

Auch unter syndromalen Gesichtspunkten weist die Depression im Alter eine Reihe von Besonderheiten auf. Hatten wir in ätiologischer Hinsicht festgestellt, daß die Depression im Alter sich als ein Mischgebilde darstellt, multikausal bedingt ist, so ist die Altersdepression unter syndromalen Gesichtspunkten dadurch gekennzeichnet, daß es zu einer Überlappung der typspezifischen Symptomatiken kommt: Eine saubere Zuordnung zu einem bestimmten syndromalen Depressionstyp ist dadurch erschwert. Auch Symptome aus anderen psychischen Krankheitsbildern können sich einschleichen. Außerdem ist feststellbar, daß im allgemeinen das klassische Bild einer Major Depressive Disorder mit zunehmendem Alter abnimmt. Das heißt, die Anzahl der für das Vollbild definierten Symptome nimmt ab. Man spricht dann auch von einer subdiagnostischen oder subsyndromalen Depression (F. Müller-Spahn, Ch. Hock 1997, S. 12). Besonders Hochbetagte „befinden sich in der Nähe der Dysthymie" (C. Ernst 1997, S. 5). Typisch für das Alter ist weiterhin, daß die Symptomatik in vielen Fällen fluktuiert, einem häufigen Wechsel unterworfen ist (F. Müller-Spahn, Ch. Hock 1997, S. 12). Schließlich dauern die depressiven Phasen im Alter länger als bei Jüngeren (Erich Grond 1993, S. 18).

Nachdem wir uns mit grundsätzlichen Wandlungen in der Symptomatik beschäftigt haben, wenden wir uns nun speziellen Phänomenen in ihrer altersspezifischen Ausprägung zu.

a) Hypochondrisches Somatisieren

Kennzeichnend für das hypochondrische Somatisieren ist, daß der Mensch sich ständig in angstvoller Weise mit der Möglichkeit beschäftigt, an einer oder mehreren schweren körperlichen Krankheiten zu leiden. So klagt er etwa über ein Helmgefühl über dem Kopf mit Druck auf den Schläfen, über Schmerzen im Kopf, Nacken, in der Brust, im Rücken oder im Bauch, über Druck auf den Augen. „Hypochondrische Ängste können sich auf jedes Körperphänomen und Körperteil richten. Von jedem Schwindel, jeder veränderten Atmung oder Herztätigkeit, jedem Körpersignal wird der Hinweis auf verborgene, bedrohliche Krankheit abgeleitet" (Harald Blonski 1998, S. 79). Der Arzt kann aber kein bedrohliches körperliches Leiden feststellen. Der Patient ist zumeist nicht bereit, diesen Befund anzunehmen, fühlt sich vom Arzt unverstanden, meint, nicht gründlich genug untersucht worden zu sein, wechselt den Arzt, versucht es mit dem Heilpraktiker oder betreibt Selbsttherapie mit Mitteln, die in Zeitschriften angepriesen werden. Bei dieser Symptomatik werden depressive Gefühle in den Körper verlagert. Man sagt: es wird somatisiert. Man spricht auch von einer larvierten oder maskierten Depression. Hinter der Maske des Körperlichen versteckt sich die Depression. Dieses Phänomen „findet man häufiger bei Altersdepressiven“ (H. Göbel, J. Kipp, B. Struwe 1989, S. 89). E. Murphy (1989, S. 232) weist auf eine Untersuchung hin, nach der „Hypochondrie beinahe bei zwei Drittel der älteren depressiven Patienten anzutreffen ist“.

b) Depressive Vergeßlichkeit/Pseudodemenz

Bei manchen älteren Menschen geht die Depression einher mit schwerwiegenden Beeinträchtigungen der intellektuellen Fähigkeiten. Sie leiden an Konzentrationschwierigkeiten, an Denkhemmungen, Sprachbeeinträchtigungen sowie an verminderter Lernfähigkeit. Besonders auffällig sind die Gedächtnisstörungen. Man spricht daher auch von einer depressiven Vergeßlichkeit. Das alles weist eine große Ähnlichkeit zu Symptomen der Demenz auf wie etwa bei der senilen Demenz vom Alzheimer-Typ. Aber es scheint nur so, als ob es sich um eine Demenz handelt. Um diesen Scheincharakter auszudrücken, wird oft von einer depressiven Pseudodemenz gesprochen (T. Wetterling 1997, S. 93; Nathan Billig 1988, S. 4).

Der aufmerksame Beobachter kann zumindest im fortgeschrittenen Stadium Demenz und Depression unterscheiden. Unter anderem gibt es folgende der Wahrnehmung zugängliche Unterschiede: Der Demente verleugnet seine Schwierigkeiten, der Depressive klagt sie heraus. Bei dem Dementen zerfällt die Sprache, beim Depressiven wird sie langsamer. Der Demente ist zeitlich, örtlich, situativ und personal desorientiert, bei dem Depressiven ist die Orientierung nicht beeinträchtigt (Rolf D. Hirsch 1992, S. 114). Das zuletzt genannte Unterscheidungsmerkmal gilt allerdings nur bedingt. Auch bei depressiven Menschen kann Desorientiertheit in Gestalt eines verwirrten Rückzugs in die Vergangenheit vorkommen. Es kommt zu einer Regression. Der Demente vollzieht eine hirnorganisch bedingte Regression, bei der Erinnerungen an spätere Erlebnisse bleibend ausgelöscht werden. Der Depressive vollzieht eine psychische Regression. Er flüchtet aufgrund gegenwärtiger Belastungen zeitweilig in die Vergangenheit und „taucht wieder auf“.

c) Depressiver Wahn bei psychotischer Depression

Depression kann auch psychotische Bilder aufweisen. Die wichtigste psychotische Erscheinung ist der Wahn. Wahn heißt: ich denke, meine, wähne etwas, das nur in meiner persönlichen Vorstellung vorhanden ist, für das es keine objektiven, auch von anderen einsehbaren Anlässe gibt.

Man unterscheidet zwischen einem bizarren und einem nicht-bizarren Wahn. Ein bizarrer Wahn ist bezogen auf Situationen, die in der Realität nicht vorkommen können. So meint etwa jemand, in seinen Gedanken, Gefühlen und Handlungen von natürlichen oder übernatürlichen Kräften beeinflußt zu sein. Oder jemand hält sich für eine große religiöse oder politische Persönlichkeit. Oder jemand gibt vor, Kontakt zu Außerirdischen zu haben oder das Wetter beeinflussen zu können. Solche bizarren Wahnformen kommen bei der Depression in der Regel nicht vor. Der depressive Wahn ist ein nicht-bizarrer Wahn. Er ist bezogen auf Situationen, die in der Realität sehr wohl vorkommen können, aber – und das macht eben das Wahnhafte aus – in diesem speziellen Fall nicht existent sind. Typische Wahnformen bei der Depression sind: Krankheitswahn, Verarmungswahn und Schuldwahn. So ist der Mensch etwa davon überzeugt, daß er an Krebs leidet, daß er bald an den Bettelstab kommt und demnächst seine Arztrechnung nicht mehr bezahlen kann oder daß er in seinem Leben alles falsch gemacht hat. Bedingt durch gesundheitliche Beeinträchtigungen bekommt im Alter der Krankheitswahn besondere Nahrung. Fast spezifisch für das Alter ist der Verarmungswahn. Er ist bei jüngeren Patienten nur selten zu beobachten (H. Göbel, J. Kipp, B. Struwe 1997, S. 89). Kontrovers diskutiert wird der Stellenwert des Schuldwahns im Alter. H. Göbel u. a. (1997, S. 91) sind der Auffassung, daß Schuldwahn mit zunehmendem Alter nachläßt. Die gegenteilige Auffassung vertritt J.H. Kretschmar (1997, S. 191). „Depressionen im Alter sind oft durch Schuldwahnvorstellungen gekennzeichnet, die nicht selten als verdiente Vergeltung für frühere vermeintliche Vergehen erlebt werden."

Wahn, wie er etwa im Zusammenhang mit Schizophrenie oder auch Demenz vorkommt, stellt sich als unkorrigierbare Gewißheit dar. Das heißt, man kommt nicht gegen die Überzeugung an. Der Kranke bleibt dabei, läßt sich nicht von der Unangemessenheit seines Denkens überzeugen. Nicht ganz so hartnäckig präsentiert sich hingegen der depressive Wahn. Auch er hat eine gewisse Stabilität. Wie Manfred Wolfersdorf (1995, S. 27) allerdings festgestellt hat, kommt der depressive Mensch häufig aber letztlich doch zu der

Überzeugung, daß er von einer übersteigerten Angst ergriffen ist, die Ausgangspunkt solcher unangemessenen Gedanken ist: „Daß ich mich da so hineinsteigern konnte."

d) Suizidalität

Untersuchungen zeigen, daß die Suizidrate bei älteren Menschen deutlich höher ist als bei jüngeren. Kontinuierlich steigen die Suizidziffern mit zunehmendem Alter an, besonders sprunghaft bei den 75jährigen und älteren Männern. Frauen über 60 Jahre haben einen Anteil von 48 Prozent an allen weiblichen Suiziden. In Deutschland nehmen sich etwa 13000 Menschen im Jahr das Leben. 30 Prozent davon sind Menschen über 65 Jahre. Etwa alle zwei Stunden nimmt sich in Deutschland ein über 65jähriger das Leben.

Suizid im Alter kann unterschiedliche Ursachen haben. Die Hauptursache ist zweifelsohne die Depression. Der Anteil der Depressiven unter den alten Menschen, die sich das Leben nehmen, wird in der Literatur mit 50, 75 oder sogar 80 Prozent angegeben. Die Depression im Alter ist die „tödlichste aller psychischen Erkrankungen". Alte Menschen, die selbst Hand an sich legen wollen, verhalten sich tendenziell anders als jüngere Menschen. Der jüngere Mensch begeht sehr häufig einen appellativen Suizidversuch. In der Hoffnung auf Hilfe versucht er die Umwelt auf sein Leid aufmerksam zu machen. Der ältere Mensch hingegen ist zumeist zum Ende fest entschlossen. Er rechnet nicht mehr mit der Hilfe seiner Umwelt. Von daher wählt er auch eher „harte" zuverlässige Suizidmethoden. So überwiegt dann im Alter der gelungene Suizid, während in jüngeren Jahren der gescheiterte Suizidversuch überwiegt (Christel Christe 1989, Norbert Erlemeier 1992, 1997).

Dem aufmerksamen Beobachter erschließen sich Hinweise darauf, ob ein Mensch suizidgefährdet ist. Erich Grond (1993, S. 94 ff) nennt zahlreiche Hinweise auf Suizidgefährdung im Alter. Einige vor allem für den depressiven Kontext relevante seien hier aufgeführt. Ein alter Mensch ist unter anderem suizidgefährdet,

- wenn in seiner Familie schon Suizide vorgekommen sind,
- wenn er selbst schon einen Versuch unternommen hat,
- wenn er nach Verwitwung oder Pensionierung vereinsamt ist,
- wenn er unheilbar krank ist,
- wenn er wiederholt von Suizid gesprochen hat und plötzlich nicht mehr davon spricht, weil er sich endgültig entschieden hat: „Ruhe vor dem Sturm",

– wenn er Äußerungen macht wie „Ich sehe keinen Ausweg mehr" oder „Es ist alles sinnlos",
– wenn er Aggressionen in sich staut, bis er sie gegen sich selbst richtet,
– wenn die Depression sich am Anfang oder im Abklingen befindet,
– wenn sich eine Behandlung mit antriebssteigernden Antidepressiva im Anfang befindet, weil sich zuerst der Antrieb und erst später die Stimmung verbessert.

Wir haben uns mit diagnostischen Fragen zur Depression beschäftigt. Seelsorgerinnen und Seelsorger sollten über elementare Kenntnisse der Erscheinungsbilder und Triebkräfte von Depression verfügen. Natürlich ist es nicht ihre Aufgabe, Diagnosen zu erstellen. Der Nutzen diagnostischer Kenntnisse liegt im wesentlichen im folgenden: Diagnostische Kenntnisse können eine gewisse Sicherheit im Kontext psychischer Auffälligkeiten vermitteln. Sie ermöglichen es, Verdachtsmomente wahrzunehmen und daraufhin fachkundige Hilfe zu empfehlen. Sie sind Voraussetzung dafür, in der Zusammenarbeit mit Ärzten und Psychologen als kompetente Gesprächspartner anerkannt zu werden. Sie weisen die Richtungen, in denen vertiefte Wahrnehmung angezeigt ist. Sie ermöglichen es, aus dem Gesamtrepertoire seelsorgerlicher Verhaltensmöglichkeiten Wege auszuwählen, die aufbauend sein können, und solche auszuscheiden, die eventuell sogar Schaden anrichten können.

B. Die Welt der Depressiven

Nachdem wir uns bisher vorwiegend mit der Krankheit „Depression“ oder wie man heute lieber sagt, mit der depressiven Störung beschäftigt haben, mit den Ursachen und Symptomen allgemein und speziell im Alter, wenden wir uns nun dem Kranken bzw. Gestörten selbst zu. Wir fragen danach, was sich in seiner Innenwelt abspielt. Was beherrscht sein Denken und Fühlen? Welche Rolle spielt die Depression im Hinblick auf seinen Glauben?

I. Die Gedankenwelt

Wenden wir uns der Frage zu, was in den Köpfen von depressiven Menschen vor sich geht. Es ist vor allem das Verdienst der sogenannten kognitiven Depressionstheoretiker und -therapeuten wie Aaron T. Beck, Albert Ellis und Martin Seligman, daß sie Kognitionen, das heißt Gedanken, Denkmechanismen und Gedankenwelten erforscht und beschrieben haben. Es gibt verschiedene Modelle der Beschreibung der Gedankenwelt. Sie beziehen sich jeweils auf bestimmte Denkausrichtungen.

1. Die negative kognitive Triade

Aaron T. Beck (1986) hat den Begriff der kognitiven Triade geprägt. In dreifacher Hinsicht entwirft der Depressive ein negatives Bild: von sich selbst, von seiner Umwelt und von seiner Zukunft. Das negative Selbstbild ist dadurch gekennzeichnet, daß der depressive Mensch über sich das Urteil abgibt, er sei fehlerhaft, unzulänglich, krank oder benachteiligt. Er ist nach seiner Auffassung voller Mängel und hält sich deshalb für wertlos und nicht begehrenswert. Immer wieder kritisiert und unterschätzt er sich und vermißt bei sich die Eigenschaften, die man braucht, um Glück und Zufriedenheit zu erlangen. Typisch für das negative Bild seiner Umwelt ist, daß der depressive Mensch meint, die Umwelt überfordere ihn ständig oder behindere ihn bei der Verfolgung seiner Lebensziele. Die materielle wie auch die soziale Umwelt ist für ihn eine ständige Quelle für Niederlagen und Enttäuschungen. Das Bild, das sich der depressive Mensch von der Zukunft macht, ist bestimmt von der Erwartung, daß die gegenwärtigen Schwierigkeiten und Leiden auch in der Zukunft anhalten werden. Zukunft bedeutet für ihn anhaltende Mühsal, Frustration und Benachteiligung. Erwägt er für die Zukunft das Angehen einer bestimmten Aufgabe, so ist er schon vorab gewiß, daß es zu einem Fehlschlag kommen wird. Diese negativen Bilder sind die Quelle für Niedergeschlagenheit, für depressive Verstimmung.

2. Die irrationale Dreieinigkeit

Man könnte sagen, nach Beck nimmt der depressive Mensch eine analytische Haltung ein. Er analysiert und beschreibt, was er an sich selbst, an der Umwelt und an der Zukunft feststellt und kommt dabei stets zu negativen Ergebnissen. Anders wird der depressive Mensch von Albert Ellis (1982, 1997) positioniert. Nach ihm nimmt der depressive Mensch eine fordernde Haltung ein. Er stellt ganz bestimmte Ansprüche, setzt fest, wie es denn sein sollte oder gar sein muß. Ellis prägte den Begriff der irrationalen Dreieinigkeit. In dreifacher Hinsicht stellt der depressive Mensch seine Ansprüche: gegenüber sich selbst, gegenüber den anderen Menschen und gegenüber den allgemeinen Verhältnissen. Gegenüber sich selbst fordert er: Ich muß perfekt sein. Ich muß jederzeit und unter praktisch allen Bedingungen Hervorragendes leisten und dadurch die Anerkennung wichtiger Personen erfahren, sonst bin ich eine schlechte, inkompetente und wertlose Person. Von anderen Personen fordert der depressive Mensch, daß sie ihn zu jeder Zeit und in jeder Hinsicht nett, zuvorkommend und fair behandeln, sonst sind sie schlecht und wertlos und sollten bestraft werden. Von den allgemeinen ökologischen, ökonomischen und politischen Verhältnissen fordert der depressive Mensch, daß sie in jeder Hinsicht angenehm, sicher, sorgenfrei sowie leicht und schnell zu genießen sind, anderenfalls ist das Leben nicht genußvoll und lebenswert. Da diese Forderungen, von Ellis auch „Mußturbationen" genannt, letztlich nicht erreichbare Überforderungen des Selbst, der anderen und der Verhältnisse sind, führt diese Haltung immer wieder zu Enttäuschungen und Niedergeschlagenheit. Aus der Erkenntnis, daß man nicht so ist, wie man sein sollte, entspringen Schuldgefühle. Aus der Erfahrung, daß die Umwelt nicht so ist, wie sie sein sollte, entstehen Aggression, Wut, Zorn, Haß.

3. Der dreidimensionale Pessimismus

Nach Martin Seligman (1986, 1991) nimmt jeder Mensch eine suchende Haltung ein. Er ist stets auf der Suche nach Erklärungen für das, was bei ihm selbst und in seiner Umwelt geschieht. Er vollzieht Attributionen. Der Mensch attribuiert, weist Erklärungen zu, in drei Dimensionen: personenbezogen, zeitbezogen und bereichsbezogen. Zu jeder Dimension gehört ein Begriffspaar. In der personenbezogenen Dimension ist es das Begriffspaar: internal/external, in der zeitbezogenen Dimension das Begriffspaar: stabil/variabel und in der bereichsbezogenen Dimension: global/spezifisch. Nach Auffassung von Seligman ist der depressive Mensch einer, der pessimistisch attribuiert. Er attribuiert tendenziell internal, stabil und global. Internal heißt, daß der depressiv gestörte Mensch sich stets selbst für alles verantwortlich macht. Die Gründe für alles Negative liegen in der eigenen Person. Externale Momente wie die Verantwortung anderer Menschen oder die Verursachung durch allgemeine Verhältnisse werden nicht gesehen. Stabil heißt, daß die gegenwärtigen Verhältnisse als unveränderlich angesehen werden. Sie werden auch zukünftig bestehen bleiben; sie sind nicht variabel. Global bedeutet, daß alles in Bausch und Bogen verurteilt wird. Mißstände stehen sozusagen repräsentativ für eine Gesamtmisere. Daß Mißstände in der Regel auf bestimmte Spezialbereiche der Lebensumstände beschränkt sind, wird nicht wahrgenommen. Dieses internale, stabile und globale Attributionsmuster bewirkt immer wieder Verstimmung, Niedergeschlagenheit.

In formaler Hinsicht sind die dargestellten Konstruktionsprinzipien der Gedankenwelt bei Depressiven aller Altersgruppen gleich. Unterschiede gibt es hingegen in den Inhalten. Im Alter ist u. a. Folgendes auffällig:

Bezogen auf das Ich beschäftigt sich der alte Mensch im besonderen Maße mit den altersbedingten Verlusten, insbesondere mit den gesundheitlichen Beeinträchtigungen. Er thematisiert, was nicht mehr ist, was er nicht mehr kann, aber dennoch von sich fordert. Bedingt durch die verstärkte Beschäftigung mit der Vergangenheit im Alter treten beim alten Menschen auch weit zurückliegende Versagenserlebnisse ins Bewußtsein.

Bezogen auf die Analyse der Umwelt kommt es in manchen Bereichen zu einem Mehr an Unrichtigkeiten, weil der alte Mensch in vielem „nicht mehr drin“ ist und von daher „die Welt nicht mehr

versteht“. Weiterhin mißt er oftmals die Umwelt an den Normen seiner Sozialisation, die von den Jüngeren weit liberaler gehandhabt werden. So klagt er über die Kinder und Jugendlichen, weil sie „zu laut“, „zu unordentlich“, „unhöflich“, „zu ungehorsam“, „undankbar“ sind, Eigenschaften aufweisen, die es „früher so nicht gegeben hat“. Eltern wird der Vorwurf gemacht, daß sie ihre Kinder „nicht richtig erziehen“. Gefordert wird häufig, daß man doch schon „allein aufgrund seines Alters“ geehrt werden müßte.
Die Zukunft sieht der alte Mensch oftmals als „die paar Jahre, die ich noch habe“, in denen es sich sowieso nicht mehr lohnt, was Neues zu beginnen. Endzeitbestimmt ist für ihn die Zukunft oftmals nur noch ein „Wartesaal des Todes“.

II. Die Gefühlswelt

Die kognitionspsychologischen Ausführungen zur Gedankenwelt depressiver Menschen machten deutlich, daß die Gedankenwelt eine Gefühlswelt provoziert. Diese Position ist durchaus nicht unumstritten. Es gibt auch die gegenteilige Auffassung, daß nämlich die Gefühle die Gedanken provozieren. Wir werden später darauf noch einmal zurückkommen. Einigkeit besteht allerdings darin, daß die Gefühlswelt die Hauptthematik der Depression darstellt, egal an welcher Stelle sie im depressiven Prozeß plaziert ist. Depressionen werden daher in ICD-10 und DMS-IV auch den sogenannten affektiven Störungen zugeordnet. Das heißt, sie stellen eine Veränderung der Stimmung dar. Dabei sind drei Bereiche von zentraler Bedeutung: Hilflosigkeit, Hoffnungslosigkeit und Wertlosigkeit sind die „emotionalen Kernsymptome der Depression“ (Nathan Billig 1988, S. 38). Diesen drei Bereichen wenden wir uns nun zu.

1. Das Gefühl der Hilflosigkeit

Von Martin Seligman (1986, 1991) stammt das Konzept der „erlernten Hilflosigkeit“. Am Anfang der Geschichte dieses Konzepts stehen Tierexperimente mit Hunden. Es sollen hier nicht die Experimente in allen Einzelheiten wiedergegeben werden. Etwas vereinfacht wird eine zentrale Beobachtung beschrieben: Ein Hund wurde in einen Käfig gesperrt und elektrischen Schocks ausgesetzt. Er hatte keine Möglichkeit diesen Schocks zu entgehen. In einem zweiten Experiment wurde dieser Hund wiederum in den Käfig gesperrt und elektrischen Schocks ausgesetzt. Dieses Mal hatte er aber die Möglichkeit, den Schocks auszuweichen. Er hätte aus dem Käfig springen können. Dieses geschah aber nicht. Als die Schocks kamen, versuchte er nicht zu entkommen, er legte sich einfach hin und gab auf. Seligman deutete dieses Ergebnis wie folgt: Im ersten Experiment hatte der Hund gelernt, daß er keine Kontrolle über die Schocks hatte, daß Reagieren keinen Sinn hat. Diese gelernte Hilflosigkeit bestimmte ihn auch im zweiten Experiment und verhinderte die Suche nach Ausweichmöglichkeiten.

Erkenntnisse aus Tierexperimenten sind nicht ohne weiteres auf den menschlichen Bereich übertragbar. Deshalb wurde das Konzept der erlernten Hilflosigkeit in der Folgezeit im Humanbereich experimentell überprüft. Donald Hiroto (1974, S. 187ff) brachte Versuchspersonen in einen Raum, der mit lautem Lärm beschallt wurde. Sie bekamen den Auftrag, durch das Drücken von Knöpfen auf einem Schaltbrett, den Lärm abzustellen. Die Anlage war aber so manipuliert, daß dies nicht möglich war. In einem zweiten Versuch geschah wieder dasselbe. Wieder sollten die Versuchspersonen – dieses Mal mit einer anderen Apparatur – den Lärm abstellen, was dieses mal auch möglich gewesen wäre. Aber sie taten es nicht. Sie saßen einfach still da. Hiroto schloß daraus: Die Versuchspersonen, die in dem ersten Versuch ihre Hilflosigkeit erfahren hatten, übertrugen diese Erfahrung auf die zweite Situation und versuchten daher erst gar nicht, den Lärm abzustellen. In einem anderen Experiment bekamen Versuchspersonen in einer ersten Versuchsphase Denkaufgaben, die nicht lösbar waren, denen sie zwangsläufig hilflos gegenüber stehen mußten. In der zweiten Versuchsphase bekamen sie lösbare Aufgaben. Es zeigte sich, daß die erfahrene Hilflosigkeit sich auf die zweite Phase auswirkte. Im Vergleich zu einer Kontrollgruppe brauchten die Versuchspersonen länger bei der Aufgabenlösung und lösten auch weniger Aufgaben (Hiroto & Seligman 1974).

Menschen, die häufiger in Situationen geraten, in denen sie die Erfahrung machen, daß sie keine Kontrolle über die Situation haben, daß ihr Handeln unwirksam bleibt, daß Reagieren zwecklos ist, entwickeln das Phänomen der erlernten Hilflosigkeit. Sie resignieren. Dieses ist zunächst auf spezielle Situationen beschränkt. Im Laufe der Zeit aber kann es zu einer Generalisierung kommen. Das Empfinden von Hilflosigkeit wird auf viele Situationen ausgedehnt, auch wenn es dafür objektiv betrachtet keinen Grund gibt.

Es entsteht eine allgemeine Resignation. Für Seligman ist erlernte Hilflosigkeit ein Modell der Depression. Depression und erlernte Hilflosigkeit zeigen parallele Symptome. Depression und erlernte Hilflosigkeit haben als gemeinsame Wurzel die Überzeugung der Unkontrollierbarkeit, der Zwecklosigkeit des Reagierens.
Seligman ist der Auffassung, daß gerade die Situation älterer Menschen die Entwicklung einer erlernten Hilflosigkeit fördert, weil auf Grund von körperlichen Einschränkungen nur ein geringes Maß an situativen Anforderungen bewältigt werden kann, und weil auf Grund des Rollenverlustes im Alter weniger Möglichkeiten bestehen, sich selbst als kompetent und effektiv zu erleben (vgl. Seligman & Elder 1986). „Krankheit und Alter sind Bedingungen für Hilflosigkeit par excellence" (Seligman 1986, S. 89).
Nach Alexander Lowen (1987, S. 54ff) tritt eine Depression ein, wenn eine Illusion zusammenbricht und in Folge dieses Zusammenbruchs sich das Erleben von Hilflosigkeit einstellt. Hilflosigkeit wird erlebt als das Überwältigtwerden von dem Gefühl: „Was nützt das Ganze überhaupt?". Lowen nennt drei depressionsfördernde Illusionen. Die erste Illusion besteht darin, daß man sich Liebe verdienen kann. Der Mensch, der nach dieser Illusion lebt, versucht sich stets so zu verhalten, daß er die Akzeptanz seiner Umwelt erhält. Dennoch muß er die Erfahrung machen, daß er den Kampf um Liebe immer wieder verliert. Seine Illusion bricht zusammen und dieser Zusammenbruch wird zum Einstieg in die Depression in Gestalt von Hilflosigkeit. Das Gefühl stellt sich ein, alles sei sinnlos. Bei alten, vereinsamten Menschen ist häufiger der Versuch zu beobachten, sich durch materielle Mittel Zuneigung zu erkaufen. Kindern und Enkelkindern werden Scheine zugesteckt in der Hoffnung, daß sie dann häufiger zu Besuch kommen. Die Häufigkeit der Besuche nimmt bisweilen tatsächlich zu, aber das Gefühl, geliebt zu werden, will dennoch nicht aufkommen. Und so ist dann oft die Klage zu hören: „Die kommen ja doch nur, weil sie etwas haben wollen."
Die zweite Illusion ist, daß das Selbst Herr über den Körper ist. Besonders im Alter ist diese Illusion starken Angriffen ausgesetzt. In früheren Jahren fügte sich der Körper, ließ sich erbarmungslos zu allen möglichen Zielen antreiben. Im Alter jedoch wird der Körper müde, Krankheiten stellen sich ein, die Vorahnung des Todes kommt auf. Der Körper demonstriert, daß er nicht mehr bereit und fähig ist, in allem dem Selbst zu gehorchen. Die Beine laufen nicht mehr so wie sie sollen. Das Selbst wird hilflos gegen-

über dem Körper. Darüber wird der Mensch depressiv. Die dritte Illusion schließlich ist als politisch-ideologische Kritik formuliert. Lowen greift die „Sozioradikalen" an, die der Illusion anhingen, daß die Gesellschaft sich ändern könne ohne vorhergehende Veränderung der Charakterstruktur ihrer Glieder. Diese Illusion werde früher oder später in die Depression führen. Die Berechtigung dieser Ideologiekritik soll hier nicht überprüft werden. Festzuhalten ist allgemein, daß politische Ideologien sich als Illusionen entpuppen können, wenn sie an der Lebenspraxis getestet werden, wodurch deren Anhänger psychischen Belastungen ausgesetzt werden. Die jetzt alten Menschen können ein Lied davon singen.

2. Das Gefühl der Hoffnungslosigkeit

Während „Hilflosigkeit" vor allem das Erleben der Unfähigkeit beschreibt, auf die soziale und materielle Umwelt im Hier und Jetzt Einfluß zu nehmen, kommt mit „Hoffnungslosigkeit" verstärkt der Zukunftsaspekt hinzu. Da ist auch eine bange Sorge um die Zukunft, das Zittern vor dem Morgen. Zu der Angst im Heute kommt die Angst vor dem Morgen hinzu. Hoffnungslosigkeit meint aber darüber hinaus noch mehr als das Erleben der persönlichen Unfähigkeit, Leben zu gestalten. Hoffnungslosigkeit bedeutet, daß der Mensch auch unabhängig von seinen persönlichen Möglichkeiten von der Zukunft nichts Tragendes mehr erwartet. Wer hilflos ist, kann immer noch darauf hoffen, damit rechnen, von außen her, von anderen Menschen oder durch den Wandel der Verhältnisse oder durch das Eingreifen Gottes Hilfe zu bekommen. Er glaubt der Weisheit eines Spruches, den ich öfter an den Wänden gesehen habe: „Und wenn du denkst, es geht nicht mehr, kommt von irgendwo ein Lichtlein her." Wer hingegen hoffnungslos ist, rechnet mit nichts und niemanden mehr. Wer hilflos ist, mag daran zweifeln, ob sich die Lebensqualität noch verbessert, wobei das Zweifeln aber immer noch eine Spur von Hoffnung enthält im Sinne eines „Vielleicht ja doch von irgendwo her". Wer hingegen hoffnungslos ist, ist von der Steigerung des Zweifels, von der Verzweiflung, ergriffen, die dieses „Vielleicht ja doch von irgendwo her" eingebüßt hat. Die Verzweiflung bekommt oft dadurch zusätzliche Nahrung, daß nicht nur das Bleiben der Misere befürchtet wird, sondern daß sich darüber hinaus noch eine Angst vor der Eskalation breit macht: Es wird noch schlimmer werden.

3. Das Gefühl der Wertlosigkeit

Ein weiteres Zentralgefühl von depressiven Menschen ist das Erleben von Wertlosigkeit. Depressive Menschen leiden unter einem angegriffenen Selbstwertgefühl. Das Erleben von persönlicher Wertlosigkeit hat unterschiedliche Ableitungsbereiche. Oftmals geht es gerade im Alter vom persönlichen Erscheinungsbild aus. Das Körperbild wird als bedrückend erlebt. Belastende Schlüsselerlebnisse sind Fleckenbildungen auf der Haut, der Verlust der Zähne, die Falten, das Ergrauen und das Ausgehen der Haare. Ein Schlager aus dem Jahre 1926 besingt es: Wo sind deine Haare, August? Oh du lieber Augustin, alles ist hin. Typische Aussagen, die eine derartig empfundene Wertminderung charakterisieren, sind: „Der Lack ist ab“ oder „An mir ist nichts mehr dran“.
Das Erleben von Wertlosigkeit kann ressourcenbezogen sein, orientiert sich an abgängigen Fähigkeiten und Kompetenzen. Es wird als Belastung erlebt, wenn man bestimmte Tätigkeiten im Haus oder im Garten nicht mehr ausführen kann. Ein schmerzlicher Einschnitt für viele ist das Verbot des Autofahrens oder die Notwendigkeit eines Hörgerätes. Neuere sexualwissenschaftliche Erkenntnisse haben gezeigt, daß Sexualität durchaus bis ins höhere Alter befriedigend erlebt werden kann (Roswitha Stemmer-Beer 1994, Kirsten von Sydow 1994). Dennoch leiden viele alte Menschen unter Einbußen. Eine ältere Frau stellt fest: „Es ist keine Kunst, im Alter moralisch zu sein, es kommt sowieso keiner mehr.“ Sie leidet darunter, daß sie die Attraktivität, die Anziehungskraft, verloren hat. Ein alt gewordener berühmter Schauspieler auf sein Sexualleben angesprochen, antwortete in einem Fernsehinterview: „Das Schlimme am Alter ist, daß man immer noch möchte, aber nicht mehr kann.“ Typische Aussagen, die eine derartig empfundene Wertminderung charakterisieren, sind: „Es klappert an allen Enden“ oder „Mit mir ist nichts mehr los“ oder manchmal unter Männern gesprochen: „Alle Glieder werden steif, nur das eine nicht mehr.“
Wertlosigkeit orientiert sich weiterhin an der vermißten sozialen Zuwendung. Viele alte Menschen klagen darüber, daß sie nicht genug Besuch bekommen und schließen daraus, daß sie keine Wertschätzung mehr erfahren. Rentner beklagen sich, daß ihre frühere Firma überhaupt keine Notiz mehr von ihnen nimmt, daß niemand mehr zum Geburtstag kommt oder daß die früher noch durchgeführte Adventsveranstaltung für Ehemalige aus Kostengründen aufgegeben wurde. Typische Aussagen, die eine derartig

empfundene Wertminderung charakterisieren, sind: „Mit mir will keiner mehr was zu tun haben", „Die haben mich alle vergessen" oder „Der Mohr hat seine Schuldigkeit getan".
Wertlosigkeit erwächst schließlich aus einem vermeintlich unmoralischen Verhalten und geht einher mit einem Schuldgefühl. Ulrich Eibach (1992, S. 24f) führt mehrere Auslöser für Schuldgefühle unter Depression an: Man fühlt sich schuldig, weil man die Arbeit vernachlässigt, sich nicht genügend um die anderen Familienglieder kümmert. Man kommt sich verwerflich vor, weil man bestimmte Leistungen nicht mehr vollbringen kann. Man macht es sich zum Vorwurf, daß man für andere Menschen keine Liebe mehr empfindet oder daß man das Vertrauen zu Gott und seine Verheißungen nicht mehr aufbringen kann. Bedingt durch die verstärkte Vergangenheitsorientierung kommen beim alten Menschen auch weit zurückliegende Versagenserlebnisse hoch. Typische Aussagen, die eine derartig empfundene Wertminderung charakterisieren sind: „Ich habe manches falsch gemacht", „Ich habe Schuld auf mich geladen", „Ich habe mich versündigt."

III. Die Welt des Glaubens

Die Frage nach der Beziehung von Religion und psychischem Wohlbefinden hat eine lange Geschichte, die bis in die Antike zurückgreift. Im Alten Testament wird der vermutlich depressive König Saul von einem „bösen Geist" heimgesucht, den Gott als Strafe schickt (1. Sam. 16,14ff). Im Neuen Testament sind es der Satan und seine Dämonen als widergöttliche Kräfte, die psychisches Leiden verursachen. So wird Paulus (2. Kor. 12,7) von einem Satansengel geschlagen. Auch in der Frühzeit der Geschichte Griechenlands wird psychisches Leid als von jenseitigen Kräften verursacht gesehen. So berichtet Homer in der Ilias von Bellerophon, daß er von den Göttern in tiefes Herzeleid und in Isolation getrieben wurde, weil sie ihn haßten. Euripides berichtet, daß die tiefe Trauer des Orest durch die Erinnyen hervorgerufen sei. Zu einer veränderten Sichtweise kommt es dann in den Schriften des Hippokrates. Die Melancholie wird als eine natürliche Krankheit gesehen. Sie hat eine körperliche Ursache. Ein ganz bestimmter Saft im Körper, die schwarze Galle (=Melancholie), ist im Übermaß vorhanden und stört das Gleichgewicht der Kräfte. Der berühmte Arzt

Galen (130-201 n.Chr.) griff diese Säftelehre wieder auf und systematisierte sie. Er gab ihr nun wieder einen theologischen Unterbau. Nach seiner Auffassung sind diese biologischen Prozesse keineswegs allein aus der Natur zu erklären. In das biologische Geschehen greift das Göttliche ein. Die Biologie ist vom göttlichen Willen beeinflußt. Für andere hat die Melancholie Folgewirkungen auf das religiöse Leben. Nach Aretaeus (50-130 n.Chr.) kann sie Aberglauben bewirken. Nach Paulus von Aegina (625-690 n.Chr.) kann sie zu Besessenheitsideen führen.

Im Mittelalter kam es zu einer Verknüpfung der Säftelehre mit dämonischen Vorstellungen, die sich bis zur Aufklärung halten sollten. Hildegard von Bingen (1098–1179 n.Chr.) bringt die Melancholie mit der Erbsünde in Zusammenhang: „In dem Augenblick, da Adam sich der göttlichen Ordnung widersetzte, gerade in diesem Augenblick gerann in seinem Blut die Melancholie. In der Tat hauchte dem Adam beim Sündenfall der Teufel die Melancholie ein, die den Menschen lau und ungläubig macht.“ Thomas von Aquin (1225–1274) stellte in seiner Summa Theologica den Gedanken der persönlichen Mitschuld heraus. Wer träge ist in der handelnden christlichen Liebe, gerät schuldhaft in die *acedia*, einem Leiden in der Seele, aus dem schnell der Tod kommen kann. Im Zuge der Aufklärung setzt sich dann mehr und mehr die Vorstellung von einer rein natürlichen Verursachung durch. Hier und da kommen auch soziale Momente in die Diskussion. Noch einmal im Zuge der romantischen Psychiatrie tritt die Vorstellung von der Sündhaftigkeit des Menschen auf. So vertritt Johann Christian Heinroth (1773–1843) die Auffassung, daß die Melancholie in der Sünde, in der „völligen Gebundenheit vom bösen Prinzip“ ihre Ursache habe. Andere Zeitgenossen setzen dagegen, daß die unsterbliche Seele nicht krank werden könne. Siegmund Freud (1856–1939) schließlich war der Auffassung, daß Religion mit Neurose gleichzusetzen sei (Jean Starobinski 1960, Günter Hole 1977, Erwin H. Ackerknecht 1985, Mirko D. Grmek 1996).

Die religionspsychologische Forschung der letzten Jahrzehnte bemüht sich um eine differenzierte Betrachtungsweise. Sie geht davon aus, daß sich die Religiosität des Menschen in recht unterschiedlicher Weise darstellen kann. Man geht von unterschiedlichen Glaubenstypen aus, die in unterschiedlicher Weise Einfluß auf die Entstehung einer psychischen Krankheit haben können. So unterscheiden G. W. Allport und J. M. Ross (1967) zwischen einer extrinsischen Religiosität und einer intrinsischen Religiosität. Menschen mit extrinsischer Religiosität sind vorwiegend an Sozialprestige, gesellschaftlichen Beziehungen, Sicherheit und Trost interessiert, haben ein letztlich selbstsüchtiges, zweckbestimmtes, instrumentelles Verhältnis zur Religion. Menschen mit intrinsischer Religiosität hingegen schätzen und praktizieren Religion aus Überzeugung, um ihrer selbst willen und richten sich auch am Gebot der Nächstenliebe aus. „Der extrinsisch Motivierte *gebraucht* seine Religion, während der intrinsisch motiverte Gläubige seine Religion *lebt*". Nach Auffassung von Allport und Ross kann intrinsische Religiosität im Gegensatz zu extrinsischer Religiosität die psychische Gesundheit schützen und fördern. Diese Unterscheidung hat auch die Depressionsforschung beeinflußt. Weiterhin fragt die moderne religionspsychologische Forschung, ob und wenn ja wie sich der Glaube bei einem Menschen verändert, der an einer Depression leidet. Um solche Veränderungen zu erfassen, zerlegt man den Glauben in verschiedene Komponenten bzw. Dimensionen. Schließlich ist von Interesse, ob der depressive Mensch sich auf Grund seiner Depression zur Religion hingezogen fühlt oder sich eher von Religion zurückzieht. Diesen Fragen werden wir nun nachgehen.

1. Depression und Glaubenstyp

Anette Dörr (1987) führte eine empirisch-psychologische Untersuchung zur Beziehung von Religiosität und Depression durch. In Anlehnung an Allport und Ross unterscheidet sie zwischen einer extrinsischen und einer intrinsisischen Religiosität. Unter einer extrinsischen Religiosität versteht sie den Glauben an allgemeine Glaubenssätze. Zum Wesen der intrinsischen Religiosität gehört hingegen der Glaube an einen persönlichen Gott. Der Glaube an allgemeine Glaubenssätze ist losgelöst von der persönlichen Betroffenheit. Glaubensaussagen wie etwa die Botschaft der Liebe Gottes gelten pauschal für alle Menschen. Ihre Realität liegt irgendwo da draußen. Man hält etwas für wahr, was tradiert und gelernt worden ist. Menschen mit einem persönlichen Glauben hingegen rechnen gezielt mit der Liebe Gottes in den Vollzügen ihres eigenen Lebens, wissen sich persönlich gemeint, haben damit persönliche Erfahrungen. Dieser Glaube ist nicht nur ein Fürwahrhalten, sondern auch ein Gewahrwerden. Anette Dörrs Untersuchungen zur Depressionsproblematik haben ergeben, daß Menschen mit einem Glauben an nur allgemeine Glaubenssätze weit mehr depressionsgefährdet sind als Menschen, die an einen persönlichen Gott glauben.

Wer an einen persönlichen Gott glaubt, versteigt sich nicht so leicht in die von Beck formulierte negative kognitive Triade. Er hat positive Bilder von sich selbst, von seiner Umwelt und von der Zukunft. Er hat ein stärkeres Selbstwertgefühl, fühlt sich in der Gegenwart geborgen und hat eine Hoffnung für die Zukunft. Der persönliche Glaube „scheint in besonderem Maße eine Schutzfunktion zu entfalten“ (S. 110).

Wie verbreitet ist dieser persönliche Glaube bei den jetzt alten Menschen? Vom 2.–7. Mai 1997 ließ das Sonntagsblatt durch das EMNID-Institut eine repräsentative Umfrage durchführen unter der Fragestellung: Was glauben die Deutschen? (DS – Das Sonntagsblatt 1997). Gefragt wurde unter anderem: Glauben Sie, daß es eine göttliche Kraft gibt? 66,7% der alten Menschen im Alter von 60 und mehr Jahren bejahten diese Frage und standen damit im Vergleich zu den jüngeren Jahrgängen an der Spitze. Es wurde dann weitergefragt: Welche Vortellungen haben Sie von dieser göttlichen Kraft? Nur 17,9% der Befragten im Alter von 60 und mehr Jahren gaben an „ist persönliches Gegenüber“. 55,1% sehen die göttliche Kraft in der Natur, 40,9% als nicht-persönliche, universelle Kraft, 36,8% verorten sie im Menschen. Der persönliche Glaube, der eine Schutzfunktion gegen Depression einnehmen kann, ist demnach unter den Alten unserer gegenwärtigen Gesellschaft nur in sehr geringem Maße anzutreffen.

Das Ergebnis einer solchen Umfrage ist natürlich davon abhängig, wie man fragt, vor allem davon, welche Antwortalternativen man vorgibt. Eine Untersuchung, die im Juni 1992 von der Kirchlichen Hochschule Berlin im Ost- und Westteil Berlins und zwei Dorfgemeinden im Hunsrück durchgeführt wurde, bringt ein günstigeres Ergebnis hervor (Klaus-Peter Jörns 1997; Klaus-Peter Jörns/Carsten Großeholz 1998). Man fragte ausschließlich: Glauben Sie, daß es einen persönlichen Gott gibt? 73% der über 64-jährigen Westler antworteten mit „Ja“; in Ostberlin allerdings dominierten die Nein-Voten. Weiter ergab die Untersuchung, daß ältere Frauen häufiger an einen persönlichen Gott glauben als ältere Männer. Besonders häufig vertreten ist der Glaube an einen persönlichen Gott bei verwitweten älteren Alleinlebenden. Sie geben besonders häufig an, daß sie in Krisensituationen Hilfe bei Gott suchen, daß sie mit dem Einwirken Gottes in ihrem Leben rechnen. 73% pflegen das Gebet. Für sie ist Gott weniger im Menschen anzutreffen als vielmehr einer, der seinen Wohnsitz im Himmel hat. Deutlich wird allerdings auch, daß dieser persönliche Gott sich offenbar als Spender von

Lebensqualität bewähren muß. Menschen, die mit ihrem Leben unzufrieden sind, bestreiten zu 53% die Existenz eines persönlichen Gottes. Wer wenig Kontakt zu Verwandten hat, ist weniger geneigt mit einem persönlichen Gott zu rechnen. Da depressive Menschen unter einem Mangel an Lebensqualität und häufig unter Kontaktverlusten leiden, ist davon auszugehen, daß bei ihnen der Glaube an einen persönlichen Gott in Frage gestellt ist.

Weiterhin wird in der Religionspsychologie unterschieden zwischen dem Glauben an einen strafenden, richtenden Gott und dem Glauben an einen liebenden Gott. Bernhard Grom (1992, S. 175ff, 241f) führt mehrere Untersuchungen an, die diese beiden Glaubenstypen in Bezug setzen zum Selbstwertgefühl. Die Untersuchungen lassen vermuten, daß das Selbstwertgefühl gemindert wird, wenn die Vorstellung an einen fordernden und richtenden Gott überwiegt. Umgekehrt wirken Überzeugungen selbstwertstützend, nach denen Gott den Menschen liebt, vergibt und unabhängig von bestimmten Leistungen und Vorzügen akzeptiert. Ein positives Gottesbild kann dazu motivieren, „Muster negativer Selbstbewertung zu verändern und positive Eigenschaften und Fähigkeiten stärker zu beachten". Es kann „den Anstoß dazu geben, sich von leichteren depressiveren Verstimmungen zu distanzieren".

Dieselbe Typisierung benutzt auch Kenneth Pargament von der Universität Ohio (Psychologie heute, Heft 6, 1997, S. 21). Er fand heraus, daß Menschen, die in der Furcht leben, für ihre Sünden von einem strengen Gott bestraft zu werden und diese Strenge auch in ihrer Glaubensgemeinschaft als „emotionales Klima" erleben, stärker zu Depressionen neigen als Nicht-Religiöse. Umgekehrt fördert der Glaube an einen wohlwollenden, freundlichen Gott, der menschliche Schwächen nachsichtig beurteilt, in Verbindung mit emotionaler Geborgenheit in einer (Glaubens-) Gemeinschaft das psychische und körperliche Wohlbefinden deutlich.

Wie verbreitet ist der Glaube an einen strafenden, richtenden Gott bei den jetzt alten Menschen? Geht man von der durch das Sonntagsblatt veranlaßten Emniduntersuchung (DS – Das Sonntagsblatt 1997) aus, die diese Frage im Zusammenhang mit der Jenseitserwartung stellt, so glauben lediglich 34,6% der 60 und mehr Jahre alten Menschen daran, daß sie nach dem Tod über ihr Leben Rechenschaft ablegen müssen, 50,2% allerdings möchten den Willen Gottes erfüllen, um am Ende die ewige Seligkeit zu erlangen. Bei beiden Fragestellungen sind die alten Menschen im Vergleich zu den anderen Altersgruppen Spitzenreiter. Insgesamt ist der Glaube an einen richtenden Gott bei den Katholiken stärker ausgeprägt als bei den Protestanten.

Interessant ist eine Untersuchung von Ulrich Schwab (1995). Er untersuchte in Bayern unter anderen die Geburtsjahrgänge 1904-26 und 1929-41. Er stellte fest, daß diese Menschen von der Kindheit bis ins Alter nicht nur von *einem* Gottesbild bestimmt sind. Sie haben mindestens drei Gottesbilder internalisiert: Gott ohne ein ihn qualifizierendes Handeln wie Gott ist Geist, wohnt im Himmel droben, dann Gott als hilfreich handelnder wie Gott als Anker, Halt, Schutzhelfer, feste Burg, als „Beschützer“ und das Bild des strengen Gottes, der alles sieht, der weiß, wenn man etwas Schlechtes tut, Gott als „Furchtperson“. Das erste Bild ist wenig prägend geworden. Die anderen beiden Bilder werden sozusagen situationsbezogen aufgerufen. Sind alte Menschen erzieherisch an ihren Enkelkindern tätig, so aktivieren sie das Bild des strengen Gottes. Denken sie an sich selbst im Hinblick auf die Schwächen des Alters, so greifen sie auf das Bild des stabilisierenden, helfenden Gottes zurück. Schwab beschäftigt sich nicht mit der Depression im Alter. Aber greift man den Gedanken der Situationsbezogenheit auf, so spricht einiges dafür, daß sich bei alten Menschen unter Depression dann, wenn sie den helfenden Gott nicht erfahren, das Gottesbild des strengen Gottes in den Vordergrund schiebt.

Anette Dörr (1987) weist am Ende ihrer Untersuchung auch auf einige ungeklärte, der Forschung noch zur Bearbeitung aufgegebene Fragen hin. Unter anderen sei die Frage offen, wie sich die Depressivität im Kontext der Polarität Glaube an die Erlösung durch Gnade <> Glaube an die Erlösung durch Werke verhält. Hiermit ist die klassische interkonfessionelle Streitfrage aufgeworfen. Soweit ich sehe, gibt es bis heute dazu keine empirischen Forschungsergebnisse. Wir sind auf Vermutungen angewiesen. Der Glaube an die Erlösung durch Werke dürfte dann depressionsfördernd sein, wenn der alte Mensch aufgrund von körperlichen und geistigen Beeinträchtigungen spürt, daß er zu Werken nicht mehr in der Lage ist. Er dürfte depressionsverstärkend sein, wenn der Mensch unter Depression aufgrund seiner Apathie und Motivationslosigkeit sich nicht zu Werken aufraffen kann. Andererseits dürfte aber auch der Glaube an die Gnade nicht problemlos sein. Dieser Glaube bewirkt im Bewußtsein des alten Menschen, daß all das, was er in seinem langen Leben an Werken erstrebt und auch erreicht hat, woraus er jetzt rückschauend sein Selbstwertgefühl ableitet, in seiner Bedeutung vor Gott gemindert wird. Bedeutsamer im Hinblick auf die Depression ist noch etwas anderes. Erlösung durch Gnade ist ja nicht etwas Voraussetzungsloses. Voraussetzung für den Empfang der Gnade ist der Glaube an einen zuwendungsbereiten, vergebungsbereiten Gott. Dieser Glaube will aber bei einem depressiven Menschen oftmals nur schwer aufkommen, wie wir noch deutlicher sehen werden.

2. Die emotionale Entleerung des Glaubens

Aus dem bisher Gesagten geht hervor, daß bestimmte Glaubenstypen Depression fördern bzw. verhindern können. Das wird man in der Regel nicht monokausal verstehen dürfen in dem Sinne, daß Religiosität allein in die Depression führt oder vor ihr bewahrt. Aber sie kann neben anderen Gegebenheiten im Positiven wie im Negativen ein mitbedingender Faktor sein. Hat uns bisher vor allem die Frage nach der Bedeutung von Religiosität im Vorfeld der Depression, die sogenannte prämorbide Religiosität, interessiert, so fragen wir nun: Was geschieht mit dem Glauben, wenn der Mensch in einer Depression drinsteckt?

Um dieses zu beschreiben, ist es in der Religionspsychologie üblich, Glauben wiederum differenziert zu betrachten. Bernhard Grom (1992, S. 252) unterscheidet zwischen der kognitiven, auf das Denken bezogenen Komponente und der emotionalen, auf das Fühlen bezogenen Komponente. Nach Charles Y. Glock (1962) hat der Glaube unter anderem eine ideologische, auf zentrale Glaubenssätze bezogene Dimension und eine experientielle, auf das gefühlsmäßige Berührtsein bezogene Dimension. Beide Komponenten bzw. Dimensionen können durchaus im Widerspruch stehen. Ich kann das Bild von einem barmherzigen Gott im Kopf haben aber zugleich den barmherzigen Gott in meinem Herzen vermissen. Genau diese Diskrepanz ist das Problem des depressiven Menschen. Sein Problem ist nicht, daß er unter Depression seinen Glauben verliert, sondern daß die emotionale Komponente seines Glaubens ausfällt oder sich zumindest abschwächt.

W. Schulte (1951, 1954) spricht bei depressiven Menschen von einer „emotionalen Entleerung des Glaubens". Man glaubt zwar an Gott, aber man rechnet nicht mehr mit ihm. Der Glaube ist keine erfahrbare Wirklichkeit mehr. Er trägt nicht mehr, die Glaubenskraft verlöscht und es kommt zum Erleben der Gottverlassenheit. Zu derselben Erkenntnis kommt Günter Hole (1977, S. 32f), der in der Zeit von 1970–1974 in der psychiatrischen Universitätsklinik

Basel Untersuchungen zur Frage von Religiosität und Depression durchführte. Er führt zwei typische Patientenäußerungen an:

> „An sich glaube ich schon an Gott, aber das alles sagt mir nichts mehr, das gibt es für mich nicht mehr."
> „Inhaltlich ist mir das Evangelium vollkommen klar. Es ist aber keine Wirklichkeit, weder Gott noch Christus. Es schwingt und trägt nichts mehr. Meine Gebete sind ein leeres Gerede."

Ein eindrucksvolles Beispiel für eine solche emotionale Entleerung gibt auch Ingrid Weber-Gast (1980, S. 32f). Aus der Rückschau auf ihre eigene Depression schildert sie ihre Erfahrungen:

> „In den allerschwersten Stunden hat der Glaube überhaupt keine Rolle mehr gespielt. Mein Verstand und mein Wille mochten ihn wohl weiterhin bejahen, aber für mein Herz war er unerreichbar. Er war kein Trost, keine Antwort auf verzweifelte Fragen, keine Hilfe, wenn ich nicht weiterwußte. Ja, im Gegenteil: Nicht der Glaube trug mich, sondern ich mußte auch noch den Glauben tragen."

Manfred Wolfersdorf (1995, S. 145) weist darauf hin, daß bei vielen depressiven Menschen diese Entleerung des Glaubens mit Schuldgefühlen einhergeht: „Da sie das Gefühl der emotionalen Verbundenheit mit ihrem Gott verloren haben oder als verloren gegangen glauben, empfinden sie dies als schuldhaftes Verstoßensein, als Getrenntsein, als Herausfallen aus der göttlichen Fürsorge." Ingrid Weber-Gast (1980, S. 37) berichtet von einer gegenteiligen Selbsterfahrung: „Ich habe nie geglaubt, durch irgendeine Schuld die Krankheit selbst auf mein Haupt herabgerufen zu haben. Wenn ich mich fern von Gott fühlte, habe ich darunter gelitten, aber ich dachte nie, diese Gottesferne könnte Sünde sein." Nach den Untersuchungen von Günter Hole (1977) ist die emotionale Entleerung um so ausgeprägter je schwerer die Depression ist. Sie ist um so geringer je älter die Patienten sind. In den Befragungen gaben die älteren Patienten die „frömmeren" Antworten. Dieses hat aber wohl nicht seinen Grund im Alter als vielmehr in der intensiveren religiösen Primärsozialisation der älteren Generationen.

3. Das bleibende Bestreben nach religöser Verankerung

Die zitierte Frau, die sich an ihr Depressionserleben erinnert, bringt nun allerdings auch zum Ausdruck, daß sie unter der Last ihrer

Depression keineswegs ihren Glauben verwarf, sondern im Gegenteil versuchte, ihn sich irgendwie zu erhalten. Dieses Bestreben depressiver Menschen findet in mehreren Untersuchungen Bestätigung. G. Hole (1977) stellte depressiven Patienten unter anderem die Frage: Glauben Sie zur Zeit (also unter Depression) an Gott oder ein höheres Wesen? 50% antworteten mit immer, 23,6% mit manchmal, 8,2% mit unklar und 18,2% mit nein. Auf die Frage nach ihrem Gebetsverhalten antworteten 27,6%, daß sie mehr als früher beteten, 33,9% wie früher; 22% gaben an, daß sie beten möchten, aber nicht können und 16% hatten kein Bedürfnis zu beten. Depressive Menschen sind nach Auffassung von Hole religiöser als andere psychiatrische Patienten. H. Hark (1982) fand bei depressiven Menschen eine verstärkte Neigung zu religiösen Bindungen heraus. Der Schweizer A. von Orelli (1954) beobachtete, daß depressive Patienten die Seelsorge überdurchschnittlich aufsuchten. Nach J. Gneist (1969), der Depressionsstudien in der Nervenklinik der Universität München durchführte, sind Depressive durchschnittlich religiös interessierter als Nichtdepressive. Tendentiell läßt sich also feststellen, daß Depression keineswegs vom Glauben wegtreibt. Vielmehr ist ein starkes Bedürfnis nach religiöser Verankerung festzustellen.

Einige Autoren haben auch die Frage nach den Gründen für dieses starke Bedürfnis nach religiöser Verankerung gestellt. Nach Auffassung von Gneist (1969) ist für den Depressiven die Religion ein Mittel, um seine Verfassung zu stabilisieren. Der Depressive zwingt sich gleichsam, am Bild des gerechten Gottes festzuhalten. Er ist der Auffassung, daß man glauben muß. Zweifel wird als Schuld erlebt. Ähnlich argumentiert Hole (1977). Der Glaube wird ängstlich als Sollnorm bewahrt. Nichterfüllung dieser Sollnorm geht mit Schuld einher. H. Hark (1982) führt fünf Gründe an: Ein starkes Bedürfnis nach symbiotischen Liebesbeziehungen und Liebeszuwendungen macht den depressiven Menschen empfänglich für die christliche Botschaft der Liebe Gottes zu den Menschen. Da Gott zugleich auch Macht symbolisiert, kann der depressive Mensch seine eigene Nichtigkeit durch den Glauben an die Allmacht Gottes kompensieren. Da der depressive Mensch ein Verlangen nach Fremdbestimmung hat, neigt er zur Identifikation mit religiösen Führergestalten. Als Ausgleich für die eigene Schwäche erwartet er Lohn im Jenseits. Der Depressive kann durch den Glauben seine unstillbare Sehnsucht nach Geborgenheit wenigstens ein Stück weit befriedigen.

C. Seelsorgerliches Handeln

Wir haben uns beschäftigt mit dem, was im Inneren eines depressiven Menschen vor sich geht. Wir haben untersucht, welche Gedanken ihn bewegen, welche Gefühle ihn bestimmen, wie es ihm in seiner Gottesbeziehung ergeht. Wir kommen nun zu der Frage, wie man depressive Menschen seelsorgerlich begleiten, ihren Leidensdruck lindern kann. Unser seelsorgerliches Handeln wird sich dabei leiten lassen von Erkenntnissen, die im Bereich der Psychotherapie gewonnen worden sind. Psychotherapie wird sich für das seelsorgerliche Handeln als Wahrnehmungs- und Handlungshilfe erweisen. Darüber hinaus wird es selbstverständlich um das Eigene der Seelsorge gehen. Bei der Orientierung an psychotherapeutischen Erkenntnissen werden wir uns nicht an *eine* Richtung binden. Vielmehr werden wir uns umschauen, wie in unterschiedlichen „Schulen" vorgegangen wird. Wir werden drei verschiedene Zugänge und Wege benutzen. Sie seien an einem Kurzbeispiel schon einmal anskizziert.

Eine ältere Dame äußert in einem Gespräch:
Seit mein Mann nicht mehr lebt, hat für mich alles keinen Sinn mehr. Wir haben immer alles zusammengemacht. Fünfzig Jahre waren wir verheiratet. Allein kann ich nichts mehr.
Seelsorger/in A reagiert:
Sie sind der Meinung, daß Sie nichts mehr können. Ist das wirklich so, daß Sie *nichts* mehr können?
Seelsorger/in B reagiert:
Sie fühlen sich sehr hilflos. Sie erleben sich so richtig ohnmächtig.
Seelsorger/ in C reagiert:
Sie denken viel an Ihren Mann zurück. Möchten Sie mir etwas aus Ihrem gemeinsamen Leben erzählen?

Die drei setzen an unterschiedlichen Gesprächsinhalten an und beschreiten unterschiedliche Wege. A setzt an den Gedanken der Frau an und hinterfragt ihre Richtigkeit. B erfaßt die Gefühle der Frau und beschreibt sie. C geht auf die Erinnerungen der Frau ein und lädt ein, sie weiter auszugestalten. Die drei praktizieren unterschiedliche Konzepte. A versucht eine *kognitive Umstrukturierung*. B entscheidet sich für *Gefühlsarbeit*. C betreibt *Biographiearbeit*. Diese drei unterschiedlichen Konzepte werden wir uns nun näher ansehen. Dabei haben wir die Einzelseelsorge im Blick. Später werden wir uns mit Fragen der Gruppenseelsorge beschäftigen.

I. Auf dem Weg zu einem neuen Denken – Seelsorgerliches Handeln als kognitive Umstrukturierung

Für die aus der Verhaltenstherapie herausgewachsene kognitive Therapie, die sich intensiv mit der Behandlung von depressiven Menschen befaßt, spielen die Kognitionen, die Gedanken, das, was in den Köpfen der Menschen vor sich geht, eine zentrale Rolle. Spezielle Muster des Denkens sind nach dieser Schule die Ursache von Depressionen. Alle anderen Symptome der Depression wie auch die Emotionen sind Folgeerscheinungen der Art des Denkens, sind Ausfluß einer speziellen Gedankenwelt. Die kognitive Therapie greift weit in die Geschichte zurück. Sie entdeckt ihren Wurzelgrund in der griechischen Philosophie, speziell bei dem Stoiker Epiktet (ca. 50–135 n.Chr.). Er vertrat die Auffassung: „Was die Menschen bewegt, sind nicht die Dinge selbst, sondern die Ansichten, die sie von ihnen haben." Ähnlich sehen es die Emotionspsychologen Lazarus & Folkman (1984), die die Ansicht vertreten, daß die Emotionen nicht auf Grund der Ereignisse entstehen, sondern Ausfluß der Bewertungen sind, die der Mensch den Ereignissen beilegt. Für die kognitive Therapie gilt der Leitsatz: Der Mensch fühlt, wie er denkt. Somit können Gedanken auch Quelle von Depression sein, zugleich aber auch der Ansatzpunkt für die Veränderungsarbeit. Zu leisten ist eine kognitive Umstrukturierung der depressiven Gedanken. Gelingt diese, gelingt es, die Gedanken zu modifizieren, zu verändern, so wird sich auch das emotionale Befinden ändern.

1. Wahrnehmung depressogener Denk- und Sprachmuster

Der erste Schritt einer Veränderungsarbeit besteht darin, depressogene, das heißt Depression fördernde, Kognitionen wahrzunehmen, zu erkennen. Solche Kognitionen entlarven sich sozusagen durch die Art des Denkens, durch bestimmte Muster, die immer wieder auftreten. Diese Muster gilt es wahrzunehmen und dem anderen bewußtzumachen. Drei namhafte Depressionspezialisten haben mit unterschiedlicher Akzentsetzung diese Muster beschrieben.

a) Denkfehler

Kennzeichnend für einen depressiven Menschen ist nach Aaron T. Beck, daß sein Denken fehlerhaft ist. Informationen, die er aus seiner Umwelt erhält, werden nicht angemessen verarbeitet. Die Gedanken entbehren der Logik, sind nicht zwingend, halten einer Realitätsprüfung nicht stand. Beck (1986, S. 44f) hat einige solcher

Denkfehler herausgearbeitet, die im folgenden aufgelistet, kurz skizziert und mit Beispielen versehen werden sollen:

– Willkürliche Schlußfolgerungen
Eine Schlußfolgerung ist dann willkürlich, wenn sie nicht zwingend ist, wenn auch andere Schlüsse gezogen werden können: Frau H. beklagt sich über den Hausmeister, weil er immer noch nicht den defekten Wasserhahn repariert hat und fügt hinzu: „Der kommt nicht, weil er mich nicht leiden kann.“ Diese Schlußfolgerung ist nicht zwingend, ist willkürlich, weil die Verzögerung der Reparatur auch ganz andere, für Frau H. keineswegs belastende Gründe haben kann.

– Selektive Verallgemeinerung
Von einer selektiven Verallgemeinerung spricht man dann, wenn eine Einzelheit wahrgenommen wird und von dieser Einzelwahrnehmung auf ein Ganzes geschlossen wird: Frau K. hat Schmerzen im Bein. Als sie von ihren Schmerzen berichtet, sagt sie: „ *Alles* tut mir weh“. Die Konzentration von Frau K. ist selektiv auf ihr Bein gerichtet, in ihrer Äußerung aber wird das lokal wahrgenommene Schmerzerleben auf ihren ganzen Körper verallgemeinert.

– Übergeneralisation
Übergeneralisation meint, daß Zustände oder Ereignisse, die von begrenzter Bedeutsamkeit sind, in ihrer Tragweite überzogen werden: Herr T. trinkt gerade etwas. Auf einmal fällt ihm die Tasse aus der Hand und zerschellt am Boden. Herr T. reagiert: „Mir mißlingt aber auch *alles*.“ Aus einem Einzelvorfall schließt er, daß er überhaupt keine Fähigkeiten mehr hat und unterschlägt dabei Kompetenzen, über die er durchaus noch verfügt.

– Maximierung
Maximierung bedeutet, daß Zustände oder Ereignisse, die nicht sonderlich schwerwiegend sind, überzogen gewichtet werden: Herr Z. hat seit einiger Zeit keinen Stuhlgang und äußert sich: „Na ja, ich werde wohl bald sterben“. Herr Z. maximiert, übertreibt die Bedeutung seines Problems.

– Minimierung
Von einem Prozeß der Minimierung wird dann gesprochen, wenn ein Ereignis, das von einem beachtlichen Wert ist, von einem Men-

schen in seiner Bedeutung herabgesetzt wird: Frau G. hat Besuch von ihrem Sohn bekommen. Nachdem er gegangen ist, sagt sie zu einer Altenpflegerin: „Na ja, aber die meiste Zeit sitze ich hier ja doch allein". Der Besuch, der eigentlich Anlaß zur Freude ist, wird minimiert, in seiner Bedeutung herabgesetzt.

– Personalisierung
Eine Personalisierung liegt vor, wenn ein Mensch etwas auf sich bezieht, das objektiv betrachtet mit ihm überhaupt nichts zu tun hat: In einem Altenheim ist bekannt geworden, daß demnächst eine neue Bewohnerin einziehen wird. Frau L. sagt darauf einem Seelsorger, der sie besucht: „Die wollen mir mein schönes Zimmer wegnehmen." Frau L. bezieht ein Ereignis, das sie überhaupt nicht tangiert, auf ihre eigene Person.

– Verabsolutiertes, dichotomes Denken
Das Denken ist dadurch bestimmt, daß nur in Extremen, sich gegenseitig ausschließenden Kategorien gedacht wird. Alles ist entweder gut oder schlecht, schmutzig oder sauber, heilig oder sündhaft, schwarz oder weiß. Daß Dinge erfahrungsgemäß Positives und Negatives zugleich an sich haben können, wird nicht gesehen. Depressive neigen dabei zum negativen Extrem: Frau S. gefällt ihr Zimmer überhaupt nicht, Vorteile vermag sie nicht zu sehen. Für Herrn K. stellt sich die heutige Zeit im Vergleich zu früher als eine einzige Katastrophe dar, positive Entwicklungen sieht er nicht.

b) Überbewertete Attributionen
Wie bereits an anderer Stelle ausgeführt, ist nach Martin Seligman (1986, 1991) charakteristisch für jeden Menschen, daß er das Bestreben hat, all das, was ihm begegnet, mit Erklärungen, mit Attributionen, zu versehen. Dieser Erklärungsprozeß vollzieht sich nach bestimmten Mustern. Der Mensch attribuiert in drei Dimensionen: personenbezogen, zeitbezogen und bereichsbezogen. Zu jeder Dimension gehören wiederum zwei Pole: internal/external, stabil/variabel, global/spezifisch. Typisch für einen depressiven Menschen ist, daß er internal, stabil und global attribuiert. Im folgenden werden Beispiele von depressiver Attribution aufgeführt (d). Zur Verdeutlichung wird jeweils eine eher gesunde Attribution (g) gegenübergestellt.

– Personenbezogen

Mögliche Reaktionen eines Menschen, der unter seinem entgleisten Sohn leidet:

internal: „Ich hätte den Jungen besser erziehen sollen.“ (d)

external: „Der Junge hätte sich mehr am Riemen reißen sollen.“ (g)

Mögliche Reaktionen eines Menschen, der unter der Freudlosigkeit leidet:

internal: „Ich kann mich überhaupt nicht mehr freuen“. (d)

external: „Es gibt hier wenig Erfreuliches.“ (g)

Mögliche Reaktionen eines Menschen, der unter einem verfahrenen Leben leidet:

internal: „Ich habe so vieles verkehrt gemacht.“ (d)

external: „Durch die Lebensumstände ist vieles schiefgegangen.“ (g)

– Zeitbezogen

Mögliche Reaktionen eines Menschen, der unter seiner Gebrechlichkeit leidet:

stabil: „Ich komme überhaupt nicht mehr auf die Beine.“ (d)

variabel: „Ich kann im Augenblick nicht nach draußen gehen.“ (g)

Mögliche Reaktionen eines Menschen, der unter Einsamkeit leidet:

stabil: „Ich bekomme nie Besuch.“ (d)

variabel: „Ich habe in den letzten Tagen keinen Besuch bekommen.“ (g).

Mögliche Reaktionen eines Menschen, der unter einer Schwester leidet:

stabil: „Schwester Gerda redet nie mit mir.“ (d)

variabel: „Schwester Gerda ist in letzter Zeit sehr schweigsam.“ (g)

– Bereichsbezogen:

Mögliche Reaktionen eines Menschen, der unter seiner Kirche leidet:

global: „Die Kirche kümmert sich überhaupt nicht um mich.“ (d)

spezifisch: „Pastor K. hat mich noch nie besucht.“ (g)

Mögliche Reaktion eines Menschen, der Probleme beim Lesen hat:

global: „Lesen ist doch nutzlos.“ (d)

spezifisch: „Dieses Buch hat mir nicht gefallen.“ (g)

Mögliche Reaktionen eines Menschen, dem die Arbeit schwerfällt:

global: „Arbeiten kann ich nicht mehr.“ (d)

spezifisch: „Den Garten schaffe ich nicht mehr.“ (g)

c) Fragwürdige Ereignisinterpretationen

Von Albert Ellis (1982, 1997), dem Begründer der sogenannten rational-emotiven Therapie, stammt das sogenannte ABC-Modell. A steht für aktivierendes Ereignis (activating event), B für Bewertungssystem (belief system) und C für Konsequenzen (consequences). An einem Beispiel soll dieses Modell deutlicher werden:

> Frau H. freut sich auf den Besuch ihrer Tochter. Vor einigen Tagen hatte diese ihren Besuch für den heutigen Tag angekündigt. Einige Stunden vor dem erwarteten Besuch ruft die Tochter bei der Nachbarin an und teilt mit, daß sie doch nicht kommen könne. Frau H. ist sehr enttäuscht und niedergeschlagen. Zu der Nachbarin sagt sie: „Na ja, meine Tochter will eben mit mir nichts mehr zu tun haben."

Das aktivierende Ereignis (A) ist in dieser kleinen Geschichte das Fernbleiben der Tochter. Dieses wird interpretiert, bewertet mit: „Meine Tochter will mit mir nichts mehr zu tun haben" (B). Die Konsequenz (C) ist die Niedergeschlagenheit von Frau H. Frage: Warum ist Frau H. niedergeschlagen? Vielleicht werden Sie sagen: „Nun, weil die Tochter nicht gekommen ist." Diese Antwort ist nach Albert Ellis falsch. Frau H. mag enttäuscht sein, weil ihre Tochter nicht gekommen ist. Niedergeschlagen ist sie deswegen nicht. Niedergeschlagen ist sie, weil sie dem Fernbleiben der Tochter die Deutung, die Bewertung gibt: „Meine Tochter will mit mir nichts mehr zu tun haben." Es sind andere Bewertungen denkbar, z. B. „Es ist etwas dazwischen gekommen" oder „Sie fühlt sich heute nicht wohl". Diese für sie weniger belastenden Deutungsmöglichkeiten erwägt aber Frau H. nicht. Depressive Menschen neigen dazu, destruktive Deutungen zu finden, konstruktive erwägen sie erst gar nicht.

Die von den drei Autoren beschriebenen Denkmuster sind in allen Altersgruppen anzutreffen. Sie gelten als irrational, das heißt sie sind unlogisch und stehen im Widerspruch zur Realität. Sie werden auch dysfunktional genannt, das heißt sie sind schädlich, machen krank. Beck spricht auch von „automatischen Gedanken". Sie treten wie ein Reflex auf, ohne Vorüberlegung, und sind meist nicht bewußt. Natürlich ist nicht jeder Mensch gleich depressiv, wenn er Denkfehler begeht, internal, stabil, global attribuiert oder sich im

Sinne des ABC-Modell-Beispiels verhält. Jeder von uns benutzt immer wieder solche Denkmuster. Niemand von uns ist durchgängig logisch und argumentiert durchgängig realitätsgerecht. Eine Depression liegt erst dann vor, wenn diese Denkmuster sich als durchgängiger Zug präsentieren und wenn sie offenbar mit Belastungssignalen einhergehen, wenn der Mensch nicht nur solche Gedanken hat, sondern auch an ihnen leidet.

Die kognitive Psychotherapie bemüht sich, solche irrationalen, dysfunktionalen, automatischen Gedanken wahrzunehmen, bewußt zu machen und sie im Gespräch zu modifizieren, eine kognitive Umstrukturierung zu erreichen. Dieser Weg findet in den letzten Jahren auch in der seelsorgerlichen Diskussion verstärkt Beachtung. Isidor Baumgartner (1992, S. 87) plädiert dafür, daß Seelsorger sich die Einsicht des antiken Philosophen Epiktet zu eigen machen: „Nicht die Dinge an sich sind es, die uns beunruhigen, sondern die Meinung, die wir über solche Dinge haben." Im Mittelpunkt der Aufmerksamkeit sollte nicht das „objektive Faktum" stehen, sondern die „subjektive Einstellung". Roy W. Fairchild (1991, S. 24f) greift im seelsorgerlichen Umgang mit depressiven Menschen die Erkenntnisse von Beck und Ellis auf. Depressive Menschen „können mit seelsorgerlicher Beratung lernen, falsche und einseitige Interpretationen und Vorstellungen zu identifizieren und zu korrigieren. Sie können alternative Erklärungsmöglichkeiten untersuchen". Michael Söhngen (1997, S. 280) hält es im Umgang mit Depressiven für hilfreich, auch das Modell der erlernten Hilflosigkeit von Seligman zur Kenntnis zu nehmen. Im folgenden werden wir uns mit der Frage beschäftigen, wie man im Gespräch sinnvoll, heilsam mit irrationalen, dysfunktionalen, automatischen Gedanken umgehen sollte.

2. Irrationale Gedanken im Sokratischen Dialog

a) Übertreibungen abbauen

Wie bereits an verschiedenen Stellen deutlich wurde, ist charakteristisch für einen depressiven Menschen, daß er alles in eine negative Totale treibt. Alles wird negativ zugespitzt. Er hat im Sinne von Beck ein negatives Bild von sich selbst, von seiner Umwelt und von der Zukunft. Er betreibt selektive Verallgemeinerung, übergeneralisiert, maximiert und verabsolutiert, malt schwarz. Im Sinne von Seligman hält er das Negative für global, für alles durchdringend und in zeitlicher Hinsicht für unwandelbar, für stabil. Kurz: er übertreibt. Folgende Aussagen sind typisch:

> Alles ist sinnlos. Niemand mag mich. Nichts ist mit mir los.
> Ich bin zu nichts mehr zu gebrauchen. So etwas passiert mir immer.
> Immer mache ich alles falsch. Mir kann keiner helfen.
> Niemand interessiert sich für mich.
> Nie besucht mich einer. Jeder denkt nur an sich selbst.

Er redet, wie es manchmal auch besungen wird. So heißt es in dem Schlager „Oh, du lieber Augustin“ aus dem Jahre 1926: „Alles ist hin!“ Drastischer wird es formuliert in einem Lied, das zur Zeit öfter zu hören ist: „Kein Schwein ruft mich an, keine Sau interessiert sich für mich.“ Der depressive Mensch ist verliebt in ganz bestimmte Begriffe, die er automatisch, nahezu unbewußt benutzt als Ausdrucksmittel von negativen Übertreibungen:

personal bezogen:	alle, jede, jeder, jedes
	niemand, keine, keiner, kein
sachlich bezogen:	alles, nichts
zeitlich bezogen:	immer, stets, nie, niemals

Man nennt solche Begriffe Universalquantoren, weil sie die ganze Realität beanspruchen. Solche Universalquantoren entsprechen häufig nicht der Realität. Der Realität wird man zumeist eher durch Partialquantoren gerecht, die nur Teile der Realität beanspruchen:

personal bezogen:	einige, manche
sachlich bezogen:	einiges, manches
zeitlich bezogen:	manchmal, im Augenblick, gelegentlich

Wie geht man nun mit Übertreibungen um?

Beispiel: Ich bin zu *nichts* mehr zu gebrauchen.

> Frau G.: Ich sitze hier den ganzen Tag nur rum. Ich bin zu *nichts* mehr zu gebrauchen. Was soll ich hier noch?
> Seelsorger/in: Sie sagen: Ich bin zu *nichts* mehr zu gebrauchen. Ist das wirklich so, daß Sie zu *nichts* mehr zu gebrauchen sind?
> G.: Ja, sehen Sie aus dem Fenster. Da unten ist mein Garten.

Der verwildert da vor sich hin. Ich kann es nicht.
Ich komme kaum noch die Treppe runter. Man wird ihn nicht mal los. Keiner will ihn. Der Garten war mein ein und alles. Da hatte ich immer noch was um die Hand.
S.: Gibt es noch andere Dinge die Sie gern tun?
G.: Na ja, ich häkele ganz gern.
S.: Was machen Sie denn mit ihren Produkten?
G.: Die bekommt meine Tochter. Die nimmt die ganz gern. Ich habe auch schon welche zum Geburtstag verschenkt.
S.: Gibt es sonst noch etwas, das Sie gerne tun?
G.: Tja, ich lege manchmal auch die Wäsche zusammen. Ganz langsam, im Sitzen, aber es geht. Meine Tochter hat ja wenig Zeit.

Frau G. hat im Sinne von Beck ein negatives Selbstbild. Sie ist der Auffassung, daß sie zu *nichts* mehr zu gebrauchen sei. S. greift die negative Aussage auf, verbalisiert sie erneut und macht sie damit bewußt. S. hinterfragt diese Einschätzung und veranlaßt Frau G. damit, ihre Feststellung zu überprüfen. Nachdem Frau G. Belege für die negative Einschätzung angeführt hat, lenkt S. das Gespräch fragend auf andere Bereiche mit dem Ziel, Frau G. zu veranlassen, die Gültigkeit ihrer Feststellung auch in anderen Erfahrungsbereichen zu überprüfen. Dabei kommt Frau G. zu der Entdeckung, daß es durchaus noch etwas gibt, zu dem sie zu gebrauchen ist. Ihre negative Einschätzung erweist sich somit als übertrieben. Das „Nichts" ist unlogisch, widerspricht der Realität.

Beispiel: *Keiner* kann mich hier ausstehen.

Herr H.: Die mögen mich hier *alle* nicht.
Seelsorge/in: Sie sagen: Die mögen mich hier *alle* nicht.
H.: Ja, *keiner* kann mich hier ausstehen.
S.: Sie denken: *Keiner* kann mich hier ausstehen.
Warum denken Sie das?
H.: Die Schwester hat mich vorhin wieder so furchtbar angefaucht. Es ging ihr beim Waschen alles nicht schnell genug.
S.: Wie verhält sich diese Schwester denn sonst zu Ihnen?
H.: Die ist immer so barsch. Wir haben einfach nicht dieselbe Wellenlänge.
S.: Wie verstehen Sie sich denn mit den anderen?
H.: Och, die sind sehr nett zu mir. Vor allem der Pfleger.
Der besorgt mir manchmal auch was aus der Stadt.

Herr H. hat im Sinne von Beck ein negatives Bild von der sozialen Umwelt. Die Umwelt bietet nach seiner Auffassung nicht die erwünschte emotionale Zuwendung. Er sagt: „Die mögen mich hier *alle* nicht". S. wiederholt die Aussage, macht sie bewußt. Durch Hinterfragen dieser vermeintlichen Realität wird deutlich, daß dieses Bild seinen Ursprung in dem Denkfehler einer selektiven Verallgemeinerung hat. Herr H. schließt von einer Bezugsperson auf alle. Im Sinne von Seligman läßt sich sagen: Herr H. attribuiert global statt spezial. Durch weiteres Fragen erkennt Herr H., daß es durchaus Bezugspersonen gibt, die ihn mögen, daß die erwähnte Schwester nur ein Spezialfall ist. Die absolute Aussage: *„Keiner* mag mich hier" , hat sich als realitätsfremd und unlogisch entpuppt.

Beispiel: Es sagt mir hier *alles* nicht zu.

> Frau K.: In dieser neuen Wohnung sagt mir *alles* nicht zu.
> Seelsorger/in: Die neue Wohnung gefällt ihnen überhaupt nicht. Was mißfällt Ihnen an dieser Wohnung?
> K.: Ich hatte vorher eine schöne große Wohnung. Da stand alles drin, was wir beide uns mal angeschafft hatten. Das meiste ist jetzt weg. Es ist nichts mehr wie früher.
> S.: Hat diese neue Wohnung auch Vorzüge?
> K.: Na ja, sie liegt unten. Die alte lag in der dritten Etage. Da wäre ich jetzt gar nicht mehr heruntergekommen.
> S.: Gibt es noch andere Vorteile?
> K.: Ja, es ist hier viel heller. Diese paar Quadratmeter kann ich auch noch allein sauber machen.

Frau K. hat ein negatives Bild von ihrer materiellen Umwelt. „Alles" mißfällt ihr. S. wiederholt mit anderen Worten die negative Aussage, um sie bewußter werden zu lassen. Frau K. führt darauf Argumente für ihre Sichtweise an. S. versucht fragend Frau K. zu veranlassen, auch positive Momente in den Bick zu nehmen. Auf diese Weise stellt Frau K. auch Vorteile fest. Das „Alles" wird auf diese Weise abgebaut.

b) Entverantwortlichmachen

Auch im moralischen Bereich sind oftmals Übertreibungen anzutreffen. Depressive Menschen neigen häufig dazu, sich selbst uneingeschränkt die Schuld für widrige Ereignisse zuzuschreiben. Sie übernehmen total die Verantwortung für etwas, das weitgehend außerhalb ihres Einflußbereiches seine Ursache hat. Nach Seligman attribuieren sie internal statt external. In einer solchen Gesprächssituation verwendet Beck (1986, S. 199ff) die Technik des „Entverantwortlichmachens", um von übermäßigen Selbstbeschuldigungen zu entlasten.

Beispiel: Ich hätte mich um den Jungen besser kümmern sollen.

> Frau M.: Ich hätte mich um den Jungen besser kümmern sollen. Dann wär er nicht gescheitert.
> Seelsorger/in: Sie sagen, Sie hätten sich besser kümmern sollen.
> Was hätten Sie denn gerne anders gemacht?
> M.: Ja, was? Da war der Krieg; die Flucht. Mit Schule gehen war da nicht viel. Ja, die Flucht, mein Mann war an der Front, meine Mutter war auch noch da, die Schwiegereltern.
> Beide waren schon sehr kränklich. Blieb alles an mir hängen.
> S.: Und als Sie dann hier ankamen?
> M.: Mit nichts wieder angefangen. Mein Mann kam ja dann, aber Invalide.
> S.: Hätten Sie unter diesen Umständen für den Jungen noch mehr Zeit und Kraft aufbringen können?
> M.: Nee, das hätt' ich wahrhaftig nicht. Ich hab' halt getan, was ich konnte.

Frau M. fühlt sich schuldig am Scheitern ihres Sohnes. Er war mit der Justiz in Berührung gekommen. Sie meinte, sie habe in seiner Erziehung versagt. S. verbalisiert diesen Selbstvorwurf und veranlaßt Frau M. diese Selbstanklage zu hinterfragen. Dadurch, daß sie sich bestimmte Situationen vergegenwärtigt, wird ihr bewußter, daß externe Verhältnisse sie einfach überforderten.

Beispiel: Ich hätte den Hof meinem Sohn früher überschreiben sollen.

> Herr B.: Ich hätte den Hof meinen Sohn doch früher überschreiben sollen, dann würden wir uns heute besser verstehen.
> Seelsorger/in: Warum haben Sie denn so lange gezögert?
> B.: Na, ich wollte es ja schon vor Jahren. Aber da lebte meine Frau noch und die meinte, wenn man erst mal abgegeben hat, dann wird man nicht mehr geachtet.
> S.: Sie hatten das also nicht allein in der Hand?
> B.: Nein, sie wollte das auf keinen Fall.

S.: Und deshalb ist noch heute das Verhältnis zu Ihrem Sohn gespannt?
B.: Ja, das hält er mir noch heute vor.
S.: Meinen Sie, daß das heute immer noch gerechtfertigt ist?
B.: Eigentlich sollte das Schnee von gestern sein.

Herr B. ist der Auffassung, daß er für die Spannungen zwischen ihm und seinem Sohn verantwortlich ist. Den Grund sieht er in einer zu späten Hofübergabe. Durch Fragen veranlaßt S. Herrn B., diese Verantwortlichkeit zu reflektieren. Im Gespräch stellt sich für ihn heraus, daß die Verantwortung durchaus nicht allein bei ihm liegt. Auch seine Frau und der Sohn sind involviert.

c) Nach alternativen Deutungen suchen
Wer ein Erlebnis hat, das ihn berührt, wird bestrebt sein, dem Erlebnis eine Bedeutung zu geben, wird sich fragen, was das für ihn bedeutet. Viele Erlebnisse sind zunächst einmal vieldeutig. Das Geschehen birgt Wahlmöglichkeiten der Deutung in sich. Sachgerecht ist daher ein Denken in Alternativen.

Meint er, sie, es so, oder so, oder so...?
Ist es so, oder so, oder so...?
Verhält es sich so, oder so, oder so...?

Der depressive Mensch ignoriert die Möglichkeit der Wahl. Ihm geht das Denken in Alternativen ab. Geleitet von einer pessimistischen Grundhaltung ist für ihn alles sofort eindeutig, und zwar eindeutig mit negativem Vorzeichen.

– Er, sie, es meint es so!
– Es ist so!
– Es verhält sich so!

Im Gespräch kommt es darauf an, die negative Sichtweise bewußt zu machen, ihren Wahrheitsgehalt überprüfen zu lassen, mein Gegenüber zur Suche nach alternativen Deutungen zu veranlassen.

Beispiel: Meine Tochter traut mir überhaupt nichts mehr zu.

Frau G.: Meine Tochter traut mir überhaupt nichts mehr zu
Seelsorger/in: Sie sagen: Meine Tochter traut mir überhaupt nichts mehr zu.

Wie kommen Sie darauf ?
G.: Nun, immer wenn ich beim Abtrocknen helfen will, sagt sie: Laß man, ich mache das schon.
S.: Was für Gründe könnte sie dafür haben?
G.: Ja, sie traut mir eben nichts mehr zu.
S.: Könnte es dafür auch andere Gründe geben?
G.: Na ja, sie hat Angst, daß ich in der Küche falle, der glatte Fußboden.
S.: Ihre Tochter ist besorgt um Sie?
G.: Ja, doch, sie paßt auf, daß mir nichts passiert.
S.: Macht sie das sonst auch?
G.: Oh ja, wenn wir nach draußen gehen, zieht sie mir immer ordentliche Schuhe an und hakt mich dann auch ein.

Ausgangspunkt des Gespräches ist die negative Meinung von Frau G., daß ihre Tochter ihr nichts mehr zutraut, was für sie am Abtrocknen deutlich wird. Durch gezielte Fragen veranlaßt S. Frau G. darüber nachzudenken, ob das Verhalten der Tochter nicht auch anders – emotional wohltuender – gedeutet werden könnte. Frau G. entdeckt im Verlauf des Gespräches, daß ihre Tochter um sie besorgt ist, daß das Verhalten der Tochter durchaus von positiven Motiven geleitet ist. Um diesen Eindruck zu verfestigen, lenkt S. das Gespräch auch auf andere Erfahrungen, die für eine solche Deutung sprechen.

Beispiel: Die Operation nächste Woche ist dann der Anfang vom Ende.

Herr F.: Ja, nächste Woche soll ich operiert werden, das ist dann der Anfang vom Ende.
Seelsorger/in: Sie sagen: Das ist der Anfang vom Ende. Wie kommen Sie darauf, daß das der Anfang vom Ende ist?
F.: Ist ja doch alles kaputt in mir, was soll man denn da noch machen?
S.: Alles kaputt. Hat das der Arzt auch gesagt?
F.. Nein, der sagt, das kriegen wir schon wieder hin. Aber die sagen einem ja doch nicht die Wahrheit.
S.: Haben Sie Grund an der Ehrlichkeit des Arztes zu zweifeln?
F: Nein, eigentlich nicht, der ist schon in Ordnung.
S.: Warum machen Sie sich dann solche Sorgen? Kann das Ganze nicht auch gut ausgehen?

F.: Na, ja. Ich habe in den letzten Jahren ja schon einiges durchgemacht. Die haben mich immer wieder auf die Beine gekriegt. Mag ja sein, daß sie das wieder schaffen.

In diesem Gespräch geht es um eine negative Zukunftserwartung. Herr F. ist der Auffassung, daß die bevorstehende Operation das Ende bedeuten wird. Anhänger der Ellis-Schule sprechen von einer „Katastrophisierung". Herr F. katastrophisiert. Die Katastrophenerwartung wird bewußt gemacht. Herr F. wird fragend veranlaßt, Beweise zu nennen. Die genannten Beweise werden auf ihre Plausibilität hin hinterfragt. Am Ende erkennt Herr F., daß er seine Situation vielleicht doch zu dramatisch sieht und entwickelt Ansätze von Hoffnung.

Die in den Beispielen verwendete Gesprächstechnik nennt man einen Sokratischen Dialog. Der griechische Philosoph Sokrates lebte von 469–399 vor Chr.. Eigene schriftliche Werke sind von ihm nicht überliefert. Kenntnis von ihm haben wir über die Werke von Platon. In den von Platon dargestellten Dialogen benutzt Sokrates eine Gesprächstechnik, mit der er durch Frage und Antwort der Wahrheit näher zu kommen versucht. Sokrates geht nicht frontal gegen die vertretene Auffassung an: So ist das doch gar nicht. Vielmehr stellt er die vertretene Auffassung in Frage: Ist das wirklich so? Durch Hinterfragen veranlaßt er den Gesprächspartner, in einen erneuten Reflexionsprozeß einzutreten und darüber zu einer neuen Sichtweise zu gelangen. Diese Gesprächstechnik macht sich die kognitive Therapie zu eigen.
Verfahren wird wie in einem wissenschaftlichen Forschungsprozeß. Die gemachte Aussage wird als Hypothese genommen. Die Hypothese wird dann überprüft. Es wird nach Beweisen und Gegenbeweisen gesucht mit dem Ziel, die Hypothese entweder zu belegen oder zu widerlegen, zu falsifizieren. Man spricht auch von einer Realitätsprüfung. Man läßt überprüfen, ob die Aussage wirklich der Erfahrung, der Empirie entspricht. Ellis nennt das Verfahren daher auch eine empirische Disputation. Auch von einer logischen Überprüfung wird gesprochen. Der depressive Mensch vollzieht oftmals einen Induktionsschluß. Das heißt, er schließt von einem Einzelfall auf das Allgemeine. Solche Schlußfolgerungen sind aber zumeist problematisch. In der Regel werden andere Einzelfälle gefunden, die belegen, daß die Verallgemeinerung nicht zulässig ist.

Es seien hier nun noch einmal die einzelnen Schritte des Dialogs aufgeführt:

Die irrationale Aussage wird aufgedeckt, verbalisiert und damit bewußt gemacht.
„Sie sagen..." „Sie denken..." „Sie meinen..." „Sie glauben..."
Dieses sollte nach Beck (1986, S. 191) „unmittelbar nach ihrem Auftreten" geschehen.

Die irrationale Aussage wird durch Hinterfragen einer Realitätsprüfung unterzogen, z. B.:
„Welche Beweise gibt es für diese Überzeugung?"
„Woher wissen Sie das?"
„Wie kommen Sie darauf?"
„Welche anderen Erklärungen gibt es?"
„Kann man das nicht auch in einem anderen Licht sehen?"
„Sind nicht vielleicht auch andere Menschen oder Umstände mitverantwortlich?"
„Wie wahrscheinlich ist das, daß es so kommt?"
„Könnte nicht auch was Gutes dabei herauskommen?"

Die folgenden Äußerungen werden weiteren Fragen ausgesetzt. Dieser Prozeß wird so lange fortgesetzt, bis sich abzeichnet, daß sich die Wahrnehmung entzerrt und positive Erfahrungsmomente in den Blick kommen.

Für entdeckte positive Erfahrungsmomente werden weitere Belege aus anderen Lebensbereichen erfragt, um die posititive Erfahrung noch zu verstärken, auszuweiten.

Natürlich verläuft so ein Prozeß der Korrektur, der Modifizierung der Gedanken, der kognitiven Umstrukturierung nicht immer problemlos ab. Oftmals wird zäh an der fragwürdigen Sichtweise festgehalten. Besonders dem Alter wird bisweilen eine ausgeprägte Rigidität nachgesagt. Eine häufige Erscheinung in kognitiv angelegten Gesprächen ist das Ja-aber-Phänomen. Eine neue Einstellung wird gewonnen, dann aber wieder aufgehoben. Für Albert Ellis (1982, S. 147ff) gilt das Gebot der „Hartnäckigkeit". Er führt aus: „Der rationale Therapeut stellt seine Patienten so lange in Frage, fordert sie heraus und re-indoktriniert sie, bis sie bereit sind, ihre dysfunktionalen Verhaltensmuster aufzugeben und (endlich!) durch funktionale Denk- und Lebensweisen zu ersetzen."

3. Grundannahmen in der Disputation

Bisher haben wir uns mit einzelnen depressogenen, irrationalen, automatischen Gedanken beschäftigt. Sie galt es zu identifizieren, bewußt zu machen und zu korrigieren. Solche Gedanken stellen aber nur die Oberfäche des Denkens dar. Sie haben auch einen Tiefengrund. Sie wurzeln in bestimmten Grundannahmen. Beck (1986) verwendet für diese grundlegenden Annahmen auch andere Begriffe. Er spricht auch von Überzeugungen, von einem persönlichen Sinn- und Wertsystem, von einem persönlichen Paradigma, von einem System von Lebensregeln, von der Lebensanschauung oder auch von Glaubenssystemen, was nicht unbedingt religiös zu verstehen ist. Auch Ellis (1982, 1997) spricht vom Glaubenssystem. Zumeist wird im deutschen Text das englische Wort „belief system“ beibehalten. Ellis bezeichnet die Grundannahmen dann aber auch als tiefer liegende Kernannahmen, als Lebensphilosophie oder Weltsicht. Bei einem depressiven Menschen sind auch viele seiner Grundannahmen wie die daraus erwachsenden Einzelgedanken fragwürdig und krankmachend.
Das Denken eines depressiven Menschen läßt sich in sogenannten Syllogismen darstellen. Ein Syllogismus ist ein System von drei Sätzen, die in einem bestimmten logischen Zusammenhang stehen. Im ersten Satz steht die Grundannahme als Hauptprämisse, im zweiten Satz die in einer bestimmten Situation in spezieller Weise gedeutete Erfahrung und im dritten Satz die Schlußfolgerung.

Beispiele:

> Hauptprämisse: Ich muß zu anderen nett sein, sonst werden sie mich abweisen.
> Erfahrung: Herr B. weist mich ab.
> Schlußfolgerung: Folglich bin ich wohl nicht nett genug.
> Hauptprämisse: Wenn ich keine Liebe habe, bin ich wertlos.
> Erfahrung: Meine Tochter liebt mich nicht.
> Schlußfolgerung: Ich bin wertlos.
> Hauptprämisse: Um glücklich zu sein, muß ich von anderen akzeptiert werden.
> Erfahrung: Niemand akzeptiert mich hier.
> Schlußfolgerung: Folglich kann ich nicht glücklich sein.

Der Mensch trägt aufgrund seiner Sozialisation seine Grundannahmen als Hauptprämisse im Kopf. Tritt eine bestimmte Situation auf, wird eine bestimmte Erfahrung gemacht, die im Relevanzbereich einer Grundannahme liegt, so wird die Grundannahme aktiviert und auf die Situation angewendet. Aus der Konfrontation von Grundannahme und Erfahrung erfolgt eine Schlußfolgerung. In der Logik nennt man die Ableitung vom Allgemeinen zum Besonderen auch eine Deduktion.

a) Bewußtwerden von Grundannahmen

Die Grundannahmen sind im allgemeinen dem depressiven Menschen nicht bewußt. Auch für den Zuhörer oder die Zuhörerin liegen sie nicht so klar auf der Hand. Sie müssen erst einmal entdeckt werden. Es gibt sprachliche Hinweise, an denen sie auffällig werden. Susan R. Walen u. a. (1982, S. 18) nennen bestimmte „Schlüsselworte", die auf Grundannahmen hinweisen. Solche Schlüsselworte sind zum Beispiel: „sollte", „müßte", „muß", „unbedingt", „notwendig". Beck (1986) geht von drei Formen von Grundannahmen aus, die jeweils eine charakteristische Sprachform haben oder auf eine solche Sprachform gebracht werden können. Er unterscheidet zwischen: Ich muß/sollte/habe zu-Annahmen, Um-zu-Annahmen und Wenn-dann-Annahmen.

Ich muß/sollte/habe zu-Annahmen:
Ich muß zu anderen nett sein, sonst werden sie mich abweisen.
Ich muß viel arbeiten und so Anerkennung erhalten.
Ich sollte mich anpassen, damit ich nicht auffalle.
Ich habe ordentlich zu sein, damit ich geschätzt werde.
Ich darf nicht aggressiv sein, damit ich nicht unbeliebt werde.

Solche Aussagen stellen Anforderungen an die eigene Person dar. Der Mensch hat ein bestimmtes Vollkommenheitsideal hinsichtlich seiner Eigenschaften. Abstrichlos, perfektionistisch fühlt er sich gezwungen, diesem Selbstbild zu entsprechen. Gelingt dies nicht, so leiden Selbstbewußtsein und Selbstwertgefühl. Es stellen sich Wertlosigkeits- und Schuldgefühle ein.

Um-zu-Annahmen:
Um glücklich zu sein, muß ich Erfolg haben.
Um glücklich zu sein, muß ich es weit bringen.
Um fähig zu sein, darf ich keine Fehler machen.
Um kein Versager zu sein, müssen mir die Dinge gelingen.

Bei diesen Aussagen definiert sich der Mensch nicht von bestimmten Charaktereigenschaften her sondern von den Ergebnissen seines Tuns. Der Mensch hat ein bestimmtes Vollkommenheitsideal hinsichtlich seines Werkbildes. Er denkt leistungsbezogen; er ist uneingeschränkt erfolgsorientiert. Bleibt dieser Erfolg aus, so stellen sich Hilflosigkeits- und Minderwertigkeitsgefühle ein.

Um-zu-Annahmen können auch noch einen anderen Bezugspunkt haben:
Um glücklich zu sein, muß ich von anderen akzeptiert werden.
Um glücklich zu sein, muß ich von anderen geliebt werden.
Um etwas wert zu sein, müssen die anderen mich mögen.
Um etwas wert zu sein, müssen die anderen mich positiv einschätzen.
Um etwas zu gelten, muß ich den Erwartungen gerecht werden.

Bei diesen Aussagen definiert sich der Mensch von anderen Menschen her. Er ist in seinem Selbstwertbewußtsein abhängig davon, wie sich andere Menschen ihm gegenüber verhalten und wie andere ihn bewerten. Sein Selbstwertbewußtsein ist sozial verortet. Bleibt die erwünschte Akzeptanz aus, so stellt sich das Gefühl der Wertlosigkeit ein. Auch Haßgefühle können entstehen.

Wenn-dann-Annahmen:
Wenn ich viel arbeite, dann werde ich Anerkennung erhalten.
Wenn ich mich anpasse, dann falle ich nicht auf.
Wenn ich ordentlich bin, dann werde ich geschätzt.
Wenn ich meinen Ärger hinunterschlucke, dann werde ich nicht unbeliebt.
Wenn ich anständig bin, dann achten mich die Menschen.

Wer so argumentiert, hängt einem bestimmten Ordnungsdenken an. Er rechnet mit einer Weltordnung, der ein großes Maß an Gerechtigkeit innewohnt, die dann greift, wenn man sich in einer bestimmten Weise verhält. Beck spricht in diesem Zusammenhang auch von einem „Vertragscharakter". Ein bestimmtes Verhalten wird sozusagen als Leistung der Umwelt angeboten und es wird erwartet, daß die Umwelt ihrerseits die entsprechende Gegenleistung erbringt. Leider muß der Mensch immer wieder die Erfahrung machen, daß das Leben sehr häufig nicht so vertragsgerecht verläuft. Der Lohn bleibt oftmals aus. Dieses wird dann zur Quelle von Frustration, zur

Erfahrung von Vergeblichkeit, die in Enttäuschung übergeht. Der Mensch leidet unter dem Mangel an Fairness und Gerechtigkeit der Welt.

Solche Grundannahmen gilt es im Gespräch als zweiten Schritt nach der Beschäftigung mit einzelnen irrationalen Gedanken zu entdecken und dem Gesprächspartner bewußt zu machen:

Beispiele:

Sie denken: Man muß zu den anderen nett sein, sonst werden sie einen abweisen.
Sie meinen: Um glücklich zu sein, muß man Erfolg haben.
Sie sind der Auffassung: Um glücklich zu sein, muß man von den anderen akzeptiert werden.
Sie vertreten die Meinung: Wenn ich viel arbeite, dann werde ich Anerkennung erhalten.

Im weiteren wird man dann versuchen, diese vertretene Lebensphilosophie kritisch zu hinterfragen, eine alternative Sichtweise anzubahnen. Dazu werden verschiedene Wege eingeschlagen. Ellis (1997) nennt zwei Grundstrategien: das philosophische Disputieren und das didaktische Disputieren. Zu diesen Grundstrategien gehören jeweils unterschiedliche Einzelverfahren.

b) Philosophisches Disputieren
Beispiel: Man sollte sich zusammenreißen

Frau W.: Man sollte sich zusammenreißen
Seelsorger/in: Was passiert, wenn Sie sich *nicht* zusammenreißen ?
W.: Dann bin ich bei Schwester M. drunterdurch.
S.: Wie wärs, wenn Sie Schwester M. doch einmal ihren Ärger sagen würden?
Nach einigen Tagen
S.: Haben Sie Schwester M. mal gesagt, was Sie ärgert?
W.: Ja, das habe ich.
S.: Und wie hat sie reagiert?
W.: Och, sie hat gesagt: Das ist aber schön, daß sie endlich mal aus sich heraus gehen.

Frau W. vertritt die Grundannahme, ist der Überzeugung: Man muß sich zusammenreißen. S. wirft die Frage der Konsequenzen bei Nichtbeachtung auf. Frau W. befürchtet, daß sie dann „drunterdurch ist". S. lädt Frau W. ein, in einem Experiment einmal zu überprüfen, ob die Konsequenz tatsächlich eintreten wird. Sie macht schließlich die Erfahrung, daß man durchaus nicht immer drunterdurch ist, wenn man sich nicht zusammenreißt. Ihre Grundannahme gilt durchaus nicht absolut. Dieses Experiment in der von Beck (1986, S. 289f) empfohlenen Was – passiert – wenn *nicht* – Strategie läßt sich auch zum Zwecke der Ermutigung im Rollenspiel vorüben: Stellen Sie sich einmal vor, ich sei Schwester M. Sagen Sie einmal alles, was Ihnen auf dem Herzen liegt.

Beispiel: Man muß sich anpassen.

> Herr L.: Man muß sich anpassen.
> Seelsorger/in: Weshalb muß man sich anpassen?
> L.: Das hat mir schon mein Vater beigebracht, wenn mir in der Lehre mal was nicht schmeckte. Na und dann beim Militär. Wehe wenn nicht. So war das damals.
> S.: Wird das heute auch noch so gesehen?
> L.: Heute ist man aufmüpfiger. Die jungen Leute sagen schon, was ihnen nicht paßt.
> S.: Finden Sie das richtig?
> L.: Na ja, man soll sich nicht alles gefallen lassen. Wir sind ja dann auch oft untergebuttert worden. Man kann von den Jungen auch noch was lernen.

Herr L. vertritt die Grundannahme, hängt der Lebensregel an: Man muß sich anpassen. S. veranlaßt Herrn L. durch eine Warumfrage einmal darüber nachzudenken, woher er diese Lebensweisheit hat. Herr L. entdeckt, daß sich die Zeiten und die Lebensregeln geändert haben. Das einmal internalisierte Normensystem muß nicht für das ganze Leben gelten. Es ist durchaus sinnvoll, sich neu sozialisieren zu lassen.

Beispiel: Darf man denn keine Fehler machen?

> Herr I.: Gestern war ich mal wieder zum Skatspielen. Ach, ich habe so viel falsch gemacht. Ich glaube, ich gehöre da nicht mehr hin.

Seelsorger/in: Darf man denn keine Fehler machen?
I.: Das ist unangenehm. Die anderen gucken dann immer so merkwürdig
S.: Machen die anderen denn keine Fehler?
I.: Doch, die erlauben sich auch Schnitzer.
S.: Gibt es einen Menschen, der keine Fehler macht?
I.: Nein, den gibt es wohl nicht.
S.: Wie verhalten Sie sich denn, wenn die anderen Fehler machen.
I.: Na, ich sage: Mach dir nichts draus, nächstes Mal bist du besser drauf.
S.: Können Sie sich das auch selber sagen?
I.: Das fällt schon schwerer. Ja, aber eigentlich schon.

Herr I. vertritt die Grundannahme, ist der Überzeugung: Um kein Versager zu sein, müssen mir die Dinge gelingen. S. hinterfragt diese Einstellung. Susan R. Walen u. a. (1982, 133f) plädieren in solchen Gesprächssituationen dafür, dem Gesprächspartner zu der Erkenntnis zu verhelfen, daß „Fehlbarkeit ein allgemeines Kennzeichen der menschlichen Spezies ist, daß der Mensch, der alles richtig macht, erst noch geboren werden muß." Hilfreich ist es auch, wenn man sich selbst als Kontrastmodell anbietet: „Auch ich mache immer wieder Fehler. Trotzdem gebe ich meine Vorhaben nicht auf." S. wendet noch eine weitere Strategie an, den Aufweis einer Doppelmoral (Beck 1986, S. 105): „Wie verhalten Sie sich denn, wenn die anderen Fehler machen?" Die Erkenntnis wird angebahnt, daß man die Nachsicht, die man bei anderen hat, doch auch auf sich selbst anwenden könnte.

Beispiel: Das Leben macht überhaupt keinen Spaß mehr.

Herr K.: Seit meine Frau nicht mehr ist, macht das Leben überhaupt keinen Spaß mehr. Wir haben immer alles zusammen gemacht.
Seelsorger/in: Wie ist denn heute so ihr Tag verlaufen?
K.: Heute morgen habe ich mein Enkelkind zur Schule gebracht.
Der freut sich immer, wenn Opa ihn dahin bringt.
S.: Was haben Sie denn in den letzten Tagen gemacht?
K.: Gestern habe ich mich mit unserem Nachbarn getroffen. Wir haben zwei Stunden im Garten zusammengesessen, bei

> Bier und ’ner guten Zigarre. Der ist ja nun auch allein. Montag, da habe ich Frau N. beim Tapezieren geholfen. Allein kriegt man die ja schlecht dran. Haben uns dabei ganz gut unterhalten.
> S.: Sie haben eine ganze Menge erfreulicher Dinge erlebt ?
> K.: Na ja, man kann ja nicht nur rumsitzen und grübeln.

Herr K. vertritt die Grundanahme, ist der Überzeugung: Um im Alter glücklich zu sein, muß man den Menschen, der zu einem gehört, um sich haben. S. veranlaßt Herrn K., sich die Aktivitäten der letzten Zeit bewußt zu machen. Beck (1986, S. 301f) empfiehlt in solchen Gesprächssituationen, die letzten Tage durchzugehen, Erlebnisse zu finden, worüber sich der Mensch freuen konnte. Ziel ist es, die Erkenntnis zu vermitteln, daß man auch allein, ohne den geliebten Menschen, noch glücklich sein kann.

Beispiel: Undank ist der Welt Lohn

> Herr K.: Ich habe 51 Jahre für die Firma X gearbeitet. Und jetzt besucht einen nicht mal beim runden Geburtstag einer von der Firma. Auch ’ne Todesanzeige setzen sie neuerdings nicht mehr in die Zeitung. Ich denke, wenn man so lange inner Firma gearbeitet hat, dann müßte man doch auch im Alter noch mal an einen denken.
> Seelsorger/in: Ja, Sie haben recht, das sollte man erwarten können. Haben Sie auch sonst so ein Verhalten schon beobachtet?
> K.: Ja, ja, das geht vielen so. Auch bei meiner Frau kräht kein Hahn mehr danach, daß sie bei Familie N. jahrelang den Dreck weggemacht hat. Undank ist der Welt Lohn.
> S.: Was bringt es, wenn man sich darüber aufregt?
> K.: Ja, sie haben recht. Man muß die Welt so nehmen wie sie ist. Man kriegt nur Magengeschwüre. Man muß das Beste aus seinem Leben machen.

Herr K. vertritt die Grundannahme, hängt der Lebensphilosophie an: Wenn man viel und hart gearbeitet hat, dann erhält man Anerkennung. Er leidet darunter, daß diese Philosophie in seiner persönlichen Erfahrung offenbar nicht greift. S. bestätigt den Eindruck des Gesprächspartners. Er lenkt das Gespräch weiterhin auf Erfahrungen, die den Eindruck noch verfestigen. Diese von Beck (1986, S. 292) empfohlene Bestätigungsstrategie wirkt auf den ersten Blick wie eine pure Verstärkung negativer Gedanken. Sie soll aber einen entlastenden Eindruck vermitteln: Ungerechtigkeit ist ein weitverbreiteter Zug der Welt. Mit diesem allgemeinen Eindruck läßt sich besser leben als mit dem Eindruck: Nur mir geschieht Unrecht. Das Problem wird ins Weltbewußtsein verlagert, wodurch das Selbstbewußtsein geschont wird. In dem Beispiel wird noch eine andere Strategie angewandt. S. fragt: „Was bringt es, wenn man sich darüber aufregt?“ In der kognitiven Therapie wird in solchen Gesprächssituationen häufig die Nützlichkeitsfrage gestellt (Beck 1986, S. 292f; Walen u. a. 1982, S. 139). Der Aufweis der Ineffektivität solcher Gedanken kann bewirken, daß der Mensch von solchen Gedanken Abstand nimmt und sich anderen angenehmeren Dingen des Lebens zuwendet.

Das in den Beispielen verwendete Verfahren nennt Albert Ellis (1997) eine philosophische Disputation. Eine geäußerte belastende Lebensphilosophie, eine das Wohlbefinden störende Weltanschauung, Grundannahme wird auf ihre Gültigkeit und Berechtigung hin hinterfragt. Der Gesprächspartner wird fragend veranlaßt, eine neue, befreiende alternative Weltsicht zu finden. Auch hier ist wieder die Frage von zentraler Bedeutung. Die programmatischen Fragen, denen dann weitere zielführende Fragen folgen, seien noch einmal zusammengefaßt:

- Was passiert, was wäre wenn Sie *nicht?*
- Warum, weshalb muß man, sollte man, hat man?
- Darf man keine Fehler machen? Gibt es den vollkommenen Menschen?
- Wie verhalten Sie sich, wenn andere einen Fehler machen?
- Was haben Sie in der letzten Zeit an Erfreulichem, Beglückendem gemacht?
- Was bringt es? Was nützt es, sich über die Ungerechtigkeit aufzuregen?

c) Didaktisches Disputieren

Die philosophische Disputation zielt darauf ab, den Gesprächspartner dazu zu bringen, durch eigene Reflexion alternative Sichtweisen zu finden. Einsichten, die ein Mensch selbst gefunden hat, haben gegenüber vorgegebenen Sichtweisen den Vorzug, daß sie besser im Gedächtnis haften bleiben. Nun gibt es allerdings immer wieder Situationen, in denen eine solche Selbstfindung alternativer

Grundannahmen nicht gelingt. Vor allem Vertreter der rational-emotiven Therapie gehen in solchen Situationen dazu über, Einsichten von außen hereinzubringen, per Vortrag direkt zu vermitteln, edukativ, lehrend tätig zu werden. Dies wird dann eine didaktische Disputation genannt. Im Rahmen einer solchen didaktischen Disputation werden Geschichten, Gleichnisse, Analogien, Metaphern eingesetzt (Susan R. Walen u. a. 1982, S. 116, 180).

Chr. Eschenröder (1978, S. 217) erzählte einer Patientin, die sich abgelehnt fühlte, sein Pflaumengleichnis:

> Sie gehen auf den Markt, und dort ist ein Obststand, an dem Äpfel, Birnen und Pflaumen verkauft werden. Jetzt kommt ein Kunde und
> kauft Äpfel und Birnen ein. Bedeutet dies, daß die Pflaumen schlecht sind? Nein. – Und wenn jemand Sie ablehnt, weil Sie nicht seinem Geschmack entsprechen, heißt das, daß Sie schlecht sind?

Gelegentlich benutzt auch Aaron T. Beck (1986, S. 302) Vergleiche. Einem Mann, der von einer Frau abgelehnt wurde und nun meint, nicht „in Ordnung“ zu sein, sagt er:

> Der eine zieht Cadillacs, der andere Volkswagen vor.
> Es ist eine Geschmacksfrage.
> Manche mögen klassische Musik, andere nicht.
> Es hat nicht unbedingt etwas mit Ihrer Persönlichkeit zu tun.

In Anlehnung an Susan R. Walen u. a. (1982, S. 147) findet sich im folgenden eine Analogie aus einem Gespräch mit einem Menschen, der sich für wertlos hielt:

> Stellen Sie sich vor, daß Sie eben einen Früchtekorb bekommen haben. Sie finden darin einen wundervollen roten Apfel, eine reife saftige Birne, eine gute Banane, eine faule Orange und einige verfaulte Trauben. Wie würden Sie nun die einzelnen Früchte beschreiben. Klar, einige sind gut und einige sind nicht gut.
> Und wie würden Sie den Korb etikettieren? – Der Korb stellt Sie dar. Die Vielfalt der guten und schlechten Früchte sind Ihre Eigenschaften. Sich aufgrund eines einzigen Charakterzuges zu

bewerten wäre so ähnlich, wie wenn Sie sagen würden, der Korb sei schlecht, weil er einige schlechte Früchte enthält.

Nach Susan R. Walen u. a. (1982, S. 139) folgt hier eine weitere Analogie, die in einem Gespräch mit einem Menschen eingesetzt wurde, der überzogene Soll-Erwartungen an die Welt äußerte:

> Wenn ich an einem heißen Sommertag ans Fenster ginge, meine Fäuste schütteln würde und verlangte, daß es kalt wird und schneit, weil ich gerne Skifahren würde, dann würden Sie mich wahrscheinlich für verrückt und dumm halten. Sie hätten recht. Es ist dumm, zu verlangen, daß das Universum so sei, wie ich es mir wünsche. Ist das nicht ähnlich wie das, was Sie bei Ihren Problemen tun? Stellen Sie nicht auch derlei Forderungen?

Darüber hinaus werden in der didaktischen Disputation Geschichten von Modellpersonen eingesetzt, die ein Lernen am Modell anregen sollen. Zu einem Modell wird eine Person, die sich in einer vergleichbaren Problemsituation befindet und diese erfolgreich bewältigt. Solche Modelle regen zur Identifikation an und ermutigen zur Übernahme des erfolgreichen Verhaltens. So könnte man etwa erzählen von einem Menschen, der ebenfalls an einer Depression gelitten hat und sie überwunden hat. Man kann auch literarische Beispiele verwenden. Sie sollten allerdings nicht zu heroisch sein. Falls man selbst Erfahrungen mit Depression hat, kann man sich auch selbst als Modellperson anbieten.
Seelsorgerinnen und Seelsorger seien angeregt, didaktische Geschichten phantasievoll und situationsentsprechend zu erfinden oder zu finden. David Gordon (1987, S. 25) äußert sich in seiner Arbeit über therapeutische Metaphern zum Wirkungsmechanismus solcher Geschichten. Wer solche Geschichten in einer leidvollen Lebenslage hört, wird in seinem Streben nach Linderung sein Weltmodell anhand des vorgestellten Weltmodells überprüfen. Er wird sich auf „Ableitungssuche" begeben. „Er wird wahrscheinlich so viel wie möglich mit seiner eigenen Problemsituation korrelieren."

4. Dasein mit Gott neu bedenken

Im folgenden werden wir uns mit Gesprächssituationen beschäftigen, in denen Religion zum Thema wird, mit dem Gespräch über Glaubensfragen. Der Besuch eines Seelsorgers oder einer Seelsor-

gerin kann zum willkommenen Anlaß werden, endlich auch einmal religiöse Fragen zu erörtern. Das muß aber keineswegs der Fall sein. Viele seelsorgerliche Gespräche verbleiben auf weite Strekken oder gar völlig im Profanen. Es wäre verfehlt, daraus vorschnell den Schluß zu ziehen, man habe es hier mit einem unreligiösen Menschen zu tun. Die Abwesenheit der Glaubensfrage kann viele Gründe haben. Es gibt Menschen, für die ist Religion so selbstverständlich, daß man darüber gar nicht redet. Manche brauchen für ihren religiösen Ausdruck den vorgegebenen Ritus eines Gottesdienstes; sie fühlen sich unsicher in der Strukturfreiheit eines Gespräches. Manche haben Angst, als zu fromm zu gelten, wenn sie von Gott reden. Umgekehrt haben manche Angst als gottlos zu gelten, wenn sie ihre vorhandenen Zweifel äußern. Für Männer ist das Reden von Gott oftmals Ausdruck von Schwäche.
Es ist eine oft diskutierte Frage, ob Seelsorgerinnen oder Seelsorger das Recht haben, von sich aus Glaubensfragen ins Gespräch zu bringen. Manche haben eine große Angst, sie könnten etwas aufzwingen, wenn sie nicht zuvor deutliche Erlaubnissignale bekommen haben. Zwang ist sicherlich zu vermeiden, auch deshalb, weil ein erzwungenes Glaubensgespräch vermutlich nicht zu einem heilsamen Gespräch werden kann. Die Gegenproblematik sei in einer kleinen Geschichte erzählt: Ein Pastor wird schon an der Tür noch einmal zurückgerufen. „Herr Pastor, Sie haben etwas vergessen.“ Der Pastor sieht sich um, ob er seinen Regenschirm stehengelassen hat. Da bekommt er zu hören: „Wir haben noch gar nicht gebetet.“ Klaus-Dieter Makarowski (1980, S. 267) äußert sich zum Umgang mit depressiven Menschen: „Entgegen der häufigen Scheu des Seelsorgers, über Glaubensfragen zu sprechen, ist gerade sein Mut herausgefordert, die Dimension des Glaubens ins Gespräch zu bringen. Denn er darf dem Depressiven nicht etwas schuldig bleiben, was mit dessen Ganzheit zu tun hat.“

a) Der Glaube als kognitionsbestimmte Glaubenserfahrung

Ein Gespräch nach dem kognitiven Ansatz wird sich konzentrieren auf das, was der Mensch über Gott denkt, wird sich orientieren an der kognitiven Komponente des Glaubens. Der kognitiven Komponente lassen sich zwei von Glock (1962) beschriebene Dimensionen des Glaubens zuordnen, die intellektuelle und die ideologische Dimension. Die intellektuelle Dimension meint die religiösen Wissensbestände, über die der Mensch verfügt, etwa die Kenntnis der zehn Gebote, Lieder, Gebete, biblische Geschichten. Zu der ideologischen Dimension gehören zentrale Glaubenssätze, die Lehren der Religion. Theologisch läßt sich die kognitive Komponente mit dem seit dem Mittelalter üblichen Begriff der fides quae creditur fassen. Die fides quae creditur erfaßt das, was ich glaube, was ich von Gott denke, das Gottesbild. Die lutherische Orthodoxie ist noch etwas differenzierter. Sie unterscheidet zwischen notitia und assensus. Notitia ist das Glaubenswissen, die Kenntnis von Gott. Assensus ist das Glaubensanerkenntnis, die persönliche Zustimmung, das Gott Glauben schenken.

Der kognitiven Komponente steht die emotionale Komponente gegenüber. Sie läßt sich mit der experientellen Glaubensdimension nach Glock (1962) beschreiben. Sie erfaßt die individuelle Erfahrung des einzelnen Menschen. Es geht um die Frage, inwieweit der Einzelne das in seinem persönlichen Leben erlebt, was er glaubt, welche Gefühle der Geborgenheit oder Furcht mit seiner Religiosität verbunden sind. Theologisch läßt sich dieser Sachverhalt mit dem Begriff fides qua creditur fassen. Die fides qua creditur meint den Glauben, durch den ich glaube, meine Glaubenserfahrung, wie ich Gott erlebe. Die altlutherische Orthodoxie spricht von der fiducia, das Sich-Gott-anvertrauen.

Nach Auffassung der kognitiven Theorie stehen kognitive Komponente und emotionale Komponente in einem Ursache-Wirkung-Zusammenhang. Die kognitive Komponente des Glaubens bestimmt die emotionale Komponente. Die intellektuelle und die ideologische Dimension bestimmen die experientielle Dimension. Fides quae creditur bestimmt fides qua creditur. Notitia und assensus bestimmen fiducia.

Ist das Leiden eines depressiven Menschen zugleich ein Leiden an seinem Glauben, so wird man im kognitiven Ansatz versuchen, die ursächliche kognitive Komponente des Glaubens zu beeinflussen in der Erwartung, daß sich dadurch auch die emotionale Komponente des Glaubens positiv verändert. In der Sprache der kognitiven Depressionstherapie kann man sagen: Es werden die theologischen Grundannahmen modifiziert, es wird das hier nun in einem religiösen Sinne gemeinte „belief system" umstrukturiert, wodurch die depressiv-religiöse Verstimmung schwindet. Theologisch ausgedrückt: Man wird sich um die fides quae creditur bzw. um notitia und assensus bemühen, in der Erwartung, daß sich dadurch auch fides qua creditur und fiducia heilsam verändern. Man wird versuchen, ein negatives Gottesbild zu verändern mit dem Ziel, von der Angst vor einem strafenden Gott zu befreien. Man wird versuchen, ein ins Wanken geratenes positives Gottesbild zu stützen mit dem Ziel, erneut Gottvertrauen aufzubauen. Wie dieses konkret geschehen kann, soll im folgenden dargestellt werden.

b) Korrigieren des negativen Gottesbildes

Mehrere schon erwähnte Untersuchungen machen deutlich, daß der Glaube die Entstehung einer Depression fördern kann, wenn seine kognitive Komponente von dem Bild eines strafenden, richtenden Gottes bestimmt ist. Zudem wird ein solcher Glaube unter Depression zur Aufrechterhaltung der Depression beitragen. Die fides quae creditur an einen vorwiegend fordernden Gott kann schädigen. Notitia und assensus, Kenntnis und Anerkenntnis eines überstrengen Gottes können krank machen.

In den Köpfen von Menschen mit diesem negativen Gottesbild können sich etwa folgende angstbesetzte Gedanken bewegen:

Gedanken an Tatsünden:

Ich hätte Hans nicht um sein Erbe bringen dürfen.

Ich hätte die Finger von der anderen Frau lassen sollen.

Ich hätte Vater damals nicht bestehlen dürfen.

Gedanken an Unterlassungssünden:

Ich hätte mich um den Jungen mehr kümmern müssen.

Ich hätte damals zuhause bei der kranken Mutter bleiben sollen.

Ich hätte meine behinderte Schwester doch bei mir behalten müssen.

Formulierungen wie „hätte nicht dürfen“, „hätte sollen“, „hätte müssen“ sind Hinweise auf hinterliegende Grundannahmen, Werthaltungen, die bei einem religiösen Menschen oft eine Letztbindung an Gott haben. In den Köpfen dieser Menschen laufen im Aufblick zu einem strafenden, richtenden Gott etwa folgende Syllogismen ab:

> 1. Prämisse: Ich muß frei sein von Sünde, sonst wird Gott mich strafen
> 2. Prämisse: Ich habe gesündigt.
> Schlußfolgerung: Folglich wird Gott mich strafen

> 1. Prämisse: Um vor Gott bestehen zu können, muß ich Gutes tun.
> 2. Prämisse: Ich habe Gutes unterlassen.
> Schlußfolgerung: Folglich kann ich vor Gott nicht bestehen.

Wir haben es mit der Schuldproblematik zu tun. Bei der Schuldproblematik läßt sich unterscheiden zwischen dem Schuldbewußtsein und dem Schuldgefühl. Das erste meint den kognitiven Aspekt, das zweite den emotionalen Aspekt. Im kognitiven Zugang wird man sich auf das Schuldbewußtsein konzentrieren in der Erwartung, daß sich durch eine Modifikation auch das Schuldgefühl ändert. Weiterhin lassen sich verschiedene Arten von Schuldbewußtsein unterscheiden: ein berechtigtes Schuldbewußtsein, das seine Wurzeln in einer begangenen oder unterlassenen Tat hat, durch die anderen Schaden zugefügt wurde, ein übersteigertes Schuldbewußtsein, das übersieht, daß auch andere und anderes mitverantwortlich waren und ein unreifes, neurotisches Schuldbewußtsein, das seine Wurzeln im Bruch von elterlichen Normen hat, die dem Erwachsenenalter oder einer veränderten Wertesicht nicht mehr entspricht. Roy W. Fairchild (1991, S. 31f) schreibt: „Fünfzig- und Sechzigjährige übertreiben oft ihre Teenagerfehltritte."
Bei einem übersteigerten oder bei einem neurotischen Schuldbewußtsein kann es sinnvoll sein, bei der zweiten Prämisse anzusetzen: Ich habe gesündigt. Ich habe Gutes unterlassen. Bei einem übersteigerten Schuldbewußtsein kann man in ein Gespräch darüber eintreten, ob denn die absolute Eigenverantwortlichkeit nicht überzogen ist. An anderer Stelle haben wir an zwei Beispielen das „Entverantwortlichmachen" dargestellt. Bei einem neurotischen, unreifen Schuldbewußtsein wird man gemeinsam versuchen, zu überprüfen, ob die zugrundeliegenden Normen angemessen sind. Das wäre etwa sinnvoll bei der älteren, unverheirateten Dame, die vor vielen Jahren einmal sexuellen Kontakt hatte. Sie weigerte sich zum Frauenarzt zu gehen, weil dadurch ihr Fehltritt ans Licht kommen würde.
Bei einem berechtigten Schuldbewußtsein wird man bei der ersten Prämisse ansetzen: Ich muß frei sein von Sünde, sonst wird Gott mich strafen. Um vor Gott bestehen zu können, muß ich Gutes tun. Modifikation des Schuldbewußtseins heißt hier nicht, daß man eine tatsächliche Schuld ausredet oder bagatellisiert. Es heißt vielmehr, daß man alternativ gegen ein angstbesetztes Gottesbild ein befreiendes Gottesbild in den Raum stellt, das Bild eines vergebungsbereiten Gottes. So wird man auch verfahren mit der persönlichen Restschuld, die bei einer eingesehenen reduzierten Verantwortlichkeit bleibt. Auch bei einem neurotischen Schuldbewußtsein wird man so verfahren, wenn der Mensch bei der Gültigkeit seiner Normen bleibt.

Nach Auffassung von A. M. Rizzuto (1979) ist bei religiösen Menschen mit depressiven Symptomen eine Therapie dann erfolgreich, wenn es gelingt, ein negatives Gottesbild in ein positives zu überführen. Ähnlich sieht es Gerrit Hohendorf (1997, S. 272) im seelsorgerlichen Kontext. Wichtig ist, daß „dieses das Gewissen der Kranken belastende Gottesbild eine heilsame Korrektur erfährt". Natürlich kann man Gott nicht einer empirischen Überprüfung unterziehen wie das bei innerweltlichen Gegebenheiten und Erfahrungen der Fall ist. Wohl aber kann man prüfen, ob es in der christlichen Tradition alternative Sichtweisen gibt, an die Menschen geglaubt haben und glauben, aus denen sie gelebt haben und leben. Wir wenden uns nun einem Beispiel zu.

Beispiel: Ob ich vor meinem Herrgott damit wohl bestehen kann?

> Frau P:. Zwei Tage bevor ich hier ins Heim kam, hat sich mein Mann das Leben genommen. Er konnte es einfach nicht ertragen, daß wir getrennt werden sollten. Ich hätte doch versuchen sollen, daß das zu Hause noch weitergeht. Ob ich vor meinem Herrgott damit wohl bestehen kann?
> Seelsorger/in: Sie fragen sich, ob Gott Sie dafür bestrafen wird?
> P.: Ja, so haben wir es ja mal gelernt: Üb' immer treu und Redlichkeit bis an dein kühles Grab und weiche keinen Finger breit von Gottes Wegen ab.
> S.: Wo haben Sie das gelernt?
> P.: Das hat meine Mutter immer wieder gesagt.
> S.: Sie haben mir gesagt, daß Sie oft zum Gottesdienst gegangen sind. Wurde da auch immer von einem so strengen Gott gepredigt?
> P.: Na ja, da wurde auch davon gesprochen, daß er auch gnädig sein kann. „Groß und gnädig ist der Herr, geduldig und von großer Güte", so haben wir das gestern in der Andacht gesungen.
> S.: Man kann Gott also auch ganz anders sehen ?
> P.: Ja, das kann man wohl.
> S.: Fallen Ihnen noch andere Sätze oder biblische Geschichten oder Lieder ein, die von dem gnädigen Gott sprechen?
> P.: Ja, da gibt es doch die Geschichte von dem verlorenen Sohn, dem wurde dann ja auch vergeben. Na, und wir beten ja auch: Vergib uns unsere Schuld.

Frau P. geht aus von der Grundannahme: Ich muß immer auf Gottes Wegen wandeln, sonst werde ich bestraft. Der Umzug der Frau ins Altersheim und der dadurch ausgelöste Suizid ihres Mannes führte dazu, daß bei der Frau Gedanken an Sünde und Schuld und im Gefolge davon Angst aufkamen. Ihr Glaube ist bestimmt von dem Glaubenstyp: Glaube an einen strafenden Richter. In ihrem Kopf bewegt sich der Syllogismus: Ich muß immer auf Gottes Wegen wandeln, sonst werde ich bestraft – Ich habe Schuld auf mich geladen – Folglich wird Gott mich bestrafen. Analog zu dem von Ellis geprägten Begriff der philosophischen Disputation kann man bei der gewählten Gesprächsführung hinsichtlich des Inhaltes von einer theologischen Disputation sprechen. Die Grundannahme wird bewußt gemacht und hinterfragt. Frau P. wird fragend auf die Suche nach einem alternativen Gottesbild geschickt. Es zeigt sich, daß Frau P. auch Elemente eines gegenbildlichen Gottesbildes im Kopf hat, die sich nach und nach zusammenfügen und in den Vordergrund treten.

Nicht immer gelingt die Selbstentdeckung eines entlastenden Gegenbildes. Im kognitiven Vorgehen darf in einem solchen Fall edukativ vorgegangen werden, der Weg der didaktischen, hier der religionsdidaktischen Disputation gewählt werden. Bei diesem Verfahren werden Geschichten, vor allem Gleichnisse eingesetzt. Ein hervorragendes Gleichnis, das den barmherzigen Gott herausstellt, ist der erste Teil der Geschichte vom Schalksknecht. Man könnte sie etwa wie folgt einleiten: „Sie denken, man muß frei sein von Sünde, sonst fällt man aus der Fürsorge Gottes heraus“ (Bewußtmachung der theologischen Grundannahme). „Ich kenne eine Geschichte, die anders von Gott erzählt“ (Ankündigung einer alternativen Sicht).

> Das Himmelreich gleicht einem König, der mit seinen Knechten abrechnen wollte. Und als er anfing abzurechnen, wurde einer vor ihn gebracht, der war ihm zehntausend Zentner Silber schuldig. Da er's nun nicht bezahlen konnte, befahl der Herr, ihn und seine Frau und seine Kinder und alles, was er hatte, zu verkaufen und damit zu bezahlen. Da fiel ihm der Knecht zu Füßen und flehte ihn an und sprach: Hab Geduld mit mir; ich will dir's alles bezahlen. Da hatte der Herr Erbarmen mit diesem Knecht und ließ ihn frei, und die Schuld erließ er ihm auch.
> Mt. 18, 23-27

Geeignet für eine solche Gesprächssituation dürften auch sein: das Gleichnis vom verlorenen Sohn (Lk.15, 11-24), das Gleichnis vom verlorenen Schaf (Lk.15, 1-7), die Geschichte vom Schächer am Kreuz (Lk. 23, 39-43) oder die Geschichte von der Ehebrecherin (Joh. 8, 3-11). Die Figuren der Geschichten stehen sozusagen als Modellpersonen vor dem barmherzigen Gott, der sich in Jesus Christus offenbart hat. Wichtig ist, daß solche Geschichten gewählt werden, die sich sozusagen in ihrer Bedeutung und Relevanz aus sich selbst heraus verstehen. Geschichten, die erst einmal einer mühsamen Auslegung unterzogen werden müssen, sind nicht geeignet. Depressive Menschen sind zumeist konzentrationsgestört und denkgehemmt. Günstig ist es auch, wenn die Geschichten aus der religiösen Sozialisation schon bekannt, vertraut sind. Sie sind dann auch schon einmal vorinterpretiert. Eine solche religionsdidaktische Disputation ist natürlich auch als Ergänzung der theologischen Disputation angezeigt, wenn die selbstgefundenen Erkenntnisse als nicht ausreichend erscheinen.

Bernhard Grom (1992, S. 179ff) verweist auf Experimente, die belegen, daß der Versuch der Umstrukturierung der kognitiven Komponente des Glaubens eine „ausgeprägtere Vorstellung von einem liebenden Gott" zur Folge haben kann. Die Gottesvorstellung und das Selbstwertgefühl können auf diese Weise beeinflußt werden.

Das Gespräch könnte etwa folgende Struktur haben:

- Wahrnehmung angstbesetzter Gedanken
  „Ich hätte nicht..." „Ich hätte tun sollen..."
- Ansprechen des negativen Gottesbildes
  „Sie glauben, daß..." „Sie fragen sich ob..."
- Theologische Disputation des Gottesbildes
  „Gibt es nicht auch andere Vorstellungen von Gott?"
- oder/und Religionsdidaktische Disputation des Gottesbildes
  „Ich kenne eine Geschichte, die ganz anders von Gott redet."

c) Stützen des positiven Gottesbildes

Bei anderen Menschen ist die kognitive Komponente des Glaubens durchaus von einem positiven Gottesbild erfüllt. Ihre fides quae creditur weist einen gütigen und bewahrenden Gott auf, der Verständnis für die Schwächen des Menschen aufbringt. Der Gott, den sie kennen (notitia) und anerkennen (assensus) ist wohlwollend. Menschen, deren theologische Grundannahme von einem

positiven Gottesbild bestimmt ist, behalten auch unter Depression diesen Glauben bei. Nur: dieser Glaube hat für sie persönlich nur noch wenig Relevanz. In den schon einmal verwendeteten Zitaten aus der Untersuchung von Hole (1977) heißt es: „An sich glaube ich schon an Gott, aber das alles gibt es *für mich* nicht mehr." „Inhaltlich ist mir das Evangelium völlig klar, aber es ist *für mic*h keine Wirklichkeit mehr." Aus dem persönlichen Glauben wird ein allgemeiner Glaube. Das Denken in der kognitiven Triade (Beck) weitet sich aus zu einer kognitiven Tetrade: Auf mich, auf meine Umwelt, auf meine Zukunft und auf Gott kann ich nicht mehr bauen. Das Denken in der irrationalen Dreieinigkeit (Ellis) erfährt eine Ausweitung zu einer Viereinigkeit: Ich kann von mir, von den Mitmenschen, von den allgemeinen Verhältnissen und auch von Gott nichts mehr erwarten. Das Denken im dreidimensionalen Pessimismus (Seligman) steigert sich zu einem vierdimensionalen Pessimismus: Ich stehe vor allem allein, es ist alles um mich bedrückend, es bleibt bei mir alles so wie es ist und da ist kein Gott, der mir das ändert. Das Denken über die Immanenz färbt ab auf das Denken über die Transzendenz.
In den Köpfen dieser Menschen können sich im einzelnen folgende Gedanken abspielen:

Gott hat mich wohl verlassen.
Gott ist nicht mehr für mich da.
Ich vermag nicht zu glauben, daß Gott mich noch kennt.
Ich denke, Gott ist ganz weit weg von mir.

In den Köpfen dieser Menschen läuft im Aufblick zu dem persönlich irrelevant gewordenen, bewahrenden Gott etwa folgender Syllogismus ab:

1. Prämisse: Wenn Gott mich liebt, dann zeigt er sich mir.
2. Prämisse: Ich kann Gott in meinem Leben nicht wahrnehmen.
Schlußfolgerung: Folglich liebt er mich nicht.

Nach Auffassung der kognitiven Theorie bestimmt das Denken das Fühlen. Dieses Denken hat Folgewirkung auf die emotionale Komponente des Glaubens. Aus diesem Denken resultiert die „emotionale Entleerung" des Glaubens. Wer so denkt, erlebt einen Verlust des Gottvertrauens, eine Verminderung des Geborgenheitsgefühls

im Glauben, fühlt Gottverlassenheit. Da ist ein Leiden am Verborgensein Gottes. Fides qua creditur bzw. fiducia sind schwach geworden.
Nach Gerrit Hohendorf (1997, S. 272) kommt es im seelsorgerlichen Kontakt mit solchen Menschen auf „ein vorsichtiges und geduldiges Beharren auf der durch den Glauben vermittelten Hoffnung und die die Sünde aufhebende Gnade Gottes“ an. Er plädiert damit für ein aufbauendes, stützendes Arbeiten am positiven Gottesbild, an dem unter Depression verlorenen, aber „sonst eigenen Glauben an Gnade, Liebe, Hoffnung“. Beharren auf etwas, das der depressive Mensch aber gerade beharrlich als für ihn nicht mehr tragend bekundet, dürfte allerdings nicht ausreichend sein. Es kann leicht dazu führen, daß der Mensch sich in seiner geäußerten Gottverlassenheit nicht ernstgenommen fühlt. Wichtig wird vielmehr sein, daß man das Gottesbild unter Bezugnahme auf die spezielle depressive Problematik erneut reflektiert, daß man versucht, den Widerspruch zwischen Geglaubtem und Erlebtem abzumildern. Es gilt zu fragen, ob sich bei allem erlebten Nicht-für-mich-Dasein Gottes dennoch eine persönliche Gottesnähe greifen läßt.

In einer theologischen Disputation mit dem Ziel der Selbstentdeckung könnte man fragen: Haben Sie solche Erfahrungen schon früher gemacht? Möglicherweise nennt der Gesprächspartner ähnliche Erlebnisse aus früheren Abschnitten seines Lebens, erinnert sich an vorausgegangene depressive Phasen. Vielleicht entdeckt er in der Weiterverfolgung seines Lebens, daß er die Erfahrung machen konnte, daß sich Gott ihm erneut zuwandte. Diese Möglichkeit sei hier nur kurz angedeutet. Wir werden auf unserem dritten Weg gezielt auf ein solches biographisches Verfahren eingehen. Der kognitive Ansatz ist mehr auf das Hier und Heute konzentriert, vermeidet den Rückgriff auf die Lebensgeschichte. In einer religionsdidaktischen Disputation wird man in das Gespräch Aussagen eingeben, die von einem Dennoch der Anwesenheit Gottes Zeugnis ablegen. Folgende Worte könnte man zu bedenken geben. Man könnte sie etwa folgendermaßen einleiten: „Sie glauben, daß Sie von Gott verlassen sind.“ (Anspielen auf die theologische Grundannahme): „Ich kenne Worte, die anderes sagen.“ (Ankündigung einer alternativen Sichtweise):

> Ich habe dich einen kleinen Augenblick verlassen, aber mit großer Barmherzigkeit will ich dich sammeln. (Jes. 54,7)

Diese Verheißung an Israel kann gleichnishaft auch für ein persönliches Leben stehen. Von Seligman haben wir gelernt, daß depressive Menschen in zeitlicher Hinsicht stabil statt variabel attribuieren. Mit diesem Wort wird die Stabilität der Gottverlassenheit in eine Variabilität der Gottverlassenheit gewandelt. Die Gottverlassenheit wird als ein Augenblickserlebnis ausgewiesen. Die Gottesnähe wird erneut erfahren werden.

> Wenn ich auch gleich nichts fühle von deiner Macht, du führst mich doch zum Ziele auch durch die Nacht. (EG 376, 3)

In diesem Liedtext bringt Julie Hausmann eine Zuversicht zum Ausdruck, die sie auch in der Verborgenheit Gottes trägt. Die Lieddichterin kann zu einer Modellperson werden. Mit Beck läßt sich sagen: Von dem Nichterleben Gottes auf die Abwesenheit Gottes zu schließen ist eine willkürliche Schlußfolgerung. Es ist auch der Schluß der nur Verborgenheit Gottes denkbar.

> Wir leiden Verfolgung, aber wir werden nicht verlassen. Wir werden unterdrückt, aber wir kommen nicht um. (2.Kor. 4, 9)
> Denn der Herr hat gesagt: Ich will dich nicht verlassen und nicht von dir weichen. So können auch wir getrost sagen: Der Herr ist mein Helfer, ich will mich nicht fürchten; was kann mir ein Mensch tun? (Hebr. 13, 5bf)

Depressive Menschen weisen die vermeintliche Abwesenheit Gottes an belastenden, konkreten Gegebenheiten ihres Lebens auf. Diese beiden Texte wehren sich gegen den willkürlichen Schluß, daß Bedrohungen des Lebens auf die Abwesenheit Gottes schließen lassen. Gerade in der Lebensbedrohung darf mit Gottes Nähe gerechnet werden.

> Darum hoffen auf dich, die deinen Namen kennen,
> denn du verlässest nicht, die dich, Herr, suchen. (Ps 9,11)

Mit diesem Wort wird der depressive Mensch in der Bescheidenheit seines Glaubens abgeholt. Er kennt zwar Gott; er ist auf der Suche nach ihm, aber es fehlt ihm das Vermögen einer vollen Hingabe, worunter er leidet. Dieses Wort spricht davon, daß der Mensch auch mit einem reduzierten Glauben auf Gott hoffen darf.

Viele depressive Menschen machen die Abwesenheit Gottes an ihren Gebetserfahrungen fest. Sie sagen etwa: „Meine Gebete gehen ins Leere.“ „Gott hört mich nicht mehr.“ Ihre Beziehungseinschätzung zu Gott hat ihre Wurzeln darin, daß sich auf die Gott vorgetragene Bitte um Beseitigung ihrer ganz konkreten Nöte keine Wende einstellte. In einer solchen Situation kann es hilfreich sein, behutsam eine andere Form des Gebetsverhaltens vorzustellen, das Gebet in der Ausrichtung: „Dein Wille geschehe“. Herbert Benson (Psychologie Heute, Heft 6, 1997, S. 21) hat Untersuchungen durchgeführt, die belegen, daß das „aktiv-fordernde, berechnende“ Gebet gesundheitsschädigend ist, während das „passiv-akzeptierende“ Gebet vom „Typ Dein Wille geschehe“ Glaubenskraft aus sich heraussetzt und die Gesundheit fördert. In einem solchen Gebet müssen all die konkreten Nöte nicht fehlen, aber es wird Gott überlassen, in welcher Weise er sich des Menschen annimmt. Bei einem solchen Gebet ist von der Verheißung zu sprechen: „Bittet, so wird euch gegeben“ (Mt. 7,7 // Lk. 11,9). Auf die Möglichkeit eines solchen anderen Betens kann in einem Gespräch lehrend hingewiesen werden. Es kann aber auch unter Aufnahme der speziellen Problematik vollzogen werden, wenn sich der Gesprächspartner oder die Gesprächspartnerin dafür offen zeigt.
Wie schon an anderer Stelle ausgeführt worden ist, verbinden manche depressive Menschen ihre Gottverlassenheit mit dem Erleben persönlicher Schuld. Die Entleerung des Glaubens wird gedeutet als schuldhaftes Verstoßensein. Damit einher geht die Angst, aus der Fürsorge Gottes herauszufallen. Heike und Martin Hagenmaier (1991, S. 55f) berichten von einer ca. 70 Jahre alten depressiven Frau, die über ihren verlorenen Glauben und ihre Gottverlassenheit klagte. Sie meinte, von Gott würden nur Sünder verlassen. Ihre Sündhaftigkeit manifestierte sich für sie selbst in ihrem Unvermögen zu beten und der verlorenen Möglichkeit zu spenden. Für andere wird der Zweifel als Schuld erlebt. In den Köpfen solcher Menschen laufen etwa folgende Syllogismen ab:

1. Prämisse: Man muß Gottvertrauen haben, sonst wird Gott sich abwenden.
2. Prämisse: Ich habe kein Vertrauen mehr.
Schlußfolgerung: Folglich wendet sich Gott von mir ab.
1. Prämisse: Um bewahrt zu werden, muß ich Gott vertrauen.
2. Prämisse: Ich kann kein Vertrauen aufbringen.

Schlußfolgerung: Folglich bewahrt mich Gott nicht.
1. Prämisse: Wenn man zweifelt, dann fällt man aus der Fürsorge Gottes heraus
2. Prämisse: Ich zweifle.
Schlußfolgerung: Folglich falle ich aus der Fürsorge Gottes heraus.

In solchen Gesprächssituationen kann man im Wege einer theologischen Disputation die Grundannahme bewußt machen und hinterfragen: „Kennen Sie Aussagen, die anders von Gott reden?“ Möglicherweise entdeckt der Gesprächspartner selbst alternative Gedanken. Als Mittel einer religionsdidaktischen Disputation werden Geschichten eingesetzt: „Sie sehen Gott so... Ich erzähle Ihnen eine Geschichte, die Gott bzw. den Sohn Gottes anders darstellt“:

> Und Jesus stieg in das Boot und seine Jünger folgten ihm. Und siehe, da erhob sich ein gewaltiger Sturm auf dem See, so daß auch das Boot von Wellen zugedeckt wurde. Er aber schlief.
> Und sie traten zu ihm, weckten ihn auf und sprachen:
> Herr, hilf, wir kommen um! Da sagt er zu ihnen:
> Ihr Kleingläubigen, warum seid ihr so furchtsam? Und er stand auf und bedrohte den Wind und das Meer. Da wurde es ganz stille. Mt. 8, 23-26
> Petrus sprach: Herr, bist du es, so befiehl mir, zu dir zu kommen auf dem Wasser. Und er sprach: Komm her!
> Und Petrus stieg aus dem Boot und ging auf dem Wasser und kam auf Jesus zu. Als er aber den starken Wind sah,erschrak er und begann zu sinken und schrie: Herr, hilf mir!
> Jesus aber streckte sogleich die Hand aus und ergriff ihn und sprach zu ihm: Du Kleingläubiger, warum hast du gezweifelt?
> Und sie traten in das Boot, und der Wind legte sich.
> Mt. 14, 28-32

Heinz Joachim Held (1970, S. 155ff) hat den Glaubensbegriff im Matthäusevangelium herausgearbeitet. Die Jünger verstehen durchaus die Lehre Jesu, die Inhalte der Offenbarung sind ihnen vertraut. Die kognitive Komponente ihres Glaubens ist klar ausgeprägt. Dennoch machen sie in bedrohlichen Situationen eine Erfahrung, die als „Kleinglaube“ bezeichnet wird. Kleinglaube ist letztlich kein Unglaube, vielmehr eine „gebrochene Glaubensform“. Er bezeichnet „sozusagen eine Situation des Unglaubens innerhalb des Lebens der Glaubenden". Dieser Begriff erfaßt vieles von dem, was depressive Menschen in ihrem Glaubensleben erfahren. Hoffnungsvoll an den beiden Geschichten ist, daß sich Jesus auf Grund dieses Kleinglaubens nicht abwendet, sondern im Gegenteil helfend zuwendet. Die Jünger in diesen Glaubenstexten stehen modellhaft für eine Glaubenshaltung im Dennoch. Möglicherweise wird sich der Gesprächspartner mit ihnen identifizieren. Zumindest dürften bei ihm Zweifel an seinem Zweifel an einem zuwendungsbereiten Gott aufkommen.

Das Gespräch könnte etwa folgende Struktur haben:
- Wahrnehmung von Gedanken der Gottverlassenheit
  „Gott hat mich verlassen."
- Ansprechen der Gedanken der Gottverlassenheit
  „Sie glauben, daß..."
- Theologische Disputation
  „Kennen Sie andere Sichtweisen?"
- und/oder Religionsdidaktische Disputation
  Konfrontation mit Dennoch-Aussagen oder Dennoch-Geschichten.

d) Anregen einer emotionalen Verinnerlichung
Die kognitive Beeinflussung des Glaubens kann zur Folge haben, daß sich ein negatives Gottesbild in ein positives wandelt oder daß ein fragwürdig gewordenes positives Gottesbild sich erneut stabilisiert. Bernhard Grom (1992, S. 180, 253 ff) ist allerdings der Auffassung, daß „wohl über das kognitive Verstehen hinaus auch eine emotional bedeutsame Verinnerlichung angeregt" werden muß. Es muß sozusagen eine Schiene von der Kognition zur Emotion gelegt werden. Grom schlägt verschiedene Möglichkeiten vor.
Eine Möglichkeit ist die Verwendung einer „betont sinnbildlichen, metaphorischen Sprache vom Bezug zum Göttlichen". Geeignet dürften hier folgende Bibelworte sein, die den barmherzigen Gott bildhaft nicht nur in den Kopf, sondern auch ins Herz legen:

> Denn bei dir ist die Quelle des Lebens,
> und in deinem Lichte sehen wir das Licht. (Ps 36,10)
>
> Denn Gott der Herr ist Sonne und Schild;
> der Herr gibt Gnade und Ehre. (Ps 84, 12a)
> Wie sich ein Vater erbarmt über seine Kinder,

so erbarmt sich der Herr über die, die ihn fürchten. (Ps 103, 13)
Denn deine Gnade reicht,
so weit der Himmel ist. (Ps 108, 5a)

Durch solche Bilder werden religiöse Überzeugungen intensiver erfahren. Man kann sie vorsprechen, wiederholt sprechen und das Nachsprechen anregen. Sie können sich einprägen etwa wie die formelhaften Vorsatzbildungen im autogenen Training. Man könnte sich Spruchkarten mit solchen Bildworten besorgen oder selbst anfertigen und sie den Besuchten überlassen.
Eine zweite Möglichkeit ist die Verwendung von echten Bildern. So könnte man etwa ein Bild vom verlorenen Sohn, ein Bild vom verlorenen Schaf, das Jesus auf dem Rücken zurückträgt oder ein Bild von Petrus, den Jesus aus dem Wasser zieht, verwenden. Solche Bilder lassen sich etwa finden in einem alten Gesangbuch, auf alten Konfirmationsscheinen oder bei Julius Schnorr von Carolsfeld (1997). Diese Bilder haben den Vorzug, daß sie schon in der Zeit bekannt waren, in der die alten Menschen großgeworden sind. Sie lassen sich leicht kopieren und man kann sie somit zurücklassen.
Eine weitere Möglichkeit ist der Segen. Heike und Martin Hagenmaier (1991, S. 57f) berichten von einer depressiven Frau, die sich zwei Wochen lang den Segen „abholte“. Dieser Segen schützte sie wahrscheinlich „gegen das völlige Abrutschen in das Gefühl der Verworfenheit“. Nach zwei Wochen bekundete sie, daß ihr das geholfen habe, und die depressive Phase war zu Ende. Emotional vertiefend kann auch ein Gebet sein, wenn der Gesprächspartner signalisiert, daß er dafür offen ist.
Howard Clinebell (1985, S. 215) bedauert, daß das Amt der Versöhnung im Protestantismus mehr und mehr vernachlässigt wurde. Das Hören der Beichte und der Zuspruch der Vergebung im Namen Gottes sind „Wege der Gnade, durch die die Vergebung lebendig erfahrbar wird“. Durch all diese Mittel der emotionalen Verinnerlichung kann erreicht werden, daß eine „emotionale Erwartungshaltung“ aufgebaut wird. „Diese soll und kann unwillkommene Einfälle und Regungen zurückdrängen und die Aufmerksamkeit auf den erstrebten Gefühlszustand ... konzentrieren“ (Grom 1992, S. 254).

II. Auf dem Weg zu einem neuen Erleben – Seelsorgerliches Handeln als Gefühlsarbeit

Die soeben beschriebene Betrachtungs- und Vorgehensweise der kognitiven Depressionstherapie war geleitet von dem Satz: Der Mensch fühlt, wie er denkt. Die Art des Denkens bestimmt sein Fühlen. Eine bestimmte Weltanschauung und die daraus resultierenden dysfunktionalen, irrationalen, automatischen Gedanken verursachen depressive Gefühle. Von daher war es das Ziel, die Gedankenwelt zu verändern, zu modifizieren, umzustrukturieren in der Erwartung, daß sich dadurch die Gefühlswelt aufhellt. Dieses ist e i n e Sichtweise. Eine entgegengesetzte Sichtweise kommt etwa in dem Satz von Boeke zum Ausdruck: „Niemand ist intelligenter, als seine Emotionen es ihm erlauben." (zitiert nach Albersnagel 1993, S. 118). Die Emotionen stehen demnach an erster Stelle und provozieren Gedanken. Kognitionen werden in der Nachfolge einer emotionalen Lage gesehen. Mehrere Autoren vertreten ein sowohl als auch. Es gibt sowohl kognitionsbestimmte Emotionen wie auch emotionsbestimmte Kognitionen (vgl. Grom 1992, S. 223). Im folgenden sollen Wege aufgewiesen werden, wie man, ausgehend von der emotionalen Befindlichkeit, helfend, entlastend begleiten kann.
In mehreren therapeutischen „Schulen" steht die Emotionalität des Menschen im Zentrum. In der von C. R. Rogers (1973) entwickelten klientenzentrierten Gesprächstherapie konzentriert sich der Therapeut im wesentlichen auf die Gefühle. Es kommt darauf an, die Gefühle herauszuhören und herauszuspüren, zu verbalisieren und zu akzeptieren. Man nennt diese Haltung „Empathie". Durch eine solche empathische Begegnung wird der andere ermutigt, auch seinerseits seine Gefühle wahrzunehmen. Die Plattform für helfende Zuwendung ist die Klärung der Gefühle. Die „Zentrierung auf den Ausdruck von Emotionen" ist auch charakteristisch für die klassische Gestalttherapie (Karl Heinz Ladenhauf 1988, S. 75). In der Weiterentwicklung der Gestalttherapie zur Integrativen Therapie werden zur Evokation von Gefühlen auch Poesie und Musik eingesetzt. Der Kommunikationstherapeut Paul Watzlawick (1986) geht von zwei Hemisphären des Gehirns aus: der linken und der rechten Hemisphäre. Die linke Hemisphäre steht für die Welt der Vernunft, der Logik, der Rationalität. Hier ist der Ort des Denkens, der Problemlösung. Die rechte Hemisphäre steht für die Welt des Erlebens. Hier ist der Ort der Empfindungen. Hier spielen Mimik

und Gestik, Paraverbalität, Beziehungen, sowie Bilder, Musik und Poesie eine Rolle. Im besonderen Maße eignet sich das Rechtshemisphärische für die therapeutische Kommunikation. Während ein kognitiver Ansatz die depressive Verstimmung indirekt, auf dem Umweg über die Kognition, angeht, geht ein emotionaler Ansatz direkt auf die depressive Verstimmung zu. Emotionszentrierte Ansätze sind vielfach in die Seelsorge integriert worden. Hingewiesen sei hier nur auf die an der klientenzentrierten Psychotherapie orientierte „Annehmende Seelsorge" bzw. „Personenzentrierte Beratung in der Seelsorge" von Helga Lemke (1978, 1995). Bei Helga Lemke finden wir auch hilfreiche Hinweise zum Umgang mit depressiven Menschen.

1. Wahrnehmung des Gefühlsausdrucks

Wer sein helfendes Zugehen an der emotionalen Befindlichkeit orientieren will, muß die Gefühle zunächst einmal wahrnehmen. Gefühle treten in unterschiedlicher Weise nach außen. Es ist üblich, zwischen nonverbalem, verbalem und paraverbalem Ausdruck zu unterscheiden.

a) Nonverbaler Ausdruck

Unter dem nonverbalen Verhalten verstehen wir Äußerungen, die unabhängig von der Sprache präsentiert werden. Dazu gehören z. B. Gestik und Mimik, die Art der Bewegung, die Haltung, die Intensität des Händedrucks, das Annäherungs- oder Distanzverhalten. Mit anderen Worten: Der Mensch „spricht" mit Hilfe seines Körpers. Erich Grond (1993, S. 14) hat die nonverbalen Signale beschrieben, die ein depressiver Mensch präsentiert. Dabei hat er unterschieden nach den beiden möglichen psychomotorischen Ausprägungen, in denen sich Depression darstellen kann, nämlich gehemmt-depressiv oder agitiert/ängstlich-depressiv.

	gehemmt-depressiv	agitiert/ängstlich-depressiv
Gesicht	traurig	weint
	kaum Blickkontakt	fixiert nicht
	blickt auf den Boden	unruhig hin und her
Mimik	müde, abwesend, schlaff	erregt, gereizt, ängstlich
		gespannt, unsicher
Bewegung	verlangsamt	getrieben, fahrig, zittrig
Gang	schleppend	ruhelos

Haltung	schlaff, gebeugt in sich gekehrt hängende Schultern	verkrampft
Händedruck	kraftlos	anklammernd
Gestik	erstarrt	spielt mit den Fingern, händeringend, kratzt, reibt sich die Beine unruhig

Manfred Wolfersdorf (1995, S. 31) spricht bei der gehemmt-depressiven Ausprägung von einer „eingefrorenen Mimik und Gestik“ und stellt die fehlende Mitbewegung der Arme fest. Michael Argyle (1987, S. 226f) berichtet von Untersuchungen zum Blickkontakt depressiver Menschen. Gegenüber gesunden Menschen ist der Blickkontakt um 27% reduziert. Reduziert ist auch die Länge des Blickkontaktes. Bei gesunden Menschen liegt sie bei 3,9 Sekunden, bei Depressiven bei 3,4 Sekunden. Untersuchungen von Daniel Hell (1993, S. 27ff) mit Hilfe von Videos zeigen, daß depressive Menschen im Vergleich zu gesunden häufiger und länger nach unten blicken. Das Heben der Augenbrauen, Stirnrunzeln und Lächeln sind selten. P. Ekman und W.V. Friesen (1974) untersuchten die Handbewegungen von depressiven Menschen. Sie unterscheiden zwei Arten von Handbewegungen: Illustratoren und Adaptoren. Illustratoren sind Gesten, mit denen unterstrichen oder betont werden soll, was man gerade sagt. Adaptoren sind winzige, tickartige unbewußte und unwillkürliche Bewegungen wie z. B. an der Nase zupfen oder an den Haaren ziehen. Typisch für depressive Menschen ist, daß sie viele Adaptoren aber wenige Illustratoren ausführen.

b) Verbaler Ausdruck

Gefühle werden natürlich auch sprachlich zum Ausdruck gebracht, in bestimmte Begriffe gefügt oder in emotionsgeladene Sätze gekleidet. Bei depressiven Menschen ist dieses aber durchaus keine Selbstverständlichkeit. Bei ihnen kann sprachliche Kommunikation stark reduziert oder gar versiegt sein. Bei schweren depressiven Störungen kann es zum sogenannten depressiven Stupor kommen. Neben Teilnahmslosigkeit und Reglosigkeit zeigt sich dieser auch darin, daß kaum noch gesprochen wird. Was alte depressive Menschen anbetrifft, so werden in der Literatur widersprüchliche Angaben gemacht. Nathan Billig (1988, S. 12) ist der Auffassung,

daß die meisten älteren depressiven Menschen im Stillen leiden. H. Göbel, J. Kipp, B. Struwe (1997, S. 91) hingegen sind der Auffassung, daß das Klagen über körperliche Beschwerden geradezu ein Kriterium für Altersdepression ist.
Nimmt die Depression sprachliche Gestalt an, so geschieht dies in Form der Klage. Die Klage kann verschiedene Merkmale haben. Manchmal artikulieren depressive Menschen ihren emotionalen Zustand ganz allgemein. Ihnen fehlt die Fähigkeit, ihre Gefühle gezielt und konkret auszudrücken. Sie sagen etwa, daß sie sich „nicht gut fühlen" (Nathan Billig, 1988, S. 37). Oder es kommt zu einem zeitlichen Vergleich zwischen früher und jetzt. Man fühlt sich „schlechter als sonst", ist müder, abgeschlagener, rascher erschöpfbar als früher (Manfred Wolfersdorf 1995, S. 75). Geradezu ein Signal für Depression ist die häufige Endsilbe -los. Depressive präsentieren das sogenannte Losigkeitssyndrom. Sie fühlen sich interesse-, hilf-, willen-, lust-, kraft-, energie-, ziel-, gefühl-, leb-, trost-, hoffnungslos (Erich Grond 1993, S. 13). Häufig zu hören ist der Satz: „ Mit mir ist nichts mehr los". Losigkeit kann auch umschrieben werden. Wer sich etwa kraftlos fühlt, sagt: „Ich kann mich zu nichts mehr aufraffen." Wer hilflos ist, sagt vielleicht: „Ich kriege nichts mehr geregelt." Wer sich lustlos fühlt, sagt vielleicht: „Es macht alles keinen Spaß mehr."

c) Paraverbaler Ausdruck

Unter dem paraverbalen Verhalten ist ein Verhalten zu verstehen, das Sprache begleitet. Dazu gehört die Stimmqualität, die Sprechmelodie, Tonfall, Sprachtempo, Lautstärke, Pausen. Erich Grond (1993, S. 14) beschreibt das Sprechen des gehemmt Depressiven als stockend, leise, monoton, wortkarg, klagsam anklagend. Der agitiert-ängstlich Depressive hingegen spricht laut, erregt, jammernd. Rolf Steinhilper (1990, S. 123) spricht von der „Kraftlosigkeit der vox depressiva" (vox = Stimme). Es fehlt der Sprache des Depressiven an Ausdrucksmitteln. Die Konsonanten scheinen wie abgeschliffen und die Vokale verdunkelt. Schleppend ist der Redefluß. Die Sprachmelodie kennt die hohen und tiefen Töne nicht mehr. Nach den Beobachtungen von Daniel Hell (1993, S. 29) legen depressive Menschen mehr Sprechpausen ein als gesunde. Antworten auf Fragen lassen oft lange auf sich warten.
Ulrich Supprian (1993, S. 77 ff) stellt vergleichend normale, gehemmt-depressive und agitiert-depressive Syndrome zusammen. Bezüglich des paraverbalen Ausdrucks ergibt sich folgendes Bild:

	Normal	gehemmt-depressiv	agitiert-depressiv
Lachen & Weinen:	auf spezielle Situationen beschränkt	tränenlos weinend	Weinen und Lachen durcheinander
Sprechtonarten:	konventionell in natürlicher Selbstverständlichkeit	armselig, unentschieden, fragend, widerstrebend	derb, vorwurfsvoll rücksichtslos, verletzend
Stimmklang:	unauffällig moduliert	leise, drucklos, tonlos modulationsarm	grob, klagend, aggressiv

2. Vom Umgang mit der Klage

a) Klagen akzeptieren

Erstes Gebot beim Umgang mit Gefühlen ist, daß der negative Gefühlsausdruck zugelassen und damit der depressive Mensch selbst als Inhaber dieser Gefühle akzeptiert wird. Das ist zweifellos nicht immer leicht. Vor allem bei Angehörigen, die sich den ganzen Tag über „dies Gejammer" anhören müssen, ist es verständlich, wenn es „ihnen auf den Wecker" geht und ihnen die Lust am verständnisvollen Umgang vergeht. Auch Pflegekräfte sind zu verstehen, wenn sie während der ganzen Dienstzeit immer wieder auf „notorische Wehklager" stoßen und abweisend reagieren. Klaus Dörner und Ursula Plog (1992, S. 193) haben den depressiven Menschen einmal beschrieben als ein „sich und andere niederdrückender Mensch". Dieses Verständnis für die Mitleidenden einmal vorausgeschickt, soll es nun aber dennoch darum gehen, aufzuzeigen, welches Verhalten problemangemessen, professionell und für den depressiven Menschen weiterhelfend sein kann.

Depressive Menschen erleben sehr oft, daß sie mit ihren Klagen zurückgewiesen werden. Die Erfahrung lehrt, daß es unterschiedliche Typen der Klageabweisung seitens der Umwelt gibt:

– Die Klage wird verboten.
„Reiß dich zusammen!"
„Nun lach doch mal!"
Problem: Der depressive Mensch kann das nicht leisten.

– Die Klage wird als lästig erklärt:
„Den ganzen Tag jammerst Du mir was vor!“
„Immerzu hast Du schlechte Laune!“
Problem: Der depressive Mensch wird sich ungeliebt und schuldig fühlen.

– Die Klage wird zum Vorwurf gemacht:
„Du hast doch nun wirklich viel Gutes in Deinem Leben gehabt.“
„Was sollen denn die anderen sagen, denen es noch viel schlechter geht.“
Problem: Der depressive Mensch kommt sich undankbar vor und fühlt sich schuldig.

– Der Klageanlaß wird bagatellisiert
„So schlimm ist es doch nicht.“
„Sie sehen das viel zu dramatisch.“
Problem: Der depressive Mensch empfindet das als unzulässige Verharmlosung.

– Der Klagende wird vertröstet
„ Es wird schon wieder besser werden.“
„ Sie werden bald wieder auf die Beine kommen.“
Problem: Für den depressiven Menschen ist das im Augenblick nicht in Reichweite.

All die genannten Reaktionsweisen haben zur Folge, daß mein Gegenüber sich nicht verstanden fühlt. Er wird sich von daher auf sein Inneres zurückziehen oder aber seinen Gefühlsausdruck verstärken in der Hoffnung, dadurch doch noch Verständnis zu bewirken.
Wie kann man konstruktiv-zulassend mit den Klagen depressiver Menschen umgehen? Erich Grond (1988, S. 296) empfielt die Äußerung:

„Ich höre Ihnen zu.“

Diese Äußerung ist schlicht und einfach aber zugleich von äußerster Zuwendungsbereitschaft und Akzeptanz getragen. Sie ist eine Einladung, all das herauszulassen, was einfach mal raus muß. Auffällig ist, daß in diesem Satz jedes Attribut oder Adverb fehlt. Auch ist kein Nebensatz vorhanden. Eine weitere von Grond empfohlene sprachliche Reaktion ist:

„Ich akzeptiere Sie."

Wiederum fällt die Kürze des Satzes auf, der sich auf Notwendiges beschränkt. Auch hier fehlen Attribut, Adverb oder Nebensatz. Akzeptiert wird hier nur das, was akzeptierbar ist, nämlich die Person, der leidende und klagende Mensch („Sie"), nicht die Inhalte seiner Klagen, die oftmals nicht akzeptierbar sind. Ein betontes „Ich" kann das Gefühl vermitteln, daß bei der häufigen Erfahrung der Abweisung mir hier jemand begegnet, der anders sein will, dem ich nicht gleich lästig werde, wenn mir das Klagen kommt.
Wie die beiden Beispiele zeigen, ist hilfreich der einfache kurze Hauptsatz möglichst ohne Attribute und Adverbien, ohne Nebensatz. Je voller die Äußerung ist, um so größer ist die Gefahr, daß der zumeist mißtrauische depressive Mensch etwas findet, das ihn skeptisch macht. Wer als „Seelsorger/Seelsorgerin" akzeptiert, erweckt den Eindruck, daß er nur berufs- und pflichtmäßig begleitetet. Wer „gerne" zuhört, könnte den Zweifel schüren, „ob das denn wirklich ehrlich ist". Wer zuhören will „solange Sie möchten", macht sich unglaubwürdig, weil der andere natürlich weiß, daß die Zeit immer begrenzt ist.

b) Zur Klage ermutigen
Zu dem not-wendenden Klagen müssen gerade alte Menschen oftmals geradezu ermutigt werden. Ihr Leiden bekommt keine Stimme. Nicht nur, weil sie die Erfahrung machen, daß sie mit ihren Klagen lästig werden, oder weil sie gehemmt-depressiv und somit ohnehin wortkarg sind, sondern auch weil sie in ihrer Sozialisation gelernt haben, daß das Klagen nicht in Ordnung ist. „Heutige alte Menschen haben häufig noch gelernt, keine Gefühle zu zeigen" (Manfred Wolfersdorf 1995, S. 66). „Man darf ja nicht klagen", „Man muß sich doch zusammen reißen", „Man muß die Zähne zusammenbeißen". Solche Sätze gehören zum Normensystem. Dieses ist bei älteren Männern noch ausgeprägter als bei älteren Frauen. Männer haben in der Kindheit gelernt, „ein Indianer kennt keinen Schmerz" oder „ein Junge weint nicht", wenn er es dennoch tut, ist er ein „Waschlappen". Wenn ein Junge nicht weint, dann gilt natürlich für einen Erwachsenen erst recht „ein Mann weint nicht". Oder es wurde ihnen gesagt, daß man „hart wie Kruppstahl" sein sollte.

Es kommt daher darauf an, daß leichte Klageansätze rechtfertigend gefördert werden:

„Man darf durchaus klagen."
„Klagen ist durchaus keine Schande."
„Den meisten Menschen ist manchmal nach Klagen zu Mute."
„Klagen ist der Stuhlgang der Seele."

Oftmals macht man in Gesprächen die Erfahrung, daß eine begonnene Klage aus schlechtem Gewissen oder aus Scham wegen Normverletzung abgebremmst oder wieder zurückgenommen wird: „Aber ich will jetzt aber nicht mehr weiter klagen", „Das wollte ich Ihnen doch alles gar nicht vorjammern". Hier sind dann ermutigende Erlaubnissignale zu setzen:

„Sie müssen das mal loswerden."
„Ihnen war eben danach."
„Es ist gut, wenn das mal rauskommt".
„Das mußte eben mal raus."

Roy W. Fairchild (1991, S. 97) empfielt bei Menschen, denen es schwer fällt, die Gefühle herauszulassen, auch die Methode der „vermittelten Katharsis". Das heißt, ich versetze mich in die Lage des anderen und drücke für ihn die Gefühle aus, zum Beispiel: „Falls ich in Ihrer Situation steckte, wäre ich sehr ärgerlich." Auf diese Weise erlebt der andere an mir, daß solche Gefühlsausdrücke offenbar akzeptabel sind und wird ermutigt, sein Innenleben auch selbst zu veräußern.

c) Paraphrasieren
Eine große Gefahr im Umgang mit Gefühlen bei depressiven Menschen ist, daß die Gefühle durch das Verbalisieren immer mächtiger werden. Sie können leicht in die Tiefe expandieren und damit die Depression, das Niedergedrücktsein, ausweiten. Dieses gilt es natürlich zu vermeiden. Ziel des Gespräches muß es sein, daß einerseits das Klagen akzeptiert und gefördert wird, andererseits aber verhindert wird, daß sich die Klage auf ein dramatischeres Niveau begibt. Die an der Gesprächspsychotherapie orientierte Begründerin der „Annehmenden Seelsorge" bzw. der „Personenzentrierten Beratung in der Seelsorge" Helga Lemke schreibt zum Gespräch mit depressiven Menschen: „Die Kunst

des Gesprächs liegt darin, die bedrückende Emotion voll zuzulassen, ohne sie zu verstärken ...“ (1995, S. 86). „Das negative Gefühl darf nicht stärker ausgedrückt werden, als der Partner es tut“ (1978, S. 112). In einem Gesprächsprotokoll wird deutlich, wie sich diese Kunst darstellt. (Gesprächspartner/in >< Seelsorger/in)

„daß das jetzt plötzlich wieder so über mich kommt“

>< „daß das so einfach Sie überfällt“

„was mir gar nicht so gemäß ist“

>< „Sie erleben das so richtig als etwas Fremdes.“

„Und trotzdem kam das eben so ganz schlagartig.“

>< „Dieses Unbegreifliche, das Unfaßbare, das ist es, was sie jetzt beunruhigt.“

„Ich hab’ einfach schlicht und ergreifend keine Lust.“

>< „Sie haben im Augenblick besonders hohe Überwindungsschwierigkeiten.“

„Ich muß mich dann also wirklich gewaltsam aus dem Bett hochreißen.“

>< „So daß Sie sich immer peitschen müssen, sozusagen.“

Die Kunst der Gesprächsführung liegt offenbar darin, für das geäußerte Gefühl eine Paraphrase zu finden, das verbalisierte Empfinden aufzunehmen und mit anderen Worten zurückzugeben. Es erfolgt eine neue Umschreibung. Dabei ist die neue Sprachgestalt emotional gleichwertig. Sie bewegt sich auf demselben Klageniveau. Es wird alles vermieden, was zu einer Dramatisierung des Gefühlszustandes führen könnte. Zugleich bewirkt die andersartige Formulierung, daß der Gesprächspartner neu angeregt wird, seine Gefühlswelt in der Breite, nicht in der Tiefe weiter zu erforschen.

Es kommt also darauf an, das Klagen zu akzeptieren, zu fördern aber zugleich die Verstärkung der Gefühle zu verhindern. Robert M. Kowalski, Psychologe an der Western California University, weist darauf hin, wie wichtig es ist, daß man über sein Elend klagen kann. Klagen und Jammern sind wichtige Schutzschilder gegen Depression. Es kommt dabei zu einer Katharsis, zu einer Reinigung, zu einem Abreagieren von aufgestauten Gefühlen. Dieses kann zwar nicht von den Sorgen befreien, wohl aber Erleichterung verschaffen (Psychologie Heute, Heft 4, April 1997, S. 23f). Howard Clinebell (1985, S. 56) legt dar, daß eine solche emotionale Katharsis „die inneren Hemmnisse und Verwirrungen beheben hilft“. Dies sei selbst dann von großem Wert, wenn keine darüber hinausführenden Schritte gelingen. Aber es muß nicht bei der Katharsis bleiben. Helga Lemke (1978, S. 98 ff; 1995, S. 124 ff) weist anhand von Gesprächsprotokollen auf, daß die zugelassene Klage im Laufe des Gespräches nach und nach zurücktritt. An die Stelle der Klage tritt die Annahme des Befindens und die Bereitschaft zur Verarbeitung der Situation.

3. Aufbau von Zuversicht

Aus dem bisher Gesagten wird deutlich, daß seelsorgerliche Begleitung von depressiven Menschen heißt, daß man sich ein stückweit als Klagemauer zur Verfügung stellt. Diese Klagemauerfunktion kann schon eine große Entlastung bedeuten. Dabei wird man allerdings nicht stehenbleiben. Keineswegs soll sich die seelsorgerliche Begleitung in einer „Psychologie des Auskotzens“ erschöpfen. Ziel soll ein *neues* Erleben sein. Zur Anbahnung eines solchen neuen Erlebens werden im folgenden verschiedene Wege aufgezeigt.

a) Signale des Verstehenwollens setzen

In einem seelsorgerlichen Gespräch mit depressiven Menschen hängt sehr viel von einem sachgemäßen Umgang mit der Verstehensproblematik ab. Oftmals wird allzu forsch bekundet: „Ich kann Sie gut verstehen“, „Ich verstehe sehr wohl, was Sie durchmachen“, „Ich verstehe, was Sie empfinden“. Bei depressiven Menschen kann eine solche Bekundung sehr schnell unecht werden. Sicher hat jeder Mensch auch seine depressiven Anteile, aber sind sie so gewichtig, daß ich die Tiefen einer ausgeprägten Depression erfassen kann? Hinzu kommt, daß Verstehen immer ein gewisses Maß an Erfahrungsgleichheit voraussetzt. Gerade bei alten Menschen ist in der Regel ein großer Altersabstand und von daher auch ein großer Erfahrungsvorsprung vorhanden. Vieles, was in der Biographie eines alten Menschen vorkommt, kommt auf Grund meines Alters bei mir noch nicht vor und erschwert von daher das Verstehen. „Ich kann Sie gut verstehen“ wird oftmals bei einem alten Menschen im Stillen oder laut ausgesprochen die Reaktion auslösen: „Junger Mann/junge Frau, in Ihrem Alter da können Sie das noch gar nicht verstehen.“ Der Plattdeutsche pflegt zu sagen: „Wo eck heneschetten hebbe, da moßt du erst mal henruken." Kristiane Allert-Wybranietz (1987, S. 14) schreibt im ersten Teil ihres Gedichtes „Gültigkeiten":

> Du wirst nie auf meinem Berg Erfahrungen stehen,
> du wirst niemals die Tiefen meiner Verletzungen ermessen,
> und wirst niemals durch meine Augen sehen,
> durch meine Ohren hören, durch meine Seele spüren ...

Der Psychiater W. Schulte (1964, S. 57) vertritt die Auffassung, daß depressive Menschen „sich in der stillschweigenden Anerkennung der Unverstehbarkeit ihres Zustandes unter Umständen besser 'verstanden' und angenommen wissen als unter der aufdringlichen Beteuerung der Einfühlbarkeit". Einen bescheideneren Anspruch hat dann auch R. D. Quinn. Nicht um die Bekundung des Verstehens geht es, sondern um die Haltung des Verstehen *wollens*. Diese Haltung ist es, die den anderen mitfühlende Anteilnahme spüren läßt (zitiert bei Howard Clinebell 1985, S. 49). Von dieser Haltung sind dann auch die Äußerungen von Manfred Wolfersdorf (1995, S. 118) und Erich Grond (1988, S. 295) bestimmt:

> „Ich möchte gerne wissen, was mit Ihnen los ist."
> „Ich möchte gerne verstehen, was mit Ihnen los ist."
> „Ich bemühe mich, Sie zu verstehen."

Durch solches Zugehen wird dem anderen zugestanden, daß er selbst der Experte seiner Lebensproblematik ist, der letztlich nur allein sagen kann, was mit ihm los ist. Zugleich erlebt er, daß er von nun an mit seiner Lebensproblematik nicht allein dasteht. Es ist ein Begleiter da, der stützend, suchend bei ihm, mit ihm ist. Das hilflose Ich erlebt ein hilfsbereites Ich. Auf diese Weise wird dem depressiven Zentralgefühl der Hoffnungslosigkeit Macht genommen. Die Spruchweisheit „Und wenn Du denkst, es geht nicht mehr, kommt von irgendwo ein Lichtlein her" erhält hier und jetzt konkreten Erfahrungswert.

b) Gefühle klären

Klaus Dörner und Ursula Plog (1992, S. 204) weisen darauf hin, daß das letzliche Ziel beim Verstehen gar nicht ist, daß ich den anderen verstehe, sondern daß der andere sich selbst „auf dem Umweg über mich" besser versteht. Es geht darum, in einer

gemeinsamen Suchbewegung dem anderen Hilfestellung zum Selbstverstehen zu gewähren.
Bereits an anderer Stelle wurde darauf hingewiesen, daß der depressive Mensch seine Gefühlsäußerungen oftmals im Allgemeinen beläßt, daß die Klage keine rechte Konkretion erfährt. Er sagt etwa, daß er sich „nicht gut" oder „schlecht" oder „miserabel" fühlt oder daß er „nicht gut drauf" ist. Offen bleibt, was im einzelnen bedrückt oder wie schwer seine Last wiegt. Oftmals hat mein Gegenüber nur ein nebulöses Empfinden von seinem emotionalen Zustand. Er ist für ihn nicht so recht greifbar. Es geht ihm etwa wie dem Antonio in „Der Kaufmann von Venedig" von Shakespeare (zitiert nach Roy W. Fairchild, 1991, S. 11):

> Fürwahr, ich weiß nicht, was mich traurig macht;...
> ... wie ich dran kam, wie mir's angeweht,
> von was für Stoff es ist, woraus erzeugt,
> das soll ich erst erfahren.
> Und solchen Dummkopf macht aus mir die Schwermut.

Ähnlich drückt es Eduard Mörike in seinem Gedicht „Verborgenheit" aus:

> Was ich traure, weiß ich nicht,
> Es ist ein unbekanntes Wehe.

Von daher ist es angezeigt, die emotionale Befindlichkeit zu klären, dem depressiven Menschen dazu zu verhelfen, seinen Zustand besser zu verstehen. Wie im kognitiven Ansatz so ist auch hier die Frage das zentrale Klärungsmittel. Hier wird allerdings nicht nach der Stimmigkeit rationaler bzw. irrationaler Argumente gefragt, sondern die Fragen haben die Funktion, die emotionale Befindlichkeit auszuleuchten. Howard Clinebell (1985, S. 57) weist darauf hin, daß es wichtig ist, daß sich die Frage einer emotionalen Begrifflichkeit bedient. Sie sollte Formulierungen enthalten wie etwa „zumute sein", „fühlen", „empfinden" oder „weh tun". Dadurch soll erreicht werden, daß das Gespräch auf der emotionalen Ebene bleibt und nicht eine intellektuelle Diskussion eröffnet. Die Fragen können je nach Gesprächslage unterschiedliche Ausrichtungen haben. Sie können sich unterschiedlicher Klärungsmittel bedienen.

Bei einer sehr allgemeinen wenig konkreten Gefühlsbeschreibung wie etwa „Ich fühle mich schlecht“ empfehlen Susan R. Walen u. a. (1982, S. 73) das „emotionale Vokabular“ zu erweitern. Stärker beschreibende Begriffe werden ins Gespräch eingeführt und als mögliche Interpretation angeboten.Trifft diese Vokabel den Gefühlszustand? So kann man etwa fragen: „Sind Sie wütend, verlegen, erschreckt, nervös, traurig, enttäuscht, verletzt, frustriert, schuldig oder ängstlich?“ Ulrich Supprian (1993, S. 53) macht deutlich, wie sehr Depressive auf Sprachhilfe angewiesen sind: „Nur unter Schwierigkeiten kommt es zu Worteinfällen, selbst nach alltäglichen und wohlvertrauten Wendungen muß unter Mühegabe gesucht werden. In der Wechselrede sind Depressive auf den Wortschatz ihres Gegenübers angewiesen, ihnen selbst fällt nichts ein.“
Bei einer „unklaren Benennung von Emotionen“ empfehlen Susan R. Walen u. a. (1982, S. 75) Nachfragen zu stellen. Benutzt zum Beispiel jemand den mir unklar gebliebenen Ausdruck „aufgebracht“, so erfolgt die Frage: „Was meinen Sie, wenn Sie sagen 'aufgebracht'?“ Dieses Verfahren ist allerdings umstritten. Helga Lemke (1978, S. 111) weist darauf hin, daß Fragen vom Typ „Was meinen Sie mit...?“ im Umgang mit depressiven Menschen vermieden werden sollten. Solche Fragen könnten beim Gesprächspartner das Gefühl auslösen, sich ungeschickt ausgedrückt zu haben. Bei einem mir unklaren Gefühlsausdruck sollte besser dieser Gefühlsausdruck „noch einmal fragend in den Raum gestellt werden“. So erfährt sinnvollerweise die Äußerung „das ist verrückt“ schlicht die Erwiderung „verrückt?“.
Klaus Dörner und Ursula Plog (1992, S. 204f) empfehlen, Bilder auszuprobieren, in denen der andere seinen Gefühlszustand angemessen ausgedrückt findet. Sie meinen: „Gefühle können wir überhaupt nur in Bildern sprachlich ausdrücken.“ Auf die allgemeine Bemerkung hin: „Ich bin so depressiv, alles ist sinnlos“ bieten sie das Bild an: „Ihre Trauer und Verzweiflung ist uferlos und sie haben keinen Strohhalm, an den sie sich klammern können.“
Manchmal bietet der depressive Mensch von sich aus Bilder an. Es sagt etwa jemand: „Mir liegt ein Stein auf der Seele“ oder „Ich stecke so richtig im Sumpf.“ Bei solchen Bildern kann man einladen, sie weiter auszumalen. So könnte man etwa nachfragen: „Was für ein Stein ist das, wie groß ist dieser Stein?“ oder „Wie weit reicht der Sumpf an Sie heran?“ Auf diese Weise illustriert sich das Bild immer mehr und fördert die Klarheit der Gefühle. Christoph Kähler (1995, S. 49) stellt mehrere Funktionen bildhafter Rede im the-

rapeutischen Gespräch zusammen. Unter anderem führt er aus: „Bildhafte Rede erlaubt, offensichtlich Unklares, Unbegriffenes, Undurchschaubares für den Betroffenen zumeist erstmalig ... zu beschreiben. Dabei können Gefühle zugelassen und neue Denkvorgänge initiiert werden. Zugleich scheint die Distanzierung, die durch das Bild gegeben ist, im aktuellen Leidensdruck eine solche Äußerung erst möglich zu machen.“
Wer in einer Depression steckt, verläßt oftmals die Sprache der guten Kinderstube und wählt Bilder aus der Vulgärsprache. So sagte einmal jemand: „Das Leben ist besch... wie ne Hühnerleiter.“ In einem schon erwähnten Schlager, der depressive Stimmung ausdrückt, heißt es: „Kein Schwein ruft mich an, keine Sau interessiert sich für mich.“ Offenbar muß diese Sprache hier als Entlastungsmittel sein. Man sollte alles vermeiden, was bei dem anderen den Eindruck erweckt, er habe sich in der Wortwahl vergriffen. Ob man in diese Sprache einsteigt, ist zunächst eine Frage der Echtheit. Echt wäre es, wenn eine solche Sprachform in bestimmten Situationen durchaus auch zu meinen Ausdrucksgepflogenheiten gehört und sie bei mir hier und jetzt ganz natürlich aufkommt. Zum anderen ist es eine Frage der Erwartungshaltung an das Amt. Diese kann unterschiedlich sein. Manche Menschen sind der Auffassung: „Für einen Pastor oder eine Pastorin gehört es sich nicht, so zu reden.“ Andere wiederum sind angenehm überrascht: „Der oder die kann ja auch wie ein richtiger Mensch reden.“
Depressive Menschen beschreiben häufig ihre Gefühlszustände in der Sprachform der Negation. Sie bringen zum Ausdruck, wie sie sich *nicht* fühlen:

„Ich fühle mich nicht wohl.“
„Ich bin nicht gut drauf.“
„Ich habe keine Lust mehr.“

Bei solchen Sprachformen der Negation bleibt wiederum letztlich unklar, wie sich diese Menschen tatsächlich fühlen. Allein die Abwesenheit eines Gefühls sagt noch nichts über die Anwesenheit eines Gefühls aus. Zur Klärung der Gefühle ist es daher angezeigt, auf eine positive Sprachform hinzuwirken. Auch in solchen Sprechsituationen kann es hilfreich sein, Bilder zu finden, die den Gefühlszustand in einer positiven Sprachform beschreiben. Man könnte etwa fragen: „Können Sie in einem Bild beschreiben, wie Ihnen zumute ist?“ Paul Watzlawick (1986, S. 56) beschreibt mehrere Eigenschaften der Bildersprache. Unter anderem ist „das Fehlen der Negation“ ein Merkmal der Bildersprache. Es ist unmöglich, etwas, das nicht ist, bildlich darzustellen. Man kann einen vorhandenen Baum zeichnen. Man kann aber nicht einen nicht vorhandenen Baum bildlich darstellen. Die Einladung zur Bilderstellung veranlaßt somit zur Position, ist eine Möglichkeit, das durch die Negation verschleierte Gefühl zu enthüllen.

Die Klärung der Gefühle kann auch in einem Ereigniszusammenhang geschehen. So stellt Howard Clinebell (1985, S. 57) die Fragen:

> „Wie war Ihnen zumute als...?“
> „Was empfanden Sie da...?

W. Fairchild (1991, S. 89) fragt in einem Gespräch:

> „Seit wann fühlen Sie sich schlecht?“
> „Wann hat es angefangen?“

Auf diese Weise kommen bestimmte Ereignisse in den Blick, die ursächlich sind für den momentanen Stimmungszustand. Die Klarheit über die Ursache kann eine emotionale Entlastung bedeuten: „Sobald der entscheidende Verlust identifiziert und erkannt ist, fühlt der Leidende sich erleichtert und hat das Gefühl, größere Kontrolle über sein Leben zu haben.“

c) Positive Aspekte betonen

In einem seelsorgerlichen Gespräch mit depressiven Menschen kommt es darauf an, positive Aspekte zu betonen. Dieses ist nicht zu verwechseln mit dem sogenannten positiven Denken. Positives Denken wird oftmals so verstanden, daß man das Negative einfach unterschlägt, ausblendet. Damit wird man aber einem leidenden Menschen nicht gerecht. Er wird sich nicht verstanden fühlen. Die Betonung positiver Aspekte bedeutet hier, daß man in einer anerkannt negativ erlebten Welt dennoch Konstruktives sieht und aufbauend in den Blick bringt. Im folgenden werden einige geeignete Wege aufgewiesen.

Erika Lemke (1978, S. 112; 1995, S. 86) geht davon aus, daß auch in der geklagten negativen Daseinsweise oftmals geringe, verschlüsselte positive Ansätze anklingen, die ein wenig Hoffnung durchscheinen lassen. Es kommt darauf an, sie zu entdecken, aufzunehmen, zu verbalisieren und nachwirken zu lassen. Durch die Verbalisierung werden die Hoffnungsansätze bewußter.

Beispiel:

> Herr P. klagt : „Seit meine Frau vor sechs Jahren gestorben ist, hat mein Leben überhaupt keinen Sinn mehr. Wenn ich man auch erst bei ihr wäre. Was soll ich hier noch. Ich gehe jeden Morgen auf den Friedhof an ihr Grab und erzähle ihr alles, was so los war. „ (weint) >< „Wenn Sie das tun, haben Sie das Gefühl, daß Sie ihr sehr nahe sind. Das tut ihnen gut.“ >< „Ja, das tut mir gut. Die einzige Freude, die ich noch habe, das ist mein täglicher Gang zum Friedhof.“

Die Tatsache, daß sich Herr P. noch nach 6 Jahren nach dem Tod seiner Frau in der dargestellten Weise emotional verhält, weist (neben anderen hier nicht erwähnten Hinweisen) darauf hin, daß er an einer psychogenen Depression leidet, die aus einer nicht bewältigten Trauer erwachsen ist. Trotz seiner Depression hat er aber in dem täglichen Gang zum Friedhof und der Kommunikation am Grabe einen Ritus gefunden, der ihn zumindest entlastet. Dieses wird bewußt gemacht. Zugleich wird dieses Verhalten akzeptiert und geschützt gegen anderweitig gehörte Äußerungen wie: „Nach so langer Zeit müßten sie doch darüber wegsein.“

Beispiel:

> Frau M. berichtet: „Man vereinsamt hier richtig, wenn man das Haus nicht mehr verlassen kann. Man ist so richtig vergessen und verloren.
> Gestern war mal meine Nachbarin hier, war ganz schön. Aber sonst läßt sich hier keiner sehen. Man vereinsamt hier so richtig.“
> >< „Gestern war Ihre Nachbarin hier. Das war schön für Sie.“
> >< „Ja, wir haben uns von früher unterhalten. Wir sind zusammen hier aufgewachsen (lacht).“

In der Schilderung ihrer Einsamkeit erwähnt Frau M. ganz nebenbei, für sie, gemessen an dem Gesamterleben, eher bedeutungslos, den Besuch der Nachbarin. Diese Bemerkung wird herausgeschält, noch einmal in den Blick gebracht. An der Reaktion von Frau M. wird deutlich, daß sie nun diesem Besuch eine höhere emotionale Wertigkeit abgewinnen kann.

Weiterhin rät Erika Lemke (1978, S. 98 ff; 1995, S. 86, 124 ff), das negative Gefühl (z. B. Angst, Verzweiflung) möglichst in seiner positiven Umkehrung wiederzugeben, jedoch mit der nötigen Einschränkung: (Gesprächspartner/in >< Seelsorger/in)

„Ich bin sehr verzweifelt.“ >< „Sie haben wenig Mut.“
„Ich habe große Angst vor der Operation.“
>< „Sie sind nicht sehr zuversichtlich.“
„Ich fühle mich so matt.“ >< „Sie haben wenig Energie.“
„Gedanken von Kälte und im Schnee liegen.“
>< „Sie sehnen sich sehr nach Wärme.“

Erika Lemke (1978, S. 98 ff; 1995, S. 86, 124 ff) nennt eine weitere Strategie. Sie versucht, der zeitlichen Dimension der depressiven Stimmung ihre Weite zu nehmen: (Gesprächspartner/in >< Seelsorger/in)

„Ich habe keine Hoffnung mehr.“
>< „Sie haben im Augenblick keine Hoffnung.“
„Ich hab’ einfach keine Lust.“
>< „Sie haben im Augenblick Überwindungsschwierigkeiten.“
„Ich sehe überhaupt keinen Ausweg mehr.“
>< „Eigentlich haben Sie im Augenblick keine rechte Hoffnung.“

Auf den ersten Blick hat dieses Vorgehen eine gewisse Nähe zum kognitiven Vorgehen. Absolutierungen werden relativiert (Beck), Stabilisierungen werden variabel gemacht (Seligman). Das alles auch mit dem Ziel, die emotionale Verfassung zu verbessern. Dennoch ist hier einiges anders. Der Ausgangspunkt sind nicht die Gedanken. Es werden hier nicht Argumente aufgegriffen und durch Gegenargumente entkräftet. Hier sind der Ausgangspunkt die artikulierten Gefühle, die aufgegriffen und modifiziert werden. Ziel ist das Erspüren von emotionalen Freiräumen, in denen positive Gefühle erlebbar sein können.

4. Künstlerische Mittel im Umgang mit Gefühlen

a) Musik

Die Behandlung der Melancholie mit den Mitteln der Musik hat eine lange Geschichte. „Der Rückgriff auf die Musik begleitet die Kulturgeschichte der Melancholie ununterbrochen" (Jean Stabrobinski 1960, S. 81). Bereits im Alten Testament erfahren wir vom vermutlich depressiven König Saul. David erquickt ihn durch Harfenspiel, „und der böse Geist wich von ihm" (1. Sam. 16,23). Nach Platon kann Musik Schreck- und Angstzustände beseitigen. Der Arzt Celsus vertritt Anfang des 1. Jahrhunderts n. Chr. die Auffassung: „Es ist von Nutzen, mit Orchestermusik, Zimbeln und anderen Lärmmitteln die Melancholiker ihren traurigen Gedanken zu entreißen." Im Mittelalter heilten Geistliche mit Hilfe der Musik den melancholischen Maler Hugo van der Goes, der meinte zur ewigen Verdammnis verurteilt zu sein. Nach Ficinus (1433–1499) soll der Melancholiker nicht nur Musik hören, er soll auch selber musizieren. Er soll Saul und David in einer Person sein. Burton schreibt in seiner „Anatomie der Melancholie" (1621): „Musik ist ein schweres Geschütz gegen Melancholie, die verschmachtende Seele aufzurichten und zu erfrischen." Er empfielt „eine unvermittelt ertönende Trompete, ein Glockenspiel, die Melodie, die ein Fuhrmann pfeift, ein Tanzlied, von einem Burschen vor Morgengrauen in der Straße gesungen: all das verwandelt, belebt, erheitert einen Patienten, der während der Nacht schlaflos gelegen hat." Van Swieten (1739) versucht seine eigene Schwermut durch Musizieren auf der Leier zu kurieren. Nach dem Franzosen Anne-Charles Lorry (1765) ist Musik ein Mittel gegen die mélancolie nerveuse. Sie stellt die normale Spannung der Gewebe wieder her (Jean Stabrobinski 1960; Wolfgang Strobel/Gernot Huppmann 1997).
Inzwischen hat sich eine wissenschaftlich fundierte Musiktherapie etabliert. Musiktherapie wird betrieben als passive und als aktive Therapie. In der passiven Musikherapie wird Musik rezeptiv aufgenommen. Musik wird vorgespielt und angehört. In der aktiven Musitherapie werden die Patienten veranlaßt, teilweise mit ganz einfachen Klangkörpern selbst Musik zu machen oder auch zu singen. Das Anhören von Musik sowie auch das Singen sind auch Möglichkeiten für eine seelsorgerliche Zweierbegegnung. Dafür sollen im folgenden einige Hinweise gegeben werden.
Über den Einsatz von Musik im Umgang mit depressiven Menschen liegen inzwischen wertvolle Erkenntnisse vor. So wurde z. B.

erforscht, welche Art von Musik für einen depressiven Menschen aufbauend sein kann. Hans-Helmut Decker-Voigt (1991, S. 183f) nennt einige Merkmale von geeigneter Musik. Musik für Depressive sollte sich auszeichnen durch ruhigen Fluß, Klangbetonung, Dissonanzarmut und Rhythmusverhaltenheit. Durch diese Merkmale werden unter anderem Ruhe, Wärme, Nähe und Geborgenheit vermittelt, Zuwendungen, für die der depressive Mensch nach tiefenpsychologischer Sichtweise seit seiner oralen Phase ein Nachholbedürfnis hat. Wichtig bei der Auswahl der Aufnahme ist auch, daß man auf die Besetzung achtet. Es sollten kleine Besetzungen sein, keine große Orchestermusik.
Stephanie Merritt (1998) weist darauf hin, daß Musik mit einem ruhigen Tempo vor allem in der Epoche des Barock (1600–1750) speziell bei Komponisten wie Bach, Händel, Vivaldi oder Corelli zu finden ist. Im einzelnen nennt sie folgende Stücke, die bei depressiver Stimmung geeignet sind:

Pachelbel:	Canon in D-Dur
Wirkung:	beruhigend, vermittelt Struktur und Sicherheit, ist ausgleichend, bringt Energie.
Bach:	Brandenburgische Konzerte (jeweils zweiter Satz)
Wirkung:	beruhigend, ausgleichend, bringt Energie, schärft das Denkvermögen.
Vivaldi:	Die vier Jahreszeiten
Wirkung:	beruhigt, bringt Energie, motiviert, hebt die Stimmung.

Der Einsatz einer solchen Musik im Umgang mit depressiven Menschen entspricht dem in der Musiktherapie entwickelten sogenannten Iso-Prinzip, auch Levelprinzip genannt. Das heißt, der Mensch wird mit der Musik dort abgeholt, wo er sich emotional befindet. Das Stimmungsbild der ausgewählten Musik und das Stimmungsbild des Menschen sind gleich (gr. isos = gleich). Auf diese Weise kann sich der Mensch in seinem emotionalen Befinden in der Musik verstanden fühlen. Das heißt nun aber nicht, daß Depressivität durch die Musik gleichsam wiedergespiegelt und damit möglicherweise noch verstärkt wird. Die angeführten Wirkungen der Musik machen deutlich, daß zugleich aufbauende Erlebnisse vermittelt werden bis hin zu Stimmungshebungen. Die Musik spielt nicht nur das vor, was in dem Menschen ist; sie spielt auch das an, was dieser Mensch braucht.
Die sogenannte Umstimmungstherapie (vgl. Wolfgang Strobel u. a., 1997, S. 109f) geht noch einen Schritt weiter. Es wird ver-

sucht, die depressive Stimmung ins Gegenteil zu wenden. Verfahren wird dabei in der Weise, daß zunächst ein stimmungsentsprechendes Stück vorgespielt wird und im Anschluß daran ein Stück, das eine gegenläufige Stimmung zum Ausdruck bringt. So empfiehlt Stephanie Merritt (1998, S. 196) bei einer depressiven Stimmung, daß gemäß dem Iso-Prinzip zunächst ein ruhiges Stück mit langsamem Tempo gespielt wird wie etwa der Canon von Pachelbel, die Brandenburgischen Konzerte oder die Vier Jahreszeiten und anschließend Mozarts aufmunternde, bewegte „Kleine Nachtmusik". Experimentell-empirische Untersuchungen haben gezeigt, daß eine solche Kontrastmusik einen „Zugeffekt" von einer traurig-deprimierten Stimmung zu einer fröhlich-lustigen Stimmung hat (vgl. Wolfgang Strobel u. a. 1997, S. 41).

b) Poesie

Eine weitere Möglichkeit der emotionalen Intervention ist der Einsatz von Poesie. Wie die Musik so ist auch die Poesie bereits seit der Antike als Mittel von Heilung und Linderung in psychischer Belastung nachweisbar. Inzwischen gibt es die Poesietherapie als eine eigenständige therapeutische Disziplin. Wie die Musiktherapie präsentiert sich auch die Poesietherapie als rezeptive und als aktive, produktive Form. In der produktiven Form werden die Patienten aufgefordert, selber poetische Texte zu verfassen. In der rezeptiven Form werden tradierte poetische Texte vorgetragen. Der Poesie werden verschiedene therapeutische Funktionen zugeschrieben: Poesie wirkt kathartisch; sie kann Emotionen lösen. Poesie kann Einsicht in Lebenszusammenhänge vermitteln. Poesie kann Menschen mit schwerem Schicksal trösten (Hilarion G. Petzold, Ilse Orth 1985, S. 33f). Für die seelsorgerliche Begleitung in der Zweierbegegnung eignet sich vor allem die rezeptive Poesietherapie.
Jack J. Leedy (1985, S. 243f) beschreibt den Wert von Gedichten in der Begleitung depressiver Menschen. Der Einsatz von Gedichten „weckt in depressiven Patienten das Gefühl, in ihrer Depression nicht allein zu sein: auch andere sind depressiv oder waren es und haben sich davon erholt...Das Gedicht wird symbolisch zu einer verstehenden Person, mit der sie ihre Verzweiflung teilen können." Natürlich ist nicht jedes Gedicht geeignet. Gedichte sind auszuwählen im Hinblick auf die depressive Problematik. Für den Umgang mit depressiven Menschen schließt Leedy folgende Gedichte aus: Gedichte, die Hoffnung und Sinnhaftigkeit des Lebens in Zweifel ziehen, die Schuldgefühle verstärken, die Gott-,

Vater- oder Mutterfiguren als rächende, verlassende oder in Krisen nicht verläßliche Personen darstellen, die zu Selbstmord ermutigen. Weiterhin sind Gedichte ungeeignet, die das Schweigen fördern, das Verbalisieren von feindlichen Gefühlen verhindern, die durchgängig pessimistisch, voll von selbstzerstörerischen Gefühlen und Lebenshaß sind. Leedy (1969, S. 67) empfiehlt die Orientierung an dem aus der Musiktherapie bekannten ISO-Prinzip. Die Gedichte sollen in der depressiven Stimmung abholen. Zugleich aber sollen sie die Wünsche der Menschen berücksichtigen, indem sie auch Hoffnung und Optimismus zum Ausdruck bringen.
Im folgenden sind einige Gedichte aufgeführt, die beidem gerecht werden: dem Abholen in der traurigen Stimmung und dem Aufweis von Hoffnung.

Was ich traure, weiß ich nicht,
Es ist ein unbekanntes Wehe;
Immerdar durch Tränen sehe
Ich der Sonne liebes Licht.

Oft bin ich mir kaum bewußt,
Und die helle Freude zücket
Durch die Schwere, so mich drücket
Wonniglich in meiner Brust.
(aus: „Verborgenheit" von Eduard Möricke)

In einem Gedicht wird mit dem Mittel des Reims und der Vokalverwendung eine bestimmte Sprachmelodie erzeugt. In beiden Strophen liegt hier ein umarmender Reim vor. Die beiden mittleren Verse, in denen das im „e" klingende Bedrückende dominiert, werden durch die beiden äußeren Verse umschlossen und in ihrer Klangwirkung relativiert. In der ersten Strophe wird das lichtvolle „i" entgegengesetzt, in der zweiten Strophe das gründende „u". Verstärkend kommt in beiden Strophen das die Enge ausweitende „o" hinzu.

Wasser stürzt, uns zu verschlingen,
Rollt der Fels, uns zu erschlagen,
Kommen schon auf starken Schwingen
Vögel her, uns fortzutragen.

Aber unten liegt ein Land,
Früchte spiegelnd ohne Ende
In den alterslosen Seen.

Marmorstirn und Brunnenrand
Steigt aus blumigem Gelände,
Und die leichten Winde wehn.
(„Reiselied“ von Hugo von Hofmannsthal)

In diesem Gedicht wird die Gefühlswelt sehr eindrucksvoll bildhaft, metaphorisch zum Ausdruck gebracht. Mehrere Sprachbilder werden miteinander verkettet. Das Belastende erscheint in den Bildern stürzender und verschlingender Wasser, rollender und erschlagender Felsen und wegtragender Vögel. Dieser Metaphorik wird eine hoffnungsvolle Bildwelt entgegengesetzt: fruchtbares, blumiges Land, leichte Winde.

Ob dir gleich in winterwährend
Dunkler Welt den Sinn versehrt
Schwermut, die der süßen Hoffnung
Flügelschlag und Flug verwehrt,

Ob der Hall vom Schrei der Krähen
Dir im Ohr noch, lang und bang,
Und aus Nächten, vieldurchwachten,
Klagender, des Windes Klang -

Ach das Herz, es mild zu trösten,
Ist das Kleine groß genug:
Eine gelbe Krokusblüte,
Einer Wolke Frühlingszug.
(„Nach schwerem Winter“ von Albrecht Goes)

Dieses Gedicht gehört zur Gattung der Naturlyrik. Naturlyrik soll nicht nur das Geschehen in der Natur beschreiben. In den Bildern von Winter und Frühling wird gleichnishaft das menschliche Dasein auf Höhen und in Tiefen eingefangen. Das Gedicht beginnt mit der Beschreibung des Winterhaft-Schwermütigen und löst dieses am Ende im Frühlingshaft- Tröstlichen auf.

Die linden Lüfte sind erwacht,
Sie säuseln und weben Tag und Nacht,
Sie schaffen an allen Enden.
O frischer Duft, o neuer Klang!
Nun, armes Herze, sei nicht bang!
Nun muß sich alles, alles wenden.

Die Welt wird schöner mit jedem Tag,
Man weiß nicht, was noch werden mag,
Das Blühen will nicht enden.
Es blüht das fernste, tiefste Tal:
Nun, armes Herz, vergiß der Qual!
Nun muß sich alles, alles wenden.
(„Frühlingsglaube“ von Ludwig Uhland)

Auch dieses Gedicht gehört zur Gattung der Naturlyrik. Das Bild vom Frühling mit seiner sich immer mehr entfaltenden Schönheit lädt ein zur Hoffnung auf Wandel zu einer neuen Lebensqualität. Das Bild ist multi-sensorisch ausgestaltet, spricht mehrere Sinneskanäle an. Es gibt etwas zu sehen, zu hören, zu riechen, zu spüren. Am Ende wird der Stimmungswandel durch Wechsel der Vokale melodisch betont. Das düstere „a“ wird vom hellen „e“ verdrängt. Der Grund zur Hoffnung in jedem Lebensbereich wird durch die Verdoppelung des „alles“ verstärkt.

5. Dasein mit Gott neu erleben

a) Der Glaube als emotionsbestimmter Glaube
Im folgenden geht es speziell um die Thematisierung des Daseins vor Gott, um das Zur-Sprache-Kommen der religiösen Problematik. Während der kognitive Ansatz sich konzentriert auf das, was der Mensch über Gott denkt, sich bei der Veränderungsarbeit an der kognitiven Komponente des Glaubens orientiert, konzentriert sich der emotionale Ansatz darauf, wie der Mensch Gott erlebt. Im Mittelpunkt steht hier die emotionale Komponente des Glaubens. Die emotionale Komponente ist hier Ansatzpunkt der Intervention. Sie kann bei depressiven Menschen durchaus stabil sein. Ich erinnere mich an Äußerungen wie diese: „Mein Glaube ist das einzige, was mich noch trägt.“ Zumeist aber dürften wir es mit der schon angesprochenen „emotionalen Entleerung des Glaubens“ zu tun haben. Was der depressive Mensch gegenüber den innerweltlichen Objekten fühlt, erfährt bei einem religiösen Menschen oftmals eine Ausweitung auf Gott hin. Sein Gefühl der mangelhaften Geborgenheit in der Welt wird zu einem verminderten Geborgenheitsgefühl im Glauben. Seine Vertrauenslosigkeit in der Welt streckt sich zu einem Mangel an Gottvertrauen. Verloren und verlassen, wie er sich in der Welt fühlt, fühlt er sich auch vor Gott. Die Schuldgefüh-

le gegenüber Menschen erfahren eine Rückbindung an die Instanz Gott. Der Mensch fühlt sich als Sünder. Die Angst in der Welt steigert sich zu einer Angst vor Gott. All das bringt dann auch das ins Wanken, was der Mensch an kognitiven Glaubensbeständen im Kopf hat. In Abwandlung eines Wortes von Boeke kann man sagen: „Niemand kann besser von Gott denken, als seine Glaubenserfahrungen es ihm erlauben."
In einem emotionalen Ansatz wird man nicht die Gottesbilder diskutieren. Man wird vielmehr abholen in der emotionalen Befindlichkeit. Man wird versuchen, gegen die depressive Verstimmung eine emotionale Gegenwelt aufzubauen in der Hoffnung, daß sie ansteckt und der andere in sie nach und nach hineingezogen wird. Man wird eine Beziehung der Akzeptanz aufbauen. Das Klagen über die Welt und auch das Klagen vor Gott wird zugelassen. Ja es wird ermutigt, das herauszulassen, was da im Innern ist. Der Mensch erlebt, daß hier jemand ist, der sich bedingungslos um Verstehen bemüht, der hilft, die Gefühle zu klären und positive Aspekte in den Blick bringt. Eine solche „Haltung ... wird als Widerschein erfahrener Gnade und Zuwendung verstanden" (Matthias Kroeger 1973, S. 37). D. Stollberg schreibt: Der Seelsorger „akzeptiert seinen Partner so, wie er ist, und entledigt sich aller Wunschvorstellungen (etwa: Ein Christ müßte ganz anders aussehen!). Gerade dadurch bezeugt er das Evangelium von der rechtfertigenden Annahme Gottes" (zitiert nach Kroeger S. 199). Weiterhin werden Seelsorgerinnen und Seelsorger aber auch über das akzeptierende Verhalten hinaus von der Botschaft des Evangeliums reden. Dieses werden sie behutsam tun, ohne Aufdringlichkeit, als Angebot, wenn die Gespächssituation dieses nahelegt. Dieses kann mit eigenen Worten geschehen, die den persönlichen Glauben zum Ausdruck bringen. Oder man wird auf Texte zurückgreifen, die den zuwendungsbereiten, rechtfertigenden Gott bezeugen. Hier wird man keine Texte verwenden, die belehrenden Charakter haben. Hier ist der Ort für Texte, die von besonderer emotionaler Qualität sind, Texte, in die sich der Mensch einfühlen kann, in denen er sich verstanden fühlt. Solchen Texten wenden wir uns nun zu.

b) Mit Psalmen reden

Im Psalter des Alten Testaments sind von den 150 Psalmen etwa 50 Klagegebete, die einzelne Menschen an Gott richten (Claus Westermann 1969, S. 47). Ein Großteil dieser Klagegebete werden aus einer Krankheit heraus gesprochen. Helmut Tacke (1989, S. 228)

ist der Auffassung, daß viele dieser Gebete „das Krankheitsbild depressiver Zustände erkennen lassen". Diese Exegese ist sicherlich zu forsch. Wir wissen zu wenig über die Menschen, die diese Worte sprachen und nachsprachen, um eine zuverlässige Diagnostik erstellen zu können. Ulrich Eibach (1992, S. 18) ist zuzustimmen, wenn er feststellt, daß „es letztlich offen bleiben muß, inwieweit es sich wirklich um Ausdrucksformen des psychiatrischen Phänomens Depression handelt". Sicher ist allerdings, daß diese Psalmen Symptome präsentieren, die auch in einer Depression anzutreffen sind und zugleich Entlastungsmomente anbieten. Von daher sind sie in einem seelsorgerlichen Gespräch mit depressiven Menschen ein hervorragendes Hilfsmittel. Sie sind „eine einzigartige Sprachschule in depressiver Lebensangst" (Hans-Joachim Petsch 1995, S. 244). Worin liegt die Bedeutung dieser Psalmen, ihre mögliche Aufbauleistung für Menschen, die unter einer Depression leiden?
Psalmen machen das Klagen vor und ermutigen dadurch zur eigenen Klage selbst vor Gott. Sie legitimieren das Klagen. Der Klagende findet bei Gott Akzeptanz.

> Gott, höre mein Gebet
> und verbirg dich nicht vor meinem Flehen.
> Merke auf mich und erhöre mich,
> wie ich so ruhelos klage und heule.
> Abends und morgens und mittags will ich klagen und heulen;
> so wird er meine Stimme hören.
> (Psalm 55, 2f + 18)

> Ich schreie zum Herrn mit meiner Stimme,
> ich flehe zum Herrn mit meiner Stimme.
> Ich schütte meine Klage vor ihm aus und zeige vor ihm meine Not.
> Wenn mein Geist in Ängsten ist,
> so nimmst du dich meiner an.
> Höre meine Klage,
> denn ich werde sehr geplagt.
> (Psalm 142, 2-4+7)

Auch in der christlichen Tradition gibt es Strömungen, die das Klagen verbieten. Man denke etwa an das Lied von von Zinzendorf „Jesu geh voran auf der Lebensbahn" (EG 391), das bei vielen alten

Menschen bekannt ist, das zumeist auch an Schlüsselstellen des Lebenslaufs wie Konfirmation und Trauung gesungen wurde. In diesem Lied heißt es: „...und auch in den schwersten Tagen niemals über Lasten klagen." Bisweilen wird das Klagebedürfnis mit dem Appell zur Dankbarkeit unterdrückt: „Du solltest Deinem Schöpfer dankbar sein, daß Du überhaupt noch bist." Georg Wagensommer (1998, S. 106f) kennt christliche Kreise, in denen die Klage als unwürdig, der klagende Mensch als minder gläubig, verworfen, sündig gilt. Wer in dieser Weise sozialisiert worden ist, hält seine Gefühle im Inneren fest und verstärkt damit seine Depression. Gelingt die Kontrolle der Gefühle nicht, so entwickelt der depressive Mensch Scham- und Schuldgefühle. Die genannten Texte können dort gesprochen werden, wo sich der Gesprächspartner das Klagen verbietet. Da sie aus der Urkunde des Glaubens stammen, dürften sie mit Autoritätshintergrund zur Klage befreien.
Psalmen sprechen konkret Leidenszustände an, die auch im Erleben depressiver Menschen anzutreffen sind. Man kann sie gemäß der geäußerten Problematik einsprechen.

Somatisches Leiden

Ich gehe krumm und sehr gebückt;
den ganzen Tag gehe ich traurig einher.
Denn meine Lenden sind ganz verdorrt;
es ist nichts Gesundes an meinem Leibe.
Ich bin matt geworden und ganz zerschlagen;
ich schreie vor Unruhe meines Herzens.
Herr, du kennst all mein Begehren,
und mein Seufzen ist dir nicht verborgen.
(Psalm 38, 7-10)

Todesangst

Herr, Gott, mein Heiland, ich schreie Tag und Nacht vor dir.
Laß mein Gebet vor dich kommen,
neige deine Ohren zu meinem Schreien.
Denn meine Seele ist übervoll an Leiden,
und mein Leben ist nahe dem Tode.
(Psalm 88, 2-4)

Schulderleben

Aus der Tiefe rufe ich, Herr, zu dir.
Herr, höre meine Stimme!
Laß deine Ohren merken auf die Stimme meines Flehens!
Wenn du, Herr, Sünden anrechnen willst -
Herr, wer wird bestehen?
Denn bei dir ist die Vergebung,
daß man dich fürchte.
(Psalm 130, 2-4)

Soziale Isolation

Ich bin eine Last meinen Nachbarn
und ein Schrecken meinen Bekannten geworden.
Die mich sehen auf der Gasse, fliehen vor mir.
Ich bin vergessen in ihrem Herzen wie ein Toter.
(Psalm 31, 12+13)

Meine Lieben und Freunde scheuen zurück vor meiner Plage,
und meine Nächsten halten sich fern.
(Psalm 38,12)

Ich bin fremd geworden meinen Brüdern
und unbekannt den Kindern meiner Mutter.
(Psalm 69,9)

Gottverlassenheit

Mein Gott, mein Gott, warum hast du mich verlassen?
Ich schreie, aber meine Hilfe ist ferne.
Mein Gott, des Tages rufe ich, doch antwortest du nicht,
und des Nachts, doch finde ich keine Ruhe.
(Psalm 22, 2+3)

Ich sage zu Gott, meinem Fels:
Warum hast du mich vergessen?
Warum muß ich so traurig gehen,
wenn mein Feind mich drängt?
(Psalm 42, 10)

Ich habe mich müde geschrien, mein Hals ist heiser.
Meine Augen sind trübe geworden,
weil ich so lange warten muß auf meinen Gott. (Psalm 69, 4)

Psalmen bieten Bilder an für Leidenszustände, die auch für die Depression typisch sind. Die Klagepsalmen sind eine wahre Fundgrube für Bilder des Zerschlagenseins. Sie können gleichnishaft eingesetzt werden, wenn es darum geht, Gefühle zu klären.

> Ich bin ausgeschüttet wie Wasser,
> alle meine Knochen haben sich voneinander gelöst;
> mein Herz ist in meinem Leibe wie zerschmolzenes Wachs.
> Meine Kräfte sind vertrocknet wie eine Scherbe.
> (Psalm 22, 15+16)
>
> Ich bin geworden wie ein zerbrochenes Gefäß.
> (Psalm 31,13)
>
> Wie ein Hirsch lechzt nach frischem Wasser, so schreit meine Seele, Gott, zu dir.
> (Psalm 42,2)
>
> Mein Herz ist geschlagen und verdorrt wie Gras.
> Ich bin wie eine Eule in der Einöde, wie das Käuzchen in den Trümmern.
> Ich wache und klage wie ein einsamer Vogel auf dem Dache.
> Meine Tage sind dahin wie ein Schatten, und ich verdorre wie Gras.
> (Psalm 102, 5.7f.12)

Bisweilen werden im Hinblick auf depressive Menschen Bedenken gegen die Verwendung von Sprachformen geäußert, welche die Schattenseiten des Lebens betonen. Man erwartet eine Verstärkung der Depression. Rolf Steinhilper (1990, S. 26) befürchtet, daß „die Heillosigkeit erneut aufreißt“. Andere Autoren sehen darin durchaus positive Wirkungen. Heike und Martin Hagenmaier (1991, S. 57) gewannen den Eindruck, daß ein depressiver Mensch in derartigen Texten das eigene Gefühl wiederfand. Ebenso sieht es Hans-Joachim Petsch (1995, S. 238). Man kann „im Fremden das Eigene hören und wahrnehmen“. Zugleich werden Sprachmuster angeboten, auf die der Depressive zurückgreifen kann, wenn eigene Worte fehlen. Außerdem kann durch das Sprechen solcher Texte eine heilsame Katharsis eingeleitet werden. „Anhand der Psalmen läßt sich lernen, die kathartische Wirkung zu erfahren, die eintritt, wenn Menschen ihr Inneres aussprechen, hinausschreien, all das ausschütten, was bedrückt und niederschlägt." Natürlich wird man in einem Gespräch solche Texte nicht allein stehen lassen. Man wird Texte folgen lassen, die von der erneuten Zuwendung Gottes sprechen. Geeignet sind hier Lobpsalmen und Vertrauenspsalmen, die ein Bekenntnis der Zuversicht ablegen, zum Beispiel:

> Es umfingen mich des Todes Bande,
> und die Fluten des Verderbens erschreckten mich.
> Als mir angst war, rief ich den Herrn an
> und schrie zu meinem Gott.
> Da erhörte er meine Stimme von seinem Tempel,
> und mein Schreien kam vor ihn zu seinen Ohren.
> (Psalm 18, 5+7)

> Herr, mein Gott, als ich schrie zu dir,
> da machtest du mich gesund.
> Du hast meine Klage verwandelt in einen Reigen,
> du hast mir den Sack der Trauer ausgezogen
> und mich mit Freude gegürtet.
> (Psalm 30, 3+12)

> Denn du bist meine Zuversicht, Herr,
> mein Gott, meine Hoffnung von meiner Jugend an.
> Auf dich habe ich mich verlassen vom Mutterleib an;
> du hast mich aus meiner Mutter Leib gezogen.
> Dich rühme ich immerdar.
> Verwirf mich nicht in meinem Alter,
> verlaß mich nicht, wenn ich schwach werde.
> (Psalm 71, 5f+9)

In einem seelsorgerlichen Gespräch sollten Psalmen bzw. Psalmteile gemäß dem aus der Musik- und Poesietherapie bekannten ISO-Prinzip angewendet werden. Die erste zu stellende Frage ist: Wie ist die psychische Verfassung des Menschen? Worunter leidet er speziell? Leidet er unter seiner körperlichen Verfassung, unter Todesangst, Schuld, sozialer Isolation oder Gottverlassenheit. Braucht er Bilder, die ihm seinen Zustand verständlicher machen? Braucht er eine Rechtfertigung und Ermutigung zur Klage? Dabei können sich natürlich mehrere Momente im Zusammenspiel befinden. Entsprechend dieser Situationsdefinition wird man Texte auswählen, in denen sich der leidende Mensch wiederfindet, in denen er sich verstanden, emotional abgeholt fühlt. Anschließend wird man Texte wählen, die das Leiden überbieten, die von einer erneut erfahrenen Zuwendung Gottes handeln, Texte, die einen „Zugeffekt" von der Verzweiflung zur Hoffnung bewirken können, die zu einem Stimmungsumschlag führen können.

c) Lyrisches Künden

Im Laufe der Geschichte haben es immer wieder Dichter unternommen, Schwermut und Trostlosigkeit im Leben eines gläubigen Menschen in Verse zu kleiden. Christliche Lyrik bleibt nicht dabei stehen, die Schattenseiten des Lebens auszubreiten. Sie setzt vielmehr dem Leiden eine Hoffnung entgegen, die in Gott ihren Vertrauensgrund hat. Christliche Hoffnungsdichtung kann für religiöse Menschen in der Depression ein Mittel sein, das Dunkel aufzuhellen. Natürlich ist dabei Voraussetzung, daß der Mensch eine Beziehung hat zu dieser Art des emotionalen Ausdrucks. Wir werden uns verschiedene christliche Gedichte ansehen und ihre Stilmittel des Hoffnungsaufbaus untersuchen. Die aufgeführten Gedichte sind auch als Beispiele zu verstehen, die einladen sollen, sich selbst auf die Suche nach weiteren zu machen.

Die Rechte streckt' ich schmerzlich oft
In Harmesnächten
Und fühlt' gedrückt sie unverhofft
Von einer Rechten -
Was Gott ist, wird in Ewigkeit
Kein Mensch ergründen,
Doch will er treu sich allezeit
Mit uns verbünden.
(„In Harmesnächten" von Conrad Ferdinand Meyer)

Thema des Gedichtes ist die Rätselhaftigkeit, Unergründbarkeit Gottes. Trotz aller Unerforschbarkeit Gottes ist sich aber der Dichter der Treue Gottes bewußt. Die Melodie des Gedichtes wird durch einen Kreuzreim mit paarweise gekreuzten stumpfen (oft, -hofft, -keit, -zeit) und klingenden (-nächten, Rechten, -gründen, -bünden) Endreimen erzeugt. Das Stumpfe, Dumpfe wird Zug um Zug vom Klingenden, Hoffnungsvollen überboten. Das Gedicht benutzt die weitverbreitete Handmetaphorik. Der Mensch streckt seine Hand nach Gott aus und spürt die Hand Gottes.

Was dir auch immer begegnet
Mitten im Abgrund der Welt:
Es ist die Hand, die dich segnet,
Es ist der Arm, der dich hält.
Es ist kein Grauen so mächtig,
Es ist kein Fürchten so bang',
Kein Trachten so niederträchtig,
Lebt einer, der es bezwang.
Mitten im Höllentoben,
Da keiner keinem frommt, -
Es ist der Vater droben,
Es ist Sein Reich, das kommt.
(Rudolf Alexander Schröder)

Trotz aller Widerwärtigkeiten des Lebens, trotz aller Ängste, die im Menschen aufkommen können, legt dieses Gedicht Zeugnis davon ab, daß sich am Ende das Reich Gottes durchsetzen wird. Auch dieses Gedicht ist im Kreuzreim gestaltet. Zug um Zug siegt das Klingende, das Hoffnungsvolle. Auch hier finden wir wieder das Bild von der Hand und von dem Arm Gottes.

Ich kann nicht mehr
Mit Hoffnung mich erquicken.
Mich will die Last erdrücken;
Sie ist so schwer.
Kein Trost macht mich genesen,
Es bleibt, wie es gewesen.
Ich kann nicht mehr.

Du kannst noch mehr:
Wirst du dich recht bequemen
Den Kreuz – kelch anzunehmen.
Der Christen Ehr
Besteht in stetem Kriegen.
Gott wird dir helfen siegen,
Kannst du nicht mehr.
(Anton Ulrich, Herzog von Braunschweig-Lüneburg)

Das Gedicht thematisiert in der ersten Strophe die Hilflosigkeit und Hoffnungslosigkeit des Menschen. Die Last des Lebens, die Trostlosigkeit und die Dauerhaftigkeit des Leidens werden entfaltet. Wie eine seelsorgerliche Stimme tritt dem die zweite Strophe entgegen. Dem „Ich kann nicht mehr“ wird das „Du kannst noch mehr“ entgegengesetzt. Es wird eingeladen, Leid anzunehmen, sich der Gewißheit der Hilfe Gottes zu öffnen. Klanglich gipfelt das Gedicht mit dem lichtvollen „i“, welches das die Schwere des Lebens repräsentierende „e“ überstrahlt.

Und dräut der Winter noch so sehr
Mit frostigen Gebärden,
Und streut er Eis und Schnee umher,
Es muß doch Frühling werden.

Und drängen die Nebel noch so dicht
Sich vor den Blick der Sonne,
Sie wecket doch mit ihrem Licht
Einmal die Welt zur Wonne.

Blast nur, ihr Stürme, blast mit Macht,
Mir soll darob nicht bangen,
Auf leisen Sohlen über Nacht
Kommt doch der Lenz gegangen.

Drum still! Und wie es frieren mag,
O Herz, gib dich zufrieden,
Es ist ein großer Maientag
Der ganzen Welt beschieden.

Und wenn dir oft auch bangt und graut,
Als sei die Höll’ auf Erden,
Nur unverzagt auf Gott vertraut!
Es muß doch Frühling werden.
(Emanuel Geibel „Hoffnung“)

Das Gedicht entstammt der Naturlyrik. Die Natur wird gleichnishaft für das Leben eingesetzt. So wie in der Natur auf jeden Winter ein Frühling folgt, so wird Gott auch im menschlichen Leben immer wieder eine Wende herbeiführen. Die Stärke der Gewißheit findet Ausdruck in dem am Anfang und am Ende stehenden „muß“. Klanglich ist dieses Gedicht bestimmt von einer Häufung des die Enge ausweitenden, befreienden langen „o“, das Herr wird über das einengende kurze „a“ und ein geradezu Frieren machendes, langes „i“.

Es gibt auch Gedichte, die reimlos, metrisch ungebunden gestaltet sind. Sie leben von der Folge bestimmter Bilder und Vorstellungen. Ein hier brauchbares Beispiel ist das Gedicht „Spuren im Sand“ aus Kanada von Margaret Fishback Powers (1999), das inzwischen international bekannt ist. Dieses Gedicht vertraut auf die Anwesenheit Gottes auch in der Verborgenheit:

Spuren im Sand

> Eines Nachts hatte ich einen Traum: Ich ging am Meer entlang
> mit meinem Herrn. Vor dem dunken Nachthimmel erstrahlten
> Streiflichtern gleich, Bilder aus meinem Leben.
> Und jedesmal sah ich zwei Fußspuren im Sand, meine eigenen
> und die meines Herrn.
>
> Als das letzte Bild an meinen Augen vorübergezogen war,
> blickte ich zurück. Ich erschrak, als ich entdeckte, daß an
> vielen Stellen meines Lebensweges nur eine Spur zu sehen war.
> Und das waren gerade die schwersten Zeiten meines Lebens.
>
> Besorgt fragte ich den Herrn: „Herr, als ich anfing, dir
> nachzufolgen, da hast du mir versprochen, auf allen Wegen
> bei mir zu sein. Aber jetzt entdecke ich, daß in den schwersten
> Zeiten meines Lebens nur eine Spur im Sand zu sehen ist.
> Warum hast du mich allein gelassen, als ich dich am
> meisten brauchte?“
>
> Da antwortete er:
> „Mein liebes Kind, ich liebe dich und werde dich nie allein
> lassen, erst recht nicht in Nöten und Schwierigkeiten.
> Dort, wo du nur eine Spur gesehen hast,
> da habe ich dich getragen.“
> (Margaret Fishback Powers)

Die ausgewählten Gedichte realisieren das ISO-Prinzip. Sie drücken Leidvolles aus und bauen Hoffnungsvolles auf. Sie tun es mit unterschiedlichen Mitteln: durch die Anordnung des Inhalts, durch das Spiel der Klänge, durch kontrastierende Metaphorik. Man wird die Gedichte auswählen je nach der vorherrschenden Befindlichkeit. Auf das Erleben der Rätselhaftigkeit und Verborgenheit Gottes spielen in besonderem Maße die Gedichte von Conrad Ferdinand Meyer und Margaret Fishback Powers an. Die Last des Lebens steht im Zentrum bei Rudolf Alexander Schröder. Das Gedicht von Anton Ulrich ist bestimmt von dem Am-Ende-Sein. Emanuel Geibels Gedicht dürfte Menschen ansprechen, die unter der Unaufhörlichkeit ihrer Last leiden. Sein Gedicht könnte auch eine Hilfe sein für Menschen, die an einer Herbst-Winter-Depression leiden. Über ein vorgetragenes Gedicht sollte man anschließend sprechen. Das Gespräch sollte emotionsgeleitet sein. Vorstellbar sind folgende Fragen: „Wie haben Sie dieses Gedicht erlebt?“ oder „Finden Sie sich in diesem Gedicht wieder?“ Ein Gedicht, das ansprechend und aufhellend gewirkt hat, sollte man dem Gesprächspartner überlassen.

d) Hoffnung erklingen lassen

Nachdem wir uns mit christlicher Lyrik beschäftigt haben, kommen wir nun zur geistlichen Musik als Mittel seelsorgerlicher Begleitung. Auf die religiöse, heilsame Bedeutung von Musik werden wir bereits im Alten Testament aufmerksam gemacht. Dem schwermütigen König Saul spielt David auf der Harfe vor: „Sooft nun der böse Geist von Gott über Saul kam, nahm David die Harfe und spielte darauf mit seiner Hand. So wurde es Saul leichter, und es ward besser mit ihm, und der böse Geist wich von ihm“ (1.Sam. 16,23). Das Harfenspiel hat nicht nur eine wohltuende psychologische Wirkung, es vertreibt auch den Dämon, schafft eine neue geistliche Existenz. Die Kirchenlehrer Chrysostomos, Augustinus und Thomas von Aquin sind zwar skeptisch gegenüber der Musik als Heilmittel, da sie die Sinnlichkeit fördere. Sie gestehen aber dennoch zu, daß sie einen „heilsamen“ Effekt haben kann, da sie geordnete religiöse Beziehungen schaffen könne. Sie könne Dämonen vertreiben (Wolfgang Strobel/Gernot Huppmann 1997, S. 19). Martin Luther sieht in der Melancholie den Satan am Werk:“Ubi est caput melancholicum, ibi Sathan habet suum balneum“ (Ulrich Eibach 1992, S. 17). Er schrieb einmal etwa: „Die Musica kommt gleich nach der Theologia. Wenn sie erklingt, nimmt der Teufel Reißaus.“

Der Musiktherapeut Hans-Helmut Decker-Voigt (1991, S. 185f) ist der Auffassung, daß gläubige Menschen in der Kirchenmusik oft „Gefühle von Geborgenheit und Nähe wiederfinden“. Sie werde zu einem Symbol für Gott. Sie löse „Gefühle des Beschütztseins und des ‚Anbetenwollens‘“ aus. Etwas zurückhaltender ist der Religionspsychologe Bernhard Grom (1992, S. 264). Für ihn setzt die Verbindung des Musikalischen mit dem Religiösen „ein hohes Maß

an religiöser Erlebnisbereitschaft“ voraus. Man könne auch durchaus Weihnachtslieder singen, sich dabei allein der friedlichen Stimmung hingeben und den religösen Text ignorieren.
Wir haben bereits an anderer Stelle einige religiöse Instrumentalstücke genannt. Im Rahmen eines seelsorgerlichen Gesprächs ist es durchaus denkbar, in einem Kontext, der das nahelegt, sich gemeinsam ein Musikstück anzuhören. Man wird es auswählen im Hinblick auf den wahrgenommenen Stimmungszustand, man wird das im Blick haben, was bereits zum ISO-Prinzip und zur Wirkung einer Kontrastmusik gesagt worden ist. Natürlich wird man sich auch fragen, ob eine solche musikalische Intervention bei diesem Menschen auf ein offenes Ohr stößt.
Im folgenden werden wir uns mit dem Gesang beschäftigen. Wir betrachten das Gesangbuch als Hilfe in depressiver Lebensangst. Gesangbuchlieder können bei depressiven Menschen von vielfältiger emotionaler Bedeutung sein.

- Sie können eine Verbindung schaffen zu früheren Lebensabschnitten und damit eine Kontinuität in der Diskontinuität erleben lassen.
- Sie können abholen in der depressiven Befindlichkeit und „nach oben“ ziehen.
- Sie können depressive Stimmung auflösen, wo kognitive Problemlösungsversuche nicht gelingen.
- Sie können dazu führen, daß der Mensch das, was er durch das Singen emotional erlebt, auch kognitiv aus dem Text aufnimmt.
- Sie können Gebete sein, wenn eigene Worte fehlen.

Folgende Lieder dürften im Umgang mit depressiven Menschen geeignet sein. Sie sind hier nach Themenbereichen geordnet, die für depressive Menschen besonders relevant sind.

Vertrauen auf Gottes Hilfe:

Ob ich wandert im finstern Tal,
fürcht ich doch kein Unglücke
in Leid, Verfolgung und Trübsal,
in dieser Welte Tücke:
denn du bist bei mir stetiglich, -
dein Stab und Stecken trösten mich,
auf dein Wort ich mich lasse.
(EG 274, 3 aus: Der Herr ist mein getreuer Hirt/nach Psalm 23)

Wenn wir in höchsten Nöten sein
und wissen nicht, wo aus noch ein,
und finden weder Hilf noch Rat,
ob wir gleich sorgen früh und spat,

so ist dies unser Trost allein,
daß wir zusammen insgemein,
dich anrufen, o treuer Gott,
um Rettung aus der Angst und Not.

Drum kommen wir, o Herre Gott,
und klagen dir all unsere Not,
weil wir jetzt stehn verlassen gar,
in großer Trübsal und Gefahr. (EG 366, 1+2+5)

Verlassen und doch geborgen:

Ich heb mein Augen sehnlich auf
und seh die Berge hoch hinauf,
wann mir mein Gott vom Himmelsthron
mit seiner Hilf zustatten komm.

Mein Hilfe kommt mir von dem Herrn,
er hilft uns ja von Herzen gern;
Himmel und Erd hat er gemacht,
hält über uns die Hut und Wacht.
(EG 296, 1+2 Ich heb mein Augen sehnlich auf/
nach Psalm 121)

Wenn ich auch gleich nichts fühle von deiner Macht,
du führst mich doch zum Ziele, auch durch die Nacht:
so nimm denn meine Hände und führe mich
bis an mein selig Ende und ewiglich!
(EG 376, 3 aus: So nimm denn meine Hände)

Schuld und Vergebung:

Aus tiefer Not schrei ich zu dir,
Herr Gott, erhör mein Rufen.
Dein gnädig Ohren kehr zu mir
und meiner Bitt sie öffne,

denn so du willst das sehen an, -
was Sünd und Unrecht ist getan,
wer kann, Herr, vor dir bleiben?

Bei dir gilt nichts denn Gnad und Gunst,
die Sünden zu vergeben;
es ist doch unser Tun umsonst
auch in dem besten Leben.
Vor dir niemand sich rühmen kann,
des muß dich fürchten jedermann
und deiner Gnade leben.
(EG 299, 1+2 Aus tiefer Not/nach Psalm 130)

Ich Betrübter komme hier
und bekenne meine Sünden;
laß, mein Heiland, mich bei dir
Gnade zur Vergebung finden,
daß dies Wort mich trösten kann: -
Jesus nimmt die Sünder an.
(EG 353, 5 aus: Jesus nimmt die Sünder an)

Schon am Text ist erkennbar, daß diese Lieder dem ISO-Prinzip entsprechen. Sie holen ab in depressiven Lebensängsten und leiten über zu einem hoffnungsvollen Dasein. Musikalisch fangen die Lieder die Tiefstimmung ein und hellen nach und nach im Sinne des Umstimmungsprinzips die Stimmung auf. Eine Ausnahme bildet das Lied 366. Hier wird über den Text eine gleichmäßige, aufbauende Ruhe gelegt. Musikalische Experten sind sicherlich in der Lage, eine noch exaktere musikalische Interpretation vorzunehmen.
In der Arbeit mit diesen Liedern wird man sich fragen, welches Lied die Verfassung des depressiven Menschen am besten trifft. Denkbar ist durchaus, daß man das Lied zunächst als Text ins Gespräch bringt und als Lyrik wirken läßt. Man könnte ein Gespräch anregen unter der Fragestellung: „Wie haben Sie diesen Text erlebt?“ oder „Finden Sie sich in diesem Text wieder?“
Man sollte keine Interpretationsfragen stellen. Das Gespräch soll ja auf der emotionalen Ebene bleiben. Anschließend könnte man das Lied singen. Das kann ein Vorsingen sein oder ein gemeinsames Singen, wenn mein Gegenüber sich darauf einläßt. Danach könnte man wiederum die Befindlichkeit erfragen: „Wie erleben Sie sich mit diesem Lied?“

Charakteristisch für den emotionalen Ansatz ist, daß der depressive Mensch in seiner Hilflosigkeit in der seelsorgerlichen Begegnung ein Mit-Sein erleben darf. Mit-Sein ist mehr als ein Mitdenken an den auftauchenden Problematiken. Der depressive Mensch begegnet jemandem, der signaliert, daß er bereit ist, sich auf seine Gefühle einzulassen, der sich bemüht das zu verstehen, was er erlebt und ihm Klärungshilfe anbietet. Seelsorgerinnen und Seelsorger sind es aber nicht allein, die dieses Mit-Sein realisieren. Sie bringen andere Mitseiende ins Spiel: Musiker, Sänger, Dichter und Beter. Gegen das Empfinden der Wertlosigkeit wird das Erleben von bedingungsloser Akzeptanz gesetzt. Man darf hier so sein wie man ist, klagend, jammernd. Aber nicht nur im Angesicht der Seelsorgerin und des Seelsorgers, auch im Angesicht Gottes. Auch davon schwärmen die Musiker, Sänger, Dichter und Beter, die auftreten auch gegen die emotionale Entleerung des Glaubens. In all dem kann neue Hoffnung erblühen, sich ein neues Selbstwertgefühl auftun.
Neben der emotionalen Bereicherung können aber auch neue Denkpotentiale, neue Ichstärken, entstehen. So wie aus der Sicht der Kognitionspsychologie die Kognitionen die Emotionen bestimmen, so können die Emotionen auch die Kognitionen beeinflussen. Erwähnt haben wir schon, daß eine Katharsis dazu befreien kann, sich mit konkreten Problemlösungen rational auseinanderzusetzen. Der Religionspsychologe Bernhard Grom (1992, S. 182) weist im Zusammenhang mit dem Selbstwertgefühl auf: „Religiöse Überzeugungen beeinflussen nicht nur das Selbstwertgefühl, sondern werden auch von diesem beeinflußt." Es gilt demnach nicht nur die kognitive Sichtweise: Wer ein negatives Gottesbild hat, ist anfällig für ein negatives Selbstwertgefühl. Auch die andere Sichtweise hat Berechtigung: Wer ein geringes Selbstwertgefühl hat, dem fällt es schwer, an einen liebenden Gott zu glauben. Gelingt es auf dem Wege der emotionalen Zuwendung, durch das Erlebenlassen von Akzeptanz und den Aufweis von Hoffnungssignalen, das Selbstwertgefühl zu stärken, so kann dieses zur Folge haben, daß sich auch belastende religiöse Überzeugungen ändern. Es kann dazu „disponieren, eher selbstwertsteigernde religiöse Aussagen zu beachten, zu verinnerlichen und weiterzuentwickeln." Es gilt daher nicht nur: Der Mensch fühlt, wie er denkt. Es gilt auch: Der Mensch denkt, wie er fühlt.

III. Auf dem Weg zu einer neuen Lebensgeschichte – Seelsorgerliches Handeln als Biographiearbeit

Der kognitive Ansatz wie auch emotionale Ansätze wie z. B. die klientenzentrierte Gesprächspsychotherapie konzentrieren sich auf das Denken und Erleben im Hier und Heute. Lebensgeschichtliche Perspektiven werden weitgehend ausgeblendet. Gerade im Alter kommt aber der biographischen Perspektive eine besondere Bedeutung zu. Mit dem Alter intensiviert sich die Vergangenheitsorientierung. Martin Pinquart (1998) verweist auf mehrere Untersuchungen zum Stellenwert von Gegenwart und Vergangenheit. Danach vergleichen ältere Menschen weit häufiger ihr gegenwärtiges Dasein mit der Vergangenheit als jüngere Menschen. Jüngere Menschen erleben eher aktuelle Leistungen als sinnstiftend, während ältere Menschen eher vergangene Leistungen nennen. Vergangene Erfolge verbleiben im Alter als Quelle des Selbstwerts, wenn aktuelle Quellen nicht verfügbar sind. Der alte Mensch findet verstärkt Erfüllung im bisher Erreichten. Viele alte Menschen leiten ihren Stolz aus der Vergangenheit ab wie aus ihrem früheren Berufsleben oder dem Großziehen der Kinder. Für Hilarion Petzold (1986, S. 593) sichert im Alter die Vergangenheitsorientierung in einem veränderten Dasein die Identität. „Die Vergangenheitsorientierung bringt Identitätssicherung durch Rückgriff auf vergangenes Identitätserleben." Vergangenheitsorientierung ist also durchaus positiv zu sehen. Sie stärkt das Selbstwertgefühl. Das schließt selbstverständlich nicht aus, daß zu einem erfolgreichen Altern auch die Zuwendung zur Gegenwart und die Neufindung von Zukunftsentwürfen gehört.

Die dargestellten Beobachtungen gelten für psychisch gesunde alte Menschen. Unter Depression stellen sich die Dinge anders dar. Auch der depressive alte Mensch wendet sich verstärkt der Vergangenheit zu. Er erlebt aber die Vergangenheit nicht als Quelle des Selbstwertes, als Ort der Identitätssicherung, sondern als Quelle der Selbstwertzerstörung, als Ort der Identitätsdiffusion. Dabei sind die Psychomechanismen je nach Art der Depression unterschiedlich. Der mehr neurotisch-depressive alte Mensch findet in der Vergangenheit die bedrückende Bestätigung, daß es ihm schon immer so schlecht ging wie heute. Der eher reaktiv-depressive Mensch entdeckt durchaus Positives in seiner Vergangenheit. Aber die „Vergleiche mit der positiven Vergangenheit tragen zum negativen Befinden bei" (Martin Pinquart 1998, S. 166). Er erlebt das

Gewesene nicht als etwas Gehabtes, aus dem er auch heute noch zehren kann, sondern primär als etwas Genommenes, das nur noch verzweifeln läßt. Aus der Tatsache, daß die Vergangenheitsorientierung einen depressiven alten Menschen nur noch depressiver macht, leiten die kognitiven Gerontotherapeuten Yost und Allender (1986) die Konsequenz ab, man solle nur gegenwartsorientiert arbeiten. Von Vergangenheitsvergleichen solle man möglichst ablenken. Die Frage ist nur, ob das gelingen kann, ob damit die Macht der Vergangenheit nicht unterschätzt wird. Strategisch ist zu fragen, ob es nicht möglich ist, den Umgang mit der Geschichte so zu beeinflussen, daß sie schließlich doch zu einer anerkannten Bereicherung wird.
Mehrere therapeutische Richtungen nehmen sich der Lebensgeschichte an. Eine lange Tradition im Aufarbeiten von Vergangenheit hat die Psychoanalyse. Auf der Suche nach dem Sinn des Lebens widmet sich die Logotherapie auch der Lebensgeschichte. Im Sinne der Ganzheitlichkeit wird auch in der Integrativen Therapie der Biographie des Menschen nachgegangen. Selbst für die mehr auf das Hier und Heute gerichtete rational-emotive Therapie hält Albert Ellis (1997, S. 113) die „biographische Dimension" und die „lebensgeschichtliche Betrachtung" für eine „bedeutsame Bereicherung". Speziell im Bereich der Gerontologie entwickelte sich in den U.S.A. seit den 60er Jahren ausgehend von dem Psychiater Butler unter dem Begriff des „Life Review" oder unter dem Begriff „Reminiszenztherapie" eine auf alte Menschen zugeschnittene Art der Biographiearbeit. Ziel ist, über eine lebensgeschichtliche Betrachtung Hilfen zur Bewältigung von altersbedingten Entwicklungsaufgaben zu geben sowie die Lösung von Lebenskrisen zu unterstützen (R. Lohmann/G. Heuft 1995). Im Bereich der Seelsorge arbeitet die psychoanalytisch orientierte Seelsorge biographisch. Michael Nüchtern (1994) entwickelte in seiner Arbeit mit Kranken das bibelorientierte Programm der „Heilung aus Erinnerung". Speziell für die Arbeit mit alten Menschen formulierte Karl Heinz Bierlein (1994) Grundsätze für eine biographisch orientierte Seelsorge.

1. Wahrnehmung von Lebensgeschichte

a) Die Färbung aus dem Heute

Wer Geschichten aus seiner Vergangenheit erzählt, tut dieses auf dem Hintergrund seiner momentanen Situation. Die momentane

Situation bestimmt sozusagen das, was erzählt wird, bestimmt den Erzählstoff, der aus der Fülle des Erlebten herausgegriffen wird. „Die Lebensgeschichte, die ich gestern erzählt habe, kann sich von der, die ich heute erzähle, spürbar unterscheiden. Mit jeder Veränderung meiner Lebenslage und meines Selbstverständnisses ändert sich auch meine Auffassung von der Vergangenheit...kommen andere Ereignisse in den Vordergrund der Erinnerung, werden andere vergessen." Die Erzählung erfährt eine „Färbung aus dem Heute" (Werner Fuchs 1984, S. 63). Neben Veränderung der Lebenslage und des Selbstverständnisses spielen weitere Faktoren eine Rolle, die mitbestimmen, was ich hier und heute erzähle. Wer bei einem Besuch das Gespräch eröffnet mit den Worten „Ich wollte nur mal kurz reinschauen und sehen, wie es Ihnen geht", lädt nicht zu umfangreichen Erzählungen ein. Anders derjenige, der sich den Mantel auszieht und gemütlich Platz nimmt. Was hier und heute erzählt wird, ist auch abhängig von dem Zeitangebot, das ich durch verbales oder non-verbales Verhalten mache. Geschichten sind weiter abhängig von der Rolle, die der Zuhörer oder die Zuhörerin innehat. Bei dem Besuch eines Arztes ist es wahrscheinlich, daß Krankheitsgeschichten erzählt werden, es sei denn, der Arzt tritt aus seiner Rolle heraus und fängt von etwas ganz anderem an. Bei der Begegnung von Geschwistern sind gemeinsame Kindheits- und Jugenderinnerungen naheliegend. Kommt jemand von der Kirche, so kann dies als eine Einladung verstanden werden, auch über religiöse Erfahrungen zu sprechen. Mit der Rolle des Zuhörenden verbindet der Erzähler bestimmte Erwartungen. Wilhelm Schapp (zitiert nach Werner Fuchs 1984, S. 77) führt hinsichtlich der Erzählabsicht aus: „Dem Anwalt erzählt man die Geschichte um ihn zu veranlassen, in der Geschichte tätig zu werden. Der Arzt, dem man die Geschichte erzählt, soll die Krankheit heilen, der Geistliche soll Rat oder Trost gewähren."

Was erzählt wird, ist schließlich auch abhängig vom Gesundheitszustand. Martin Pinquart (1998, S. 91) weist auf verschiedene Untersuchungen hin, die zeigen: „Psychisch Gesunde erinnern bevorzugt frühere Erfolge und positive Situationen, während Depressive eher ungünstige Informationen abrufen." So wie bei depressiven Menschen die Wahrnehmung heutiger Verhältnisse verzerrt geschieht, einseitig negativ selektiv bestimmt ist, so auch die Erinnerung an vergangene Erlebnisse. So wie einzelne negative Eindrücke in der Gegenwart generalisiert werden, so auch im Blick auf die Geschichte. Das schließt nicht aus, daß ein depressiver

Mensch auch Positives erzählt. Das Positive wird dann allerdings zumeist in seinem Wandel zum Negativen betont. Die Inhalte einer Erzählung bieten also auch einen Hinweis auf die psychische Befindlichkeit meines Gegenübers.

b) Beschreibungen

Lebensgeschichten sind von ihrer Gattung her in erster Linie Erzählungen. Man spricht auch von Narrationen (Lateinisch: narrare = erzählen). Die Erzählforschung (Labov und Waletzky 1973) hat allerdings herausgearbeitet, daß Erzählungen nicht nur Erzählungen sind. In die Erzählungen sind andere Darstellungsformen eingeschlossen. So finden wir in ihnen auch Beschreibungen. Während die Erzählung Ereignisse in ihrem zeitlichen Verlauf darstellt, beleuchten Beschreibungen bestimmte Sachverhalte und Zustände in bestimmten Momenten. Sie ermöglichen, daß man sich ein genaueres Bild machen kann. Beschrieben werden Personen, Gegenstände, Situationen, Geschehens- und Handlungsabläufe, Gefühlszustände. Fritz Schütze (1987) hat aufgewiesen, daß sich solche Beschreibungen auf einem unterschiedlichen Detaillierungsniveau bewegen können. Am Niveau der Detaillierung läßt sich der Grad der Bedeutsamkeit für das Leben erkennen. Weniger Relevantes wird kurz, abstrakt und einmalig beschrieben. Bedeutsames, Ergreifendes hingegen erfährt eine gewisse Breite und Wiederholung. Es werden farbige Substantive und Verben eingesetzt, erweitert durch eindrucksvolle Adjektive und Adverbien. Es wird deutlich, wie das im einzelnen gewesen ist, was sich da im einzelnen vollzogen hat. Durch das aufmerksame Wahrnehmen des Detaillierungsgrades von Beschreibungen im Gespräch mit einem depressiven Menschen wird erkennbar, an welchen Stellen seiner Lebensgeschichte seine wunden Punkte liegen. Von besonders hohem Detaillierungsgrad ist die Beschreibung des Verlorenen. Es wird nicht nur erwähnt, es wird ausgestaltet: „Mein Mann war ein großer stattlicher Mensch, der eigentlich alles konnte und sehr gewissenhaft machte." „Unsere Wohnung war groß und hell mit einem herrlichen Blick auf den Park, in der wir oft Besuch von netten Leuten hatten, die immer wieder gern zu uns kamen."

c) Bewertungen

Neben Erzählungen und Beschreibungen finden wir als drittes Element in Lebensgeschichten Bewertungen. Man spricht auch von Evaluationen. „In Erzählungen wird nicht nur ein vergangenes

Ereignis abgewickelt, es wird auch bewertet. Die Evaluation vermittelt einen besonderen Blick auf die subjektive Sinngebung des Erzählers, auf seine Realitätskonstruktion“ (Peter M. Wiedemann 1986, S. 80). Bewertungen können immer wieder innerhalb einer Erzählung als Zwischenbilanz zu bestimmten Lebensabschnitten auftreten. Sie können einen negativen Charakter haben z. B.: „Ja, ich hatte eine schwere Kindheit.“ „Ja, die Flucht, das war das Schlimmste.“ Sie können positiv sein z. B.: „Die Zeit in X-Dorf war meine schönste Zeit.“ „Die Jahre mit August waren meine besten Jahre.“ Bewertungen können aber auch als Gesamtevaluation erscheinen, als Fazit zur gesamten Lebensgeschichte, als alles umfassende Lebensdeutung: „Ja, ich habe ein schweres Leben hinter mir.“ „Im großen und ganzen kann ich mit meinem Leben zufrieden sein.“ Manchmal haben Evaluationen den Charakter von Metaphern: „Es war kein Zuckerlecken.“ „Ich war nie auf Rosen gebettet.“ „Mein Leben war kein Spaziergang.“
Das Evaluationsverhalten depressiver Menschen kann je nach dem vorherrschenden Krankheitsbild von unterschiedlicher Gestalt sein. Bei einer mehr reaktiven oder somatischen Depression, einer Depression also, die ihren Quellgrund vorwiegend in gegenwärtigen Umständen hat, ist eine zweifache Abschnittsbewertung festzustellen: eine positive Bewertung bezogen auf die Zeit vor den depressionsauslösenden Ereignissen und eine negative Bewertung bezogen auf die jüngste Lebensgeschichte. Diese Menschen evaluieren in einem Bewertungsgefälle.

> „Früher war das anders, besser als heute,
> als mein Mann noch lebte...
> als ich noch in meiner Heimatstadt lebte...
> als ich mich noch richtig rühren konnte....“

Vergangenes wird interpretiert im Kontrast zur Gegenwart. Vergangenheit verhält sich zur Gegenwart wie Plus zu Minus. „Der Depressive trägt in sich Vorstellungen von etwas, was früher gut war und jetzt schlecht ist“ (S.O. Hoffmann/G. Hochapfel 1991, S. 117).
Depressive Menschen, die eher an einer neurotischen Depression leiden, die ihren Quellgrund bereits in der länger zurückliegenden Lebensgeschichte hat, neigen zu einer negativen Gesamtevaluation:

„Es war schon immer so, immer so schlecht:
Schon früh habe ich meine Mutter verloren, jetzt meinen Mann...
Ich bin schon immer viel krank gewesen...
Schon zweimal Inflation, jetzt der EURO....“

Lebensgeschichte wird hier als negative Kontinuitätsgeschichte interpretiert. Was schon war, setzt sich fort. Das Gesamt des Lebens ist gekennzeichnet durch ein zermürbendes „Und so Weiter, Und so Weiter“. „Defizite in einzelnen Bereichen führen zu einer negativen Bewertung der Gesamtperspektive“ (Karl Heinz Bierlein 1994, S. 76).
In beiden Fällen wird das gegenwärtige Leben als Leiden bewertet. Im ersten Fall besteht das Leiden im Nachtrauern und dem sich Zurücksehnen nach besseren Zeiten, im zweiten Fall im Leiden an der Permanenz der Bedrückung.

2. Erzählauftakt und Geschichtsbegleitung

Bevor man die beschriebenen Beobachtungen anstellen kann, muß natürlich eine Erzählung erst einmal in Gang kommen. Recht unproblematisch ist dieses bei agitiert-depressiven Menschen. Sie sind sehr redefreudig, reden manchmal „wie ein Wasserfall“. Sie sind geradezu auf der Suche nach Erzählgelegenheiten. Haben sie einen Zuhörer oder eine Zuhörerin gefunden, so lassen sie diesen Menschen nicht mehr los. Ihr Erzählen ist laut und sprunghaft. Sie kommen „vom Hundertsten ins Tausendste“. Agitiert-depressive Menschen weisen eine gewisse Nähe zu Menschen mit einem manischen Krankheitsbild auf, das allerdings im Alter seltener ist. Im Blick auf das Erzählverhalten fällt folgender Unterschied auf. Agitiert- depressive Menschen erzählen weniger Ich-Geschichten sondern Die-Geschichten. Die, das sind diejenigen, die ihnen etwas angetan haben: Die Ärzte, die die Ehefrau nicht richtig untersucht haben, weshalb sie sterben mußte, der Hauptmann bei der Reichswehr, der die Beförderung vereitelt hat, die Dachdecker, die das Haus nicht richtig gedeckt haben. Die Erzählungen sind Vorwurfsgeschichten. Manisch erkrankte Menschen erzählen vorzugsweise Ich-Geschichten. Sie „prahlen mit ihrer Kraft und Leistungsfähigkeit“ (Erich Grond 1993, S. 26). Die Erzählungen sind übersteigerte Selbstdarstellungen.

Anders stellt sich die Problematik bei gehemmt-depressiven Menschen dar. Sie zeigen wenig Neigung, Geschichten zu erzählen. Sie sind schweigsam, wortkarg, einsilbig. Man muß ihnen „jedes Wort aus der Nase ziehen". Sie „kriegen die Zähne nicht auseinander". Bei Männern ist dies noch stärker ausgeprägt als bei Frauen (Schmidt/Röhrle 1997, S. 294). Dennoch sind diese Menschen zumeist im Stillen mit ihrer Geschichte beschäftigt. Wenn Menschen ihre Geschichten für sich behalten, so kann das natürlich verschiedene Ursachen haben. Manche schämen sich ihrer Geschichte. Manche haben Angst davor, daß sie von ihrer Geschichte überwältigt werden, wenn sie sie zur Sprache bringen. Es gibt Menschen, die die Einstellung haben, daß man solche höchst privaten Angelegenheiten für sich behalten sollte. Viele alte Menschen sind einfach erzählentwöhnt, weil sie wenig Erzählgelegenheit haben. Es kann aber auch sein, daß die Bereitschaft, Inneres nach außen zu bringen, nicht vorhanden ist, weil das Vertrauensverhältnis noch nicht genügend gereift ist. All diese stets zu erwägenden und zu berücksichtigenden allgemeinpsychologischen Motive können natürlich auch in der Psyche eines gehemmt-depressiven Menschen eine Rolle spielen. Speziell unter dem Gesichtspunkt der Depression betrachtet hat die Schweigsamkeit eines gehemmt-depressiven Menschen primär ihren Grund in der auch in anderen Bereichen zu beobachtenden Apathie und Motivationslosigkeit. Es kommt daher darauf an, zunächst einmal Motivationsarbeit zu leisten, die Bereitschaft zum Erzählen herzustellen, das Interesse am Erzählen zu wecken.

Michael Nüchtern (1994) unterscheidet zwischen der Innen- und der Außengeschichte eines kranken Menschen. Die Außengeschichte beschreibt das, was den Menschen gegenwärtig umgibt, was sichtbar nach außen tritt, die Symptome der Krankheit, die therapeutischen Bemühungen. Die Innengeschichte meint das, was sich im Verborgenen tut, die Auseinandersetzung mit der Krankheit, das Bewegen von Erfahrungen der Vergangenheit. Ohne daß die Außengeschichte in ihrer Bedeutung abgewertet würde, tritt Nüchtern dafür ein, daß der Mensch auf seine Innengeschichte angesprochen wird. Das Ansprechen auf die Innengeschichte kann erzählmotivierend wirken. Hilarion Petzold (1986, S. 594) empfiehlt bei einem verstummten Menschen, ihn „auf sein inneres Erleben anzusprechen" und ihm dadurch „die Worte wiederzugeben", ihn zu ermuntern, sich mitzuteilen. Aus einem Gespräch führt er folgende Passage an: „Wenn Sie den ganzen Tag hier so liegen, geht Ihnen sicherlich sehr vieles durch den Sinn... Vielleicht möchten Sie ein wenig darüber erzählen, woran Sie denken."

Eine Erzählung, die begonnen hat, bedarf der Begleitung. Begleitung heißt mehr als nur höfliches und interessiertes Zuhören und beliebiges Erzählenlassen. Es kommt darauf an, gerichtete Impulse in die Geschichten zu geben. Die Erinnerung an die Lebensgeschichte in einer belastenden Lebenslage soll auf ein entlastendes Ziel hinauslaufen. Werner Fuchs (1984, S. 64) spricht davon, daß „nicht nur unsere Zukunft offen ist, sondern auch unsere Vergangenheit". Natürlich läßt sich Gewesenes nicht nachträglich verändern, wohl aber kann der Mensch zu einer neuen Sichtweise seiner Geschichte kommen. Im Zuge einer erneuten Betrachtung der Lebensgeschichte können sich „Neufassungen", „Umwertungen" ergeben. Man wird daher versuchen, die Impulse so zu wählen, daß sie solche Umwertungen begünstigen. Bei depressiven Menschen sind vor allem Impulse angezeigt, die den Prozessen der negativen Selektion und negativen Generalisierung entgegenwirken.

Bei der im folgenden dargestellten Erzählarbeit lassen wir uns von folgenden Grundsätzen leiten:

- Wir vertrauen darauf, daß auch bei depressiven Menschen „Heilung aus Erinnerung" (Michael Nüchtern 1994, S. 25) möglich ist.
- Wir gehen davon aus, daß „eher die positiven Erfahrungen der Lebensgeschichte als die Aufarbeitung negativer" Erfahrungen Potentiale der Lebensbewältigung enthalten (Nüchtern, S. 24).
- Wir klammern das Negative nicht aus, lenken nicht von den Schattenseiten des Lebens ab, sondern versuchen vielmehr in einem negativ bewerteten Leben positive Erfahrungen in den Blick zu bringen in der Hoffnung, daß dadurch wenigstens ansatzweise eine entlastende Neubewertung der Lebensgeschichte aufkommt.
- Das Beleben der Vergangenheit ist kein Selbstzweck. Es dient der Bewältigung der Gegenwart und der Perspektivengewinnung für die Zukunft. Es soll kein „biographisches Museum" (Karl Heinz Bierlein 1994, S. 238) geschaffen werden.
- Wir gehen davon aus, daß unser Gegenüber allein Experte seiner Lebensgeschichte ist. Unsere Biographiearbeit verstehen wir als Entdeckungshilfe zur Selbstentdeckung.

Von diesen Grundsätzen sind die nun folgenden Erzählausrichtungen bestimmt. Es werden Menschen in unterschiedlichen Problemsituationen abgeholt. Verschiedene Mittel zur Zielerreichung werden eingesetzt.

3. Erzählausrichtungen

a) Verschüttetes freilegen

Nathan Billig (1988, S. 56) berichtet: „Viele depressive Menschen vergessen, daß es jemals schöne Zeiten gab." Dies ist vor allem bei einer neurotischen Depression der Fall, bei der Negativerlebnisse der Gegenwart Negativerlebnisse der Vergangenheit hochziehen und anderes aus dem Blickfeld treiben. So wird etwa erzählt von der Armut, die schon in der Kindheit herrschte, hin zu der Armut, die dann nach 1945 das Leben bedrückte mit unmittelbarem Übergang zur Armut der kleinen Rente. Die Erzählung von der schweren Lungenentzündung in der Kindheit geht über in die Erzählung vom Krebsleiden des Ehemanns oder der Ehefrau, an die sich nahtlos die Darstellung der gegenwärtigen gesundheitlichen Beeinträchtigungen anschließt. Oder es wird erzählt vom frühen Tod des Vaters mit dem direkten Übergang zum Bruder, der im 2. Weltkrieg gefallen ist, und darauf folgend die Erwähnung des eigenen Todes, den man alsbald erwartet. Helle Zeiten gab es angeblich in diesem Leben nicht.

Bei Erzählungen dieser Art wird es darauf ankommen, Verschüttetes freizulegen. Dabei wäre es sicherlich verfehlt, die „Geschichtsphilosophie" des Gesprächspartners direkt anzuzweifeln: „Es ist doch sicherlich nicht alles schlecht gewesen, was Sie erlebt haben." Damit stellt man sich über den anderen, beansprucht es besser zu wissen, macht unterschwellig den Vorwurf, daß die Geschichte falsch bewertet sei. Zugleich verbietet man die Klage über die Lebensgeschichte. So kann kein Vertrauensverhältnis aufkommen. In solchen Gesprächssituationen wird man darauf achten, ob nicht doch an manchen Stellen Lichtvolles aufblitzt, das dann aufgenommen und zu einem Impuls für die weitere Erzählung gemacht werden kann. Ist dieses nicht der Fall, so ist es sinnvoll, den Erzähler oder die Erzählerin einzuladen, die Erzählung an bestimmten relevanten Punkten auszuweiten in der Hoffnung, daß irgendwann, so ganz nebenbei positive Aspekte anklingen.

Zum Beispiel: Ein ganz schönes kleines Häuschen

> Sie haben einiges aus Ihrer Kindheit erzählt.
> Möchten Sie noch mehr davon erzählen?

Die Frage ist wertneutral gehalten. Weder wird das erzählte Negative aufgegriffen, noch wird eine Wende zum Positiven herausgefordert. Auf eine solche Einladung kann folgende Erzählung folgen:

> Ja, es war eine schwere Zeit. Vater hatte keine Arbeit. Wir gingen manchmal zum Bauern, als ich gesund war. Haben ein paar Pfennig verdient. Nicht für uns. Ging dann in die Familie ein. Mutter konnte ja nicht, die war viel krank. Wir hatten zwar ein ganz schönes kleines Häuschen, aber es war damals schon alles sehr ärmlich. Ich war nie auf Rosen gebettet.

Nahezu alles, was erzählt wird, steht unter der Gesamtevaluation: „Ich war nie auf Rosen gebettet.“ Ganz versteckt aber klingt ein positives Moment an: „Wir hatten ein ganz schönes kleines Häuschen.“ Das Haus wird detaillierter beschrieben. Das Adjektiv „schön“ und die Verniedlichungsform „Häuschen“ machen deutlich, daß in allem Negativen hier etwas Erfreuliches anklingt. Diese Erinnerung gilt es aufzugreifen. Durch gezielte Leitfragen gilt es, das schöne kleine Häuschen und das Leben darin in Szene zu setzen.

Zum Beispiel:

- Sie sprachen von einem schönen kleinen Häuschen.
  Wo befand sich denn dieses schöne kleine Häuschen?
- Wie sah es denn in diesem schönen kleinen Häuschen aus?
- Welche Menschen lebten in diesem schönen kleinen Häuschen?
- Wie gestaltete sich das Leben in diesem schönen kleinen Häuschen?

Auf die jeweils folgenden Ausführungen folgen weitere spezifizierende Fragen mit dem Ziel, das Bild immer weiter auszugestalten. Aus der Gestalttherapie bzw. ihrer Erweiterung der Integrativen Therapie stammt die Technik des „szenischen Erinnerns“. Gabriele Rosenthal (1995, S. 206f) gibt Hilfen, sich in bestimmte Szenen zurückzuversetzen und sich an einzelne Bestandteile zu erinnern. Dabei setzt sie vor allem an sinnlichen und leiblichen Erinnerungsfragmenten an. Durch Fragen nach einzelnen Details werden Szenen allmählich ausgestaltet. So fragt sie zum Beispiel etwa zunächst nach dem Rahmen, nach Ort, Klima, Geräuschen, Gerüchen, nach anwesenden Menschen, dann nach Handlungsabläufen.

Hilarion Petzold (1986, S. 593 ff) führt aus: „Ich lasse mir die Teile einzelner Bilder und Szenen lebendig beschreiben, die Größe des Zimmers, die Farbe der Vorhänge, der Blick aus dem Fenster, die Atmosphäre im Raum, die Stimmung zwischen den Ehepartnern. So werden Szene um Szene in ihrem emotionalen Gehalt erfahrbar." Ziel ist, die emotionale Qualität der Szene aufkommen zu lassen. Durch das emotionale Nacherleben wird die Szene für die Gegenwart fruchtbar: Da ist etwas Schönes, das ich in mir trage, von dem ich noch heute zehre. Das steht nicht nur im Gestern. Pertti Luumi (1990, S. 289) schreibt: „Es ist eine uralte Erfahrung, daß das, worüber erzählt wird, neu erlebt werden kann und auf gleiche Weise im Moment des Erzählens wahr wird wie in der erzählten Situation. Die Erzählung schenkt das, wovon sie erzählt."

Aus der Life-Review-Arbeit (Lohmann/Heuft 1995, S. 238) wird berichtet, daß sich eine solche szenische Erinnerung in vielfacher Hinsicht äußerst sensorisch gestalten kann. Da kommen visuelle (Sehen), auditive (Hören), olfaktorische (Geruch), gustatorische (Geschmack) und taktile (Berührung) Bilder auf. Ein Beispiel zeigt, wie neben dem Visuellen auch das Olfaktorische lebendig wird:

> Ich erinnere mich an meine Mutter... als ob es gestern gewesen wäre.
> Ich sehe sie in der Küche... Brot backend...
> Und es ist nicht nur das Brot, das ich rieche.
> Ich kann die Stärke ihrer Schürze riechen.
> Sie trug stets frischgestärkte Schürzen in der Küche.

A. Mahnkopf (1997, S. 171) berichtet aus der Therapie von einer 62jährigen depressiven Frau. Sie leidet darunter, daß sie aufgrund einer Sehbehinderung nur noch mit großen Mühen ihre Hausarbeit verrichten kann. Im Rückblick auf ihre Lebensgeschichte evaluiert, bewertet sie ihr Leben: Das ganze Leben war eine Plagerei. Untermauernd erzählt sie davon, daß sie schon früh auf dem Feld arbeiten mußte, daß sie 5 Kinder und 2 Enkel großgezogen und nebenbei noch stundenweise Geld verdient habe. Angeregt, ihre Erzählung von den Erlebnissen auf dem Feld auszuweiten, erinnert sie sich plötzlich daran, daß sie als Kind bei den Großeltern nach der Heuernte habe oben auf dem Heuwagen sitzen dürfen. Nach und nach gewinnt dieses Erlebnis szenische Qualität. Detailliert beschreibt sie, daß sie diese Fahrt mit dem weiten Blick und dem frischen Duft in der Nase sehr genossen habe. Das Heuwagenerlebnis gewinnt emotionalen Gehalt: „Weiter Blick“, „frischer Duft“, „Genuß“.

Erfreuliche Erlebnisse auf der Lebensbahn lassen sich auch mit Hilfe von Fotos in Erinnerung bringen. W. Schmidt und N. Röhrle (1997, S. 294f) berichten von ihrer biographischen Arbeit mit Hilfe von Bildern in einer gerontopsychiatrischen Tagesklinik. „Scheinbar vergessene aber lebensgeschichtlich wichtige Ereignisse“ wurden belebt mit Hilfe von Bildern etwa vom ersten Auto, der Konfirmation der Kinder oder des eigenen Hauses. Die Konfrontation mit diesen „Früchten des Lebens“ zeigte „antidepressive Wirkung“. So mag man während eines Gespräches fragen: „Haben Sie vielleicht ein Bild von dem, was Sie gerade erzählen?“ Untersuchungen in den USA (Michael G. Wessells 1984, S. 280) belegen, daß die Verwendung von Bildern gegenüber der rein verbalen Erinnerungsarbeit einen Mehrwert aufweist. 47 Jahre nach Schulabschluß lud man die ehemaligen Schüler und Schülerinnen einer Klasse ein. Die eine Hälfte bekam die Namensliste der Klasse, die andere Hälfte das Abschlußfoto. Es zeigte sich, daß das Abschlußfoto wesentlich mehr Erinnerungen auslöste als die Namensliste. In der Life-Review-Arbeit (Lohmann/Heuf 1995, S. 240) wird auch mit Reizen gearbeitet, die den Geruchssinn ansprechen, so etwa mit frischgemähtem Gras, Heu, Zimt und Kerzenrauch.

b) Gehabtes ins Bleibende bringen

Menschen, die mehr an einer reaktiven oder somatischen Depression leiden, vergessen keineswegs, daß es gute Zeiten gab. Im Gegenteil, die guten Zeiten sind ihnen höchst gegenwärtig. Aber es sind eben endgültig vergangene Zeiten. Ihre Erzählungen sind erfüllt von Verlusterlebnissen. Sie berichten vom Verlust der Ehefrau oder des Ehemannes, von der vertrauten Umgebung, die sie aufgeben mußten, von der Schaffenskraft, die ihnen abhanden gekommen ist, von Rollen, die sie nun nicht mehr einnehmen. Sie erzählen mit detaillierten Beschreibungen von guten und schönen Zeiten, die aber nun im Es-war-einmal stehen. Sie bewerten daher ihr Leben mit: Es macht alles keinen Spaß mehr. Es hat alles keinen Sinn mehr.

In einer solchen Erzählsituation kann es hilfreich sein, den Versuch zu unternehmen, im Verlorenen etwas Bleibendes entdecken zu lassen. Es ist das Ziel der von Viktor E. Frankl begründeten Logotherapie, Problembewältigung durch Sinnfindung zu erreichen. Es geht in erster Linie darum, vor dem Hintergrund des Verlorenen in einer veränderten Lebenssituation zukunftsorientiert einen neuen Lebenssinn zu finden. Aber es geht auch darum, im Gewesenen einen Sinn zu entdecken, einen Sinn, der auch jenseits des Verlustes etwas Tragendes hat. Uwe Böschemeyer (1979, S. 66ff) zeigt dies am Beispiel zweier zentraler Altersverluste mit ihrer oft depressiven Wirkung auf: dem Austritt aus dem Berufsleben und dem Verlust des Partners/der Partnerin durch Tod.

Folgende Gesprächstechnik wird verwandt:

- Die einzelnen Phasen der Berufs- bzw. Partnerschaftsgeschichte werden rückschauend durchgegangen. Dabei wird eine historisierende Betrachtungsweise vermieden. Assoziationen werden fragend angeregt, die ein „affektives Nach-Erleben" erreichen können.
- Es wird eine sinngebende Bilanz gezogen.

Als positive Bilanz der Berufsbiographie mag nach Böschemeyer dem Gesprächspartner der „Stellenwert seiner Arbeit für seine Umwelt bewußt werden, und er die Erkenntnis gewinnen, daß er in ausreichendem Maße erreicht hat, was er für sich und andere erreichen konnte". Als positive Bilanz der Ehegeschichte könnte sich für den deprimierten alten Menschen auftun, daß der Tod nicht der Abbruch der Beziehung ist, daß es da vielmehr eine „Möglichkeit des Weiterlebens mit dem Toten" gibt, daß die gemeinsame Geschichte „Spuren" hinterlassen hat, die mehr sind als nur gedankliche Einnerungen. Der verstorbene Mensch bleibt spürbar „im Denken und Entscheiden, im Wählen und Verwerfen, in seinen Prägungen".

Gespräche über das Bleibende lassen sich auch mit Hilfe von Geschichten anregen, die in das Gespräch eingegeben werden. Steht der schmerzliche Verlust von Partner oder Partnerin im Zentrum, so eignet sich vorzüglich die mit Bildern illustrierte Geschichte von Susan Varley (1992): Leb wohl, lieber Dachs. Der Dachs ist gestorben und die übrigen Tiere sind traurig. „Der Dachs war immer zur Stelle gewesen, wenn ihn einer brauchte. Die Tiere wußten nicht, wie sie jetzt ohne ihn zurechtkommen sollten." Nach einiger Zeit fangen sie an, sich an das zu erinnern, was sie am Dachs gehabt haben, von dem sie auch heute noch leben. Der Maulwurf erinnert sich daran, daß Dachs ihm den Umgang mit Schere und Papier beigebracht hat. Der Frosch hatte von Dachs das Schlittschuhlaufen gelernt, der Fuchs das Binden der Krawatte und

das Kaninchen das Backen von Lebkuchen. Geeignet ist hier auch das Erzählgedicht von Theodor Fontane: Herr von Ribbeck auf Ribbeck im Havelland. Der, der zu Lebzeiten den Kindern Birnen schenkte, ließ sich eine Birne mit ins Grab geben, aus der ein Birnbaum wuchs, der den Kindern auch nach seinem Tode noch Birnen bescherte: „So spendet Segen noch immer die Hand des von Ribbeck auf Ribbeck im Havelland."
Viele Menschen stellen an den Sinn des Lebens sinnliche Ansprüche. Abstrakte Sinnkonstruktionen helfen ihnen nicht weiter. Der Sinn des Lebens muß sich im Alltag konkret fassen lassen. Mit dem Fontanegedicht kann man sagen: Der Sinn des Lebens muß wie eine Birne sichtbar, greifbar, riechbar, schmeckbar sein. Anders ausgedrückt: Vom Sinn des Lebens muß man erzählen können. Roy W. Fairchild (1991, S. 113) schreibt: „Wir alle versuchen, unserem Leben Sinn zu geben, indem wir eine Geschichte erzählen, eine Geschichte, die Ereignisse und unsere eigene Handlung durch die Zeit hindurch verbindet." Dabei sind Menschen begünstigt, die eine manuelle Arbeit ausgeführt haben. Ein Maurer etwa kann durch den Ort gehen und auf die Häuser zeigen, an denen er mitgebaut hat. Geistige Leistungen lassen sich schwerer fassen. Aber auch Geistesarbeiter versuchen Sinn konkret zu fassen. Lehrer verweisen auf Schüler, die es mit ihrer Hilfe zu etwas gebracht haben. Pastorinnen und Pastoren leben von Menschen, die ihnen später einmal gesagt haben, daß ihnen ein seelsorgerliches Gespäch sehr geholfen habe oder sie verweisen auf das Gemeindehaus, das sie gebaut haben.
Natürlich stößt der beschriebene Weg der Suche nach einem bleibenden Sinn auch auf seine Grenzen. Dies ist oftmals der Fall, wenn der Mensch harte Schicksalschläge hinnehmen mußte wie etwa den Verlust eines Kindes. Vor kühner Sinnsuche sei gewarnt. Will man das Empfinden der Sinnlosigkeit nicht einfach stehen lassen, so mag man vielleicht davon sprechen, daß auch hinter dem schier Unbegreiflichen ein verborgener Sinn liegt, der ja vielleicht einmal am Ende offenbar werden wird.

c) Im Noch-Vergleich erzählen

Martin Pinquart (1998, S. 99) verweist auf Untersuchungen, die aussagen, daß das Selbstkonzept des Menschen bis ins höhere Alter positiv beeinflußt wird durch „Noch-Vergleiche". Wenn Eigenschaften und Verhaltensweisen, die im Vergleich zu früher „noch gut" sind, „konstant" geblieben sind, ins Bewußtsein treten, fördert dieses das psychische Wohlergehen. Wendet man diese Erkenntnis

auf unsere Erzählarbeit an, so bedeutet dies, Geschichten anzuregen, die von gebliebenem Sein und Können handeln.
Was dem Menschen geblieben ist, läßt sich möglicherweise aus der Kenntnis seiner Lebensumstände erschließen. Manches ist vielleicht in früheren Gesprächen angeklungen. Oder Angehörige, Bekannte oder sonstige Bezugspersonen haben davon berichtet. Wichtig ist natürlich, daß die angesprochenen Lebenskonstanten von einem Rang sind, der vermuten läßt, daß sie als Ausdruck von Lebensqualität wirklich überzeugen. Wichtig ist ferner, daß konstante Verhaltensweisen nicht nur als Möglichkeit vorhanden sind, sondern wenigstens ansatzweise praktiziert werden.

Zum Beispiel: Geht noch ganz flott

Sie erwähnten, daß Sie Klavier spielen.

> Ja, schon. Ich setze mich da mal dran, aber nicht lange. Macht so recht keinen Spaß mehr. Manchmal spiele ich beim Seniorennachmittag im Gemeindesaal. Man kann ja nicht nein sagen, wenn die das gerne wollen. Früher habe ich gerne gespielt.
> Als meine Frau noch lebte. Die sagte oft:
> Paul, spiel doch mal einen. Und dann hat sie sich gefreut.

Wann haben Sie das denn gelernt?

> Mein Vater wollte das gern. Der konnte das auch. Er hat mich immer ins Nachbardorf gebracht, zum alten Lehrer Kampe. War sehr streng. Aber ich hab was gelernt, konnte bald kleine Lieder spielen.

Und bei welchen Gelegenheiten haben Sie später gespielt?

> Ich war im Männergesangverein. Hab da öfter den Gesang begleitet. Es gab dann immer sehr viel Beifall. Im Krieg hab ich auch mal gespielt. Wir waren in Rußland in einer Gastwirtschaft untergebracht. Da stand ein Klavier.
> Das war ein Vergnügen.

Und in späterer Zeit?

Ja, vor ein paar Jahren bei der Hochzeit meiner Enkelin. Die Musikanten hatten uns vergessen. Da habe ich mich dann ans Klavier gesetzt. Und die haben getanzt. Ja, und dann auch zuhause. Meine Frau mochte das ja so gern. Am liebsten Walzer. Ach, sie war dann immer ganz hin und weg.

Und heute spielen Sie auch noch.

Ja, was man mal gelernt hat. Und ich habe ja nun das schöne alte Klavier noch. Wäre doch schade, wenn es so nutzlos dasteht. Gerade gestern abend habe ich mich mal wieder drangesetzt. Geht noch ganz flott.

Paul K. wird angeregt, seine Klavierspielergeschichte zu erzählen. Er wird veranlaßt, vom Heute an den Anfang zurückzukehren und von dort bis in die Gegenwart zu erzählen. Dabei treten immer mehr Erfolgserlebnisse zutage. Als er wieder in die Gegenwart kommt, stellt er sein Dasein als Klavierspieler ganz anders dar als am Anfang der Geschichte. Berichtete er anfangs, daß ihm das Klavierspielen „keinen Spaß" mehr mache und er sich nur widerwillig dazu anregen ließe, so erzählt er jetzt, daß es „ganz flott" war.
Eine ältere Frau, die darüber klagte, das sie überhaupt keine Lust mehr habe, für sich allein zu kochen, erzählt ihre Haushaltsgeschichte. Sie erzählt, wie sie „in Stellung" auf einem großen Gut das Kochen gelernt hat, wie sie nach Hause zurückgekehrt ist und ihre kranke Mutter im Haushalt unterstützte, später dann für ihren Mann „leckere Sachen" kochte und im vorigen Jahr auch noch die Enkelkinder bekochte. Am Ende der Erzählung war sie der Meinung, man dürfe das, was man kann, doch nicht einfach verschludern lassen.
Eine andere Frau klagte darüber, daß das Lesen so mühsam geworden sei und sie so vieles vergesse. Sie erzählte, daß sie schon als Kind gerne gelesen habe. Vieles habe sie sich dann auch im Theater angesehen. Als ihr Mann nicht mehr richtig sehen konnte, habe sie ihm vorgelesen. Sie erzählte begeistert von bestimmten Büchern. Am Schluß nannte sie einige Bücher, die sie unbedingt noch einmal lesen werde.
Die angeführten Beispiele zeigen, daß solche Noch-Vergleichsgeschichten, solche Konstanzgeschichten dazu führen, daß die Erzähler am Ende eine veränderte Sichtweise zum Geschichtsthema zei-

gen, daß neuer Elan entsteht, die Geschichte fortzusetzen. Die in der Gerontologie vertretene Kontinuitätstheorie besagt, daß die Lebenszufriedenheit eines Menschen um so größer ist, um so mehr Kontinuität zwischen früheren Zeiten und dem Alter vorhanden ist. Solche Kontinuitäten sind nicht unbedingt bewußt. Vor allem depressive Menschen haben eher die Diskontinuitäten im Blick. Durch Erzählarbeit können vorhandene Kontinuitäten ins Bewußtsein gebracht werden.

d) Im Aufwärtsvergleich erzählen

Viele depressive Menschen erleben die Gegenwart bildlich gesprochen als das Ziel einer Talfahrt. Sie erleben sich „ganz unten", „niedergedrückt", „down", sehen sich „weit runtergekommen". Besonders reaktiv erkrankte Menschen erzählen Abstiegsgeschichten. Sie erzählen von dem, was sie mal waren und nicht mehr sind. Sie erzählen vom Abstieg aus einer Familie über die Zweisamkeit in die Einsamkeit eines Singledaseins. Erzählt wird vom Abstieg eines kraftvollen Menschen zu einem Menschen, der gerade noch das Nötigste hinkriegt oder gar auf fremde Hilfe angewiesen ist. Die Geschichten handeln von Menschen, ohne die „in der Firma nichts lief" und sich nun im Tal der Überflüssigkeit wiederfinden.
Steht eine solche Talfahrtstimmung im Vordergrund, so kann es sinnvoll sein, gemeinsam zu untersuchen, ob sich in der Lebensgeschichte nicht auch Anstiegsmomente finden lassen, die das Selbstbewußtsein und Wohlbefinden stärken können. Martin Pinquart (1998, S. 99) weist auf Untersuchungen hin, die ergeben, daß das Selbstkonzept des alten Menschen nicht nur dadurch positiv beeinflußt wird, daß Konstanten in der Lebensgeschichte herausgestellt werden, sondern auch dadurch, daß ein Zugewinn aufgewiesen wird: „Temporale Vergleiche werden dann zu einem positiven Selbstkonzept beitragen, wenn sie bevorzugt oder exklusiv in jenen Dimensionen vorgenommen werden, in denen bis in das höhere Alter hinein Verbesserungen erfolgen." In der Erzählarbeit wird es daher darum gehen, solche Dimensionen entdecken zu lassen und dazu anzuregen, den Versuch zu unternehmen, den Weg vom Gestern ins Heute einmal anders, in einem Aufwärtsvergleich, zu erzählen. Auf diese Weise könnte eine neue Sicht des Gewordenseins entstehen.

Zum Beispiel: Und das mitten in der Woche

> Ich kann mich gar nicht damit abfinden, daß ich jetzt zuhause bin. Ich sitze den ganzen Tag nutzlos rum. Ich könnte zwar meiner Frau helfen, aber die will das gar nicht. Die sagt: „Du bringst mir alles durcheinander.“

Wie lange sind Sie denn schon zuhause?

> Ein 3/4 Jahr bin ich jetzt Rentner. Ich kann mich damit überhaupt nicht abfinden. Man kommt sich so nutzlos vor.

Wie ist es Ihnen denn so in den letzten Jahren an ihrem Arbeitsplatz ergangen?

> Na ja es war schon sehr anstrengend. Wir hatten eine neue Technik bekommen. Das mußten wir erst mal lernen. Ich hab so'n paar Schulungen noch mitgemacht. Aber die Anwendung war denn noch ein weiteres Problem. Der Chef wechselte dann auch. Sollte alles anders laufen. Der holte sich auch viele junge Leute.

Die letzten Jahre waren für Sie sehr anstrengend.

> Ja, das kann man wohl sagen. Früher haben wir am Wochenende immer was unternommen. Aber in der letzten Zeit ging das gar nicht mehr. Ich brauchte das Wochenende einfach, um mich auszuruhen, damit ich Montag wieder fit war.

Und wie fühlen Sie sich heute so?

> Na ja, das ist jetzt anders. Jetzt brauch ich nicht mehr um 5 Uhr aufstehen. Kann ausschlafen. Und auch mittags kann ich mich 'ne Stunde hinlegen. Wir machen jetzt auch wieder was. Gehen mal durch den Wald spazieren. Verreisen auch auch mal. Und das mitten in der Woche. Das ist schon was wert.

In dem Gespräch wird hinter das Heute zurückgeblendet. Der Gesprächspartner wird in die Endphase seiner beruflichen Tätigkeit zurückversetzt. Von da ab erzählt er noch einmal neu den Weg zum Heute. Dabei wird ihm deutlich, daß ihm die Gegenwart durchaus

Möglichkeiten bietet, die er vorher nicht gehabt hat. Aus der Enge der Depression erschließen sich auf einmal neue Freiräume.
Eine Frau leidet unter dem Verlust ihres Mannes, den sie viele Jahre gepflegt hat. Sie erzählt im Rückblick von all den Belastungen der Pflege, die sie „gern auf sich genommen hat". In der weiteren Erzählung wird ihr mehr und mehr deutlich, daß sie nun „vielmehr Kraft hat" und „jetzt auch mal aus dem Haus gehen kann", wenngleich sie ihren Mann auch heute noch gern pflegen würde.
Ein älterer Mann erzählt zurückblickend von seiner schönen Wohnung, die er vor einigen Monaten verlassen mußte. Er vermißt all das Vertraute, das ihn an seine Frau erinnerte. Er entdeckt aber im Weitererzählen auch Vorteile. Um das Reinigen, das ihm schon Mühe gemacht hatte, braucht er sich nicht mehr zu kümmern. Auch das Essenkochen, das ihm nie gelegen hat, wird ihm hier abgenommen.

Es geht immer wieder um folgenden Vorgang: Erinnern an eine Ausgangssituation, wiederholen des Weges zum Heute und dabei zu einer neuen Bewertung des Heute kommen. Dabei ist es wichtig, daß die einzelnen Erzählphasen szenische Qualität bekommen. Immer wieder wird man anregen, Bilder entstehen zu lassen. Tragend können solche Aufstiegserzählungen natürlich nur werden, wenn sich ein überzeugender, entlastender Zugewinn herausstellt. Nur kleine Verzierungen des Lebens werden das Gefühl, daß es dennoch gewisse Lebensqualität gibt, nicht aufkommen lassen.

4. Dasein mit Gott neu erzählen

a) Der Glaube als Geschichte
Der Glaube hat in vielfacher Hinsicht mit Geschichte zu tun. Glaubensgeschichte kann sich darstellen als Glaubenserwerbsgeschichte. Viele alte Menschen erzählen gern aus der Zeit ihrer religiösen Primärsozialisation. Es geht etwa um den religiösen Einfluß der Großmutter, um das gemeinsame Abendgebet mit der Mutter. Man erzählt von dem, was man im Religionsunterricht lernen mußte. Thema ist der Konfirmandenunterricht, die Prüfung, die Konfirmation. Glaubensgeschichte kann sich darstellen als Erfahrungsgeschichte. Manchmal wird erzählt, wie man in den Tiefen des Lebens etwa auf der Flucht oder im Kampfgeschehen des Krieges die Hände gefaltet hat und auf einmal die Nähe Gottes spürte oder auch vom Gegenteil, vom langen vergeblichen Warten auf das Ein-

greifen Gottes bis hin zu dem Bekenntnis, daß man bei Stalingrad seinen Glauben verloren habe. Eine Frau erzählte davon, daß ihre Eltern den Mann, den sie liebte, nicht akzeptieren wollten, weil er nicht standesgemäß gewesen sei. Sie habe ihn dann aber doch bekommen. Sie kommentierte: „Wenn der Herrgott zwei Menschen zusammen haben will, dann schiebt er sie notfalls mit der Schubkarre zusammen." Ein Mann berichtete davon, daß sie lange vergeblich auf ein Kind gewartet hätten. Schließlich sei dann gegen alle Biologie doch ein Kind geboren, ein „wahres Gottesgeschenk".
Auch die Urkunde unseres Glaubens, die Bibel, ist weitgehend ein Geschichtsbuch. So wird im Alten Testament erzählt, wie Gott das Volk Israel durch manche Tiefen geführt hat, aus der Knechtschaft in Ägypten durch die Wüste bis in das verheißene Land. In den Klage- und Lobpsalmen des Einzelnen wird von der Bewahrung Gottes in einem individuellen Leben erzählt. Geschichten dürfte auch Jesus erzählt haben. Angefangen mit den Evangelien sind dann immer wieder Geschichten über Jesus erzählt worden. Edmund Arens (1988, S. 14 ff) unterscheidet folgende Glaubensgeschichten: Jesu Geschichten, Jesusgeschichten, Jesu Geschichte, unsere Geschichten mit Jesu(s-) Geschichte(n). Neben einer argumentativen Theologie hat sich eine narrative Theologie herausgebildet, die dafür eintritt, daß das, was unseren Glauben ausmacht, auch erzählerisch zur Darstellung gebracht wird.
Depressive Menschen leiden in ihrer gegenwärtigen Situation oftmals unter der Gottverlassenheit. Sie sind erfüllt von der Erfahrung der Gottesferne. Wenn sie von Gott Geschichten erzählen, so sind es Geschichten, die vom Leiden an Gott handeln, der sie offenbar vergessen hat, der all das, was er verheißen hat, offenbar an ihnen nicht verwirklicht: „Ich habe gebetet, aber er hat mich nicht erhört." Glaubensgeschichten, die von der Bewahrung Gottes erzählen, wollen ihnen nicht kommen. Dennoch sind in ihrem Innern oftmals – abgeschnitten vom Bewußtsein – Geschichten aus der ferneren Lebensgeschichte gespeichert, die von erfahrener Nähe Gottes Zeugnis ablegen. Es wird darauf ankommen, solche Erfahrungen bewußt zu machen. Zudem haben gerade alte Menschen eine Reihe von biblischen Bewahrungsgeschichten im Kopf, die aber unter Depression nicht recht aufleben wollen. Es wird darauf ankommen, Gegengeschichten gegen das gegenwärtige Erleben zu heben. Im folgenden wird es darum gehen, Wege einer solchen Bewußtmachung darzustellen.

b) Persönliche Bewahrungsgeschichten

Beispiel: Doch wieder auf die Füße gestellt

> Ich weiß einfach nicht mehr ein noch aus. Mein Herrgott hat mich einfach vergessen. Ich falte zwar jeden Abend die Hände, aber es bleibt wie es ist.

Haben Sie solche Erfahrungen früher schon einmal gemacht?

> So richtig dreckig ging es mir auch schon mal 45, als wir von Schlesien weg mußten. Herr, Gott, hab' ich oft gesagt, laß uns wieder nach Hause. Aber er hat es anders gemeint.

Und wie ist Ihr Leben dann weiter verlaufen?

> Wir sind dann in ein Lager gekommen und nach einigen Monaten dann in das Dorf, in dem ich dann viele Jahre gelebt habe. Wir sind freundlich von einer Familie aufgenommen worden. Das war nicht bei allen so. Da hab ich dann auch meinen Mann kennengelernt. Zwei unserer Kinder sind dort zur Welt gekommen. Ja, der Herrgott hat mich dann doch wieder auf die Füße gestellt.

In dem Gespräch wird hinter die gegenwärtige Lage zurückgefragt. „Haben Sie solche Erfahrungen früher schon einmal gemacht?" Im Durchsuchen der Vergangenheit wird eine vergleichbare Situation entdeckt: „So richtig dreckig ging es mir schon einmal." Entdeckt wird aber auch, daß Gott damals auch wieder „auf die Füße gestellt" hat.

„Haben Sie solche Erfahrungen der Ausweglosigkeit und Gottverlassenheit schon früher einmal gemacht?" Ein älterer Herr berichtet von seinen Kriegserlebnissen. Er erzählt, daß er nicht mehr daran geglaubt habe, seine Familie wiederzusehen. Damals habe er das Beten wieder gelernt. Daß er wieder nach Hause gekommen sei, führte er darauf zurück, daß Gott seine Gebete erhört habe. Eine ältere Frau erinnert sich an die schwere Pflege ihres Mannes. Oftmals sei sie mit ihrer Kraft am Ende gewesen. Aber nachdem sie die Hände gefaltet habe, habe sie die Erfahrung gemacht: „Und wenn du denkst, es geht nicht mehr, dann kommt von irgendwo ein Lichtlein her." Jemand erzählt von einer schweren Operation, in die

er mit gefalteten Händen gegangen sei, und bezeugt: „Die Ärzte haben mich mit Gottes Hilfe wieder hingekriegt."
Michael Nüchtern (1994, S. 23 f) gewinnt sein biographisches Seelsorgekonzept für den Umgang mit Kranken aus biblischen Texten insbesondere aus Psalmen. Wichtig ist für ihn, daß in der gegenwärtigen Trostlosigkeit die Erinnerung an frühere Erfahrungen mit Gott angeregt wird. Dabei wird nicht nur Verfehltes entdeckt. „Die Kranken erinnern sich – und das ist das Wesentlichste – im Rückblick auch an die gute, bewahrende, stärkende Macht Gottes in ihrer Lebensgeschichte." Eine solche Erinnerung hat nicht nur Vergangenheitswert. Sie stärkt zudem in der Gegenwart und für die Zukunft. „Die Erinnerung aktiviert die Hoffnung auf den, der mehr war und ist als das jetzt bedrohte Ich". Auf diese Weise geschieht „Heilung aus Erinnerung".
Ähnlich sieht es Karlfried Graf Dürckheim (1979, S. 27 ff) in seinen Überlegungen zum therapeutischen Umgang mit alten Menschen. Bei dem alten Menschen, der häufig von dem Zweifel an der Gerechtigkeit Gottes erfüllt ist, kommt es darauf an, ihn „Lebensaugenblicke erinnern zu lassen, in denen die transzendente Dimension... in eindeutiger Weise anklang". Es geht um die gemachten Erfahrungen „von der Entdeckung einer neuen Kraft", „vom Aufgehen eines neuen Lichts" vom „Einströmen einer neuen Wärme", „vom Einströmen überweltlicher Liebe". „Es geht um die Erinnerung und Erneuerung von Augenblicken, in denen das transzendente Wesen erfahren wurde." Nach Gina Schibler (1999, S. 110) kommt es in der seelsorgerlichen Begegnung darauf an, die Frage anzuregen: „Wo habe ich ... in meinem Leben Gottes heilsames Eingreifen für mich als Mensch, als Frau oder als Mann, erlebt? Wo kann ich in meinem Leben als Frau oder Mann Gott preisen? Auf diese Weise werden eigene Lebenspotentiale freigesetzt."
Als Anregung, hinter die gegenwärtige Notlage zurückzublicken und in der Vergangenheit Bewahrungserlebnisse zu entdecken, eignen sich auch Kirchenlieder. Einige Kirchenlieder benutzen die Frage nach früheren Erfahrungen des Bewahrtwerdens geradezu als strategisches Mittel der Gewinnung von Zuversicht im Hier und Heute:

> Lobe den Herren, der dich auf Adelers Fittichen sicher
> geführet. Hast du nicht dieses verspüret? (EG 316, 2)

> In wieviel Not hat nicht der gnädige Gott
> über dir Flügel gebreitet? (EG 316,3)

Hat er dich nicht von Jugend auf versorget
und ernährt? (EG 324,16)

Stets will ich euch tragen, recht nach
Retterart. Wer sah mich versagen,
wo gebetet ward? (EG 380,4)

Ältere Menschen verfügen zumeist über einen großen Schatz an Kirchenliedern. Die genannten haben sie zumeist im Kopf. Die Begegnung mit einem solchen Lied kann dazu führen, daß der Suchaufforderung gefolgt wird und aufbauende Glaubensgeschichten entdeckt und erzählt werden. Es kann die Frage in den Raum treten: Warum sollte Gott nicht auch Heute und Morgen so sein, wie er sich in der Vergangenheit gezeigt hat?
Viele depressive und auch nicht depressive alte Menschen leiden unter der „Gottlosigkeit der heutigen Zeit“. Sie finden Belege für diese Gottlosigkeit beim Lesen der Zeitung und beim Fernsehen. Sie beklagen, daß ihre eigenen Kinder und Enkelkinder nicht mehr zur Kirche gehen. Aus ihrer Analyse der religiösen Landschaft leiten sie dann oft die Prognose ab: „Das alles wird noch einmal ein böses Ende nehmen“. Sie versuchen, sich damit zu trösten: „Man gut, daß ich das nicht mehr erleben werde.“ Hinter solchen Äußerungen dürfte eine große Verunsicherung stehen, die bange Frage, ob sie denn mit all dem, was sie einmal gelernt haben, was und wofür sie gelebt haben, denn wirklich richtig gelegen haben. Ein Großteil der Welt kommt offenbar ohne all das aus. Es dürfte wenig fruchtbar sein, den Versuch zu unternehmen, das Bild zu verschönen. Sinnvoll dürfte es vielmehr sein, die Eigenerfahrung mit Gott zu stärken, anzuregen zu erzählen, was „ ich mit Gott erlebt habe“. Auf diese Weise können die bedrückenden Bilder der heutigen Zeit zurücktreten und die Bilder der eigenen Lebensgeschichte aufbauend dominant werden.
Hilarion Petzold (1986; S. 596) spricht von einem „Teilen“ der Lebensgeschichte. Darunter versteht er nicht, daß der eine erzählt und der andere mehr zuhört. Gemeint ist ein dialogisches Geschehen. Auch der Therapeut „teilt seine eigenen Erfahrungen, Erlebnisse und Gefühle mit“. „Zur Narration des Patienten gesellen sich erzählerische Sequenzen des Therapeuten.“ Was hier vom Therapeuten gesagt ist, gilt sicherlich auch für Seelsorgerinnen und Seelsorger und auch für das Erzählen von Glaubenserfahrungen. Auf diese Weise entsteht ein „verbindendes Moment“, „ein inniger Kontakt“. Für Joachim Scharfenberg (1985, S. 72f) allerdings ist

ein solches Verfahren in einem seelsorgerlichen Gespräch nicht unproblematisch. Das Erzählen von eigenen Erfahrungen sieht er als „eine Versuchung“ an, der man in der Seelsorge widerstehen sollte. Es werde zwar auf diese Weise die Beziehung gestärkt. Man fände sich zwar in der „Solidarität der gleichen Erfahrung“ wieder, es erschwere aber den Prozeß der Ablösung und Verselbständigung. Es sei besser statt der persönlichen Geschichte eine Geschichte von allgemeiner Bedeutung zu erzählen, die über die Zweierbeziehung hinausreicht.

c) Biblische Hoffnungsgeschichten

Der bisher dargestellte Weg nahm seinen Ausgangspunkt in der Biographie des Menschen. Der Gesprächspartner oder die Gesprächspartnerin wurde angeregt, in der Lebensgeschichte Erfahrungen des Bewahrtwerdens zu erinnern. Eine andere Möglichkeit ist, in das Gespräch biblische Geschichten einzuführen, die den Menschen in seiner depressiven Befindlichkeit abholen und Auswege eröffnen. Ganz allgemein für die Seelsorge empfielt Isidor Baumgartner (1992, S. 118) „von Gott erzählende Geschichten“ aus der Bibel weiterzugeben: „Diese Geschichten haben es an sich, daß der Hörer seine eigene Geschichte in sie hineinlesen und beides miteinander verflechten kann.“ Speziell für den Umgang mit depressiven Menschen stellt Roy W. Fairchild (1991, S. 112) die Bedeutung biblischer Geschichten heraus: „Depressive Menschen brauchen eine erneuerte Sicht von Sinn. Die großen biblischen Geschichten können Hinweise auf den Sinn des Lebens geben.“ Das Erzählen solcher Geschichten ist „ein Weg zur Hoffnung“. Im folgenden werden drei geeignete biblische Geschichten dargestellt:

> Die Israeliten murrten in der Wüste und sprachen:
> Wollte Gott, wir wären in Ägypten gestorben durch
> des Herrn Hand, als wir bei den Fleischtöpfen saßen
> und hatten Brot die Fülle zu essen. Denn ihr habt uns
> dazu herausgeführt in die Wüste, daß ihr diese
> Gemeinde an Hunger sterben laßt.
> Und der Herr sprach zu Mose: Ich habe das Murren
> der Israeliten gehört. Sage ihnen: Gegen Abend sollt ihr
> Fleisch zu essen haben und am Morgen von Brot satt
> werden und sollt innewerden, daß ich, der Herr,
> euer Gott bin.

Und sie empfingen Wachteln und Manna.
(2. Mose 16)

Hiskia, der König von Juda, erinnert sich an die Zeit
als er sehr krank war und um sein Leben fürchten
mußte. Er erzählt:
Ich sprach:
Meine Hütte ist abgebrochen und über mir weggenommen wie
eines Hirten Zelt.
Zu Ende gewebt hab ich mein Leben wie ein Weber;
er schneidet mich ab vom Faden.
Tag und Nacht gibst du mich preis;
bis zum Morgen schreie ich um Hilfe;
aber er zerbricht mir alle meine
Knochen wie ein Löwe.
Tag und Nacht gibst du mich preis.
Ich zwitschere wie eine Schwalbe und gurre wie eine Taube.
Meine Augen sehen verlangend nach oben: Herr, ich leide Not,
tritt für mich ein!
Was soll ich reden und was ihm sagen? Er hat's getan!
Entfohen ist all mein Schlaf bei solcher Betrübnis meiner Seele.
Herr, laß mich wieder genesen und leben.
Siehe, um Trost war mir sehr bange.
Du aber hast dich meiner Seele herzlich angenommen,
daß sie nicht verdürbe;
denn du wirfst alle meine Sünden hinter dich zurück.
(Jesaja 38)

Jemand erinnert sich:
Ich harrte des Herrn,
und er neigte sich zu mir und hörte mein Schreien.
Er zog mich aus der grausigen Grube, aus lauter Schmutz
und Schlamm, und stellte meine Füße auf einen Fels,
daß ich sicher treten kann;
er hat mir ein neues Lied in meinen Mund gegeben,
zu loben unsern Gott.
(Psalm 40, 2-4)

Diese Geschichten, gehört von einem depressiven Menschen, holen ihn ab in seinen Belastungen. Die erste Geschichte holt ab in der allgemeinen Unzufriedenheit mit dem Leben, im Vermissen von Lebensgütern, ohne die man nicht sein kann. Die zweite Geschichte holt ab in der gesundheitsbedingten Lebensangst sei sie begründet oder hypochondrisch überzogen. Sie solidarisiert sich mit den Weinenden und Schlaflosen. Sie bietet Bilder, die eigenes Befinden klären kann. Die dritte Geschichte ist bildhaft offen. Viele Erlebnisse von einem Mangel an Stehvermögen lassen sich dort hineinlesen. Zugleich legen diese Geschichten Zeugnis ab von einer in Gott begründeten Wende des Lebens. Besonders die zweite Geschichte macht deutlich, daß Gott auch einen schuldig gewordenen Menschen wieder weiterbringt. Was die Wirkung des Erzählens solcher Geschichten anbetrifft, so stellte Isidor Baumgartner (1992, S. 118) fest: „Kraft, die damals wirkte, Heilung, die damals geschah, wird somit wieder lebendig und greift auf den Hörer über." Solche Geschichten können auch dazu führen, daß die Hörerin oder der Hörer nach Parallelgeschichten im eigenen Leben sucht und zu der Entdeckung kommt: Ja, Ähnliches habe ich ja auch erlebt. Verschüttetes, übersehenes Glaubensgut tritt erneut ins Bewußtsein. Die genannten Geschichten stellen nur eine kleine Auswahl dar. Es lassen sich viele weitere finden, die Hoffnung in depressiver Lebensangst aufzeigen können.

d) Biblische Antriebsgeschichten

Depressive Menschen haben wenig Motivation zum Handeln. Sie können sich zu nichts aufraffen. Sie sind apathisch und leiden unter Antriebsarmut. Isidor Baumgartner (1990, S. 568) traut biblischen Geschichten zu, daß sie auch antriebsfördernd wirken können: „Diese Geschichten verlocken zur Tat; sie handeln an mir und fordern mich zur Handlung auf." Sie „spinnen etwas in die Zukunft hinein fort, wo bisher keine gangbare Zukunft offen schien". Zwei Geschichten seien erzählt, die möglicherweise Antriebskräfte in einem depressiven Menschen aktivieren können:

> Elia setzte sich unter einen Wacholder und wünschte sich zu sterben und sprach: Es ist genug, so nimm nun, Herr, meine Seele;
> Und er legte sich hin und schlief unter dem Wacholder.
> Und siehe, ein Engel rührte ihn an und sprach zu ihm:
> Steh auf und iß!
> Und er sah ein geröstetes Brot und einen Krug mit Wasser.
> Und als er gegessen und getrunken hatte, legte er sich wieder schlafen.

> Und der Engel des Herrn kam zum zweitenmal wieder und rührte ihn an und sprach: Steh auf und iß! Denn du hast einen weiten Weg vor dir. Und er stand auf und aß und trank und bekam neue Kraft.
> (1. Kön. 19, 4-8)

Elia zeigt eine Reihe von Symptomen, die in einer Depression vorkommen: Appetitlosigkeit, vermehrtes Schlafbedürfnis, Energieverlust, pessimistische Zukunftsperspektive, Todessehnsucht. All das paßt zum Bild einer Major Depression bzw. depressiven Episode. Ein depressiver Mensch kann sich hier wiederfinden. Elia wird durch den Engel angeregt, zu essen und bekommt neue Kraft, neuen Antrieb. Gerade alten Menschen ist das Motiv des Engels sehr vertraut. Bilder von Engeln hingen in früheren Zeiten in den Schlafzimmern. Sie zierten die Familienchronik, die sich in den Familienbibeln befand.

> Jesus sprach zu Simon: Fahre hinaus, wo es tief ist, und werft eure Netze zum Fang aus! Und Simon antwortete und sprach: Meister, wir haben die ganze Nacht gearbeitet und nichts gefangen; aber auf dein Wort will ich die Netze auswerfen.
> Und als sie das taten, fingen sie eine große Menge Fische, und ihre Netze begannen zu reißen.
> Lukas 5, 4 – 6

Diese Geschichte schildert das Erleben der Hilflosigkeit, das eine zentrale Erfahrung auch von depressiven Menschen ist. Alle Versuche der Jünger ihre Existenz zu sichern, schlagen fehl. Ihr Handeln hat keinen Zweck. Es entsteht Kontrollverlust. Dennoch handeln sie erneut auf Geheiß von Jesus. Das Wort Jesu bringt neuen Antrieb, und die Netze füllen sich.
Solche Geschichten können depressive Menschen möglicherweise ermutigen, erneut aktiv zu werden und darin zu erleben, daß sie noch etwas an ihrem Leben bewegen können. Die Geschichten zeigen, daß man nicht allein auf eine Kraft bauen muß, die in einem ist, sondern mit einer Kraft rechnen darf, die einem von außen zuströmt, wenn man sich auf Gottes Ansporn einläßt. Handeln kann auch wider den Augenschein sinnvoll sein. Während die oben erzählten Hoffnungsgeschichten mehr für einen passiven Glauben warben, ermutigen diese Antriebsgeschichten zu einem aktiven Glauben, aus dem heraus der Mensch selbst mit Gottes Hilfe tätig wird.

Resümee:

Wir haben drei verschiedene Ansätze gewählt, sind drei verschiedene Wege gegangen, um depressive alte Menschen zu begleiten: den Weg der kognitiven Umstrukturierung, die primär emotionale Begleitung, den lebensgeschichtlich-narrativen Zugang. Es mag die Frage aufgekommen sein: Welchen Weg soll man denn nun gehen? Es ist klar, daß diese Frage nicht mit dem Hinweis auf einen der drei Wege zu beantworten ist, denn dann hätten wir uns die Darstellung der beiden anderen sparen können. Grundsätzlich sind alle drei Wege gangbar. Bei der Wegentscheidung ist Verschiedenes zu bedenken:
Einmal ist die Frage nach mir selbst zu stellen. Seelsorgerinnen und Seelsorger haben unterschiedliche Persönlichkeitsstrukturen. Es „liegen" ihnen unterschiedliche Weisen, mit eigenen und fremden Problemen umzugehen. Die einen halten es mehr mit dem Kopf, die anderen mehr mit dem Bauch. Die einen sind mehr gegenwartsorientiert, die anderen reflektieren Probleme mehr auf dem Hintergrund ihrer Biographie, was sich mit zunehmendem Alter verstärken dürfte. Es wirkt unecht, erschwert den Beziehungsaufbau, wenn man sich auf einen Weg begibt, der einem nicht entspricht. Das alles schließt aber nicht aus, daß man den Versuch unternimmt, bei sich „neue Seiten zum Schwingen zu bringen".
Ob man es wagt, dieses „vor Ort" in der seelsorgerlichen Praxis anzugehen oder es lieber erst einmal in einer Übungsgruppe versucht, wird jede oder jeder selbst entscheiden müssen.
Weiterhin ist die Wegentscheidung abhängig von dem Menschen, den ich vor mir habe. Auch hier ist wieder die Frage nach der Persönlichkeitsstruktur zu stellen. Darüberhinaus spielt das gesundheitliche Befinden eine Rolle. Je schwerer die Depression ist, um so mehr leiden die Ich-Strukturen des Menschen und um so problematischer wird von daher der Weg einer kognitiven Umstrukturierung. Hingegen hat sich gezeigt, daß auch bei einer schwereren Depression sich der Mensch auf den lebensgeschichtlich-narrativen Weg einlassen kann. Dieser Weg ist zudem schichtunabhängig. Ein emotionaler Zugang dürfte bei allen Graden der Depression möglich sein. Mit zunehmendem Schweregrad bleibt es allerdings oftmals bei einer Katharsis, deren Wert aber keineswegs gering zu schätzen ist. In ganz schwerer depressiver Lebensangst wird man sich auf das Beistehen und Mitgehen beschränken müssen.

Man wird am Anfang einer seelsorgerlichen Begegnung herausfinden müssen, wen ich vor mir habe, was für eine Persönlichkeitsstruktur dieser Mensch hat, wie sich sein Krankheitsbild darstellt, welcher Weg angemessen ist. Um herauszufinden, welchen Weg der Mensch gehen möchte, den kognitiven oder den emotionalen, verwenden Susan R. Walen u. a. (1982, S. 45) die „doppelte Spiegelung". Eine Äußerung wird aufgenommen und in der Erwiderung wird die Möglichkeit gegeben, auf Gefühle oder Gedanken zu reagieren. Zum Beispiel: „Das hört sich an, als ob sie wirklich unglücklich wären, und ob sie dächten, ein Mißerfolg wäre etwas Schreckliches." Auf diese Weise kann der Gespächspartner „selbst entscheiden, womit er sich befassen will". Es kann manchmal eine Weile dauern, bis man den Weg gefunden hat, der zum Ziel führen könnte. Jemand hat das Problem einmal mit einem Bild beschrieben: Es ist wie bei einem Schlüsseldienst, der gerufen wird, wenn eine Tür zugeschlagen ist. Der Mensch vom Schlüsseldienst probiert mehrere Schlüssel aus. Viele passen nicht bis schließlich der Schlüssel gefunden wird, der die Tür öffnet.
Einen eingeschlagenen Weg darf und sollte man verlassen, wenn sich herausstellt, daß er doch ein Irrweg war. Abzuraten ist allerdings von einem Springen von einem Konzept in ein anderes. Das dürfte zur Verwirrung führen. Die einzelnen Konzepte beinhalten eine bestimmte Psycho-Logik und auch eine bestimmte Theo-Logik. Nur wenn man in ihren Bahnen und bei ihren Spielregeln bleibt, ist die Chance vorhanden, daß das erstrebte Ziel erreicht wird.
Es gibt seelsorgerliche Mittel, die in allen drei Konzepten vorhanden sind, so der biblische Text. Manche biblische Texte können durchaus in allen drei Konzepten Verwendung finden. Zu bedenken ist aber, daß die biblischen Texte in den drei Konzepten nach einer bestimmten Verfahrenslogik eingesetzt werden, unterschiedliche Funktionen haben und auch unterschiedlich eingeführt werden, sodaß man innerhalb des Konzepts nicht beliebig mit ihnen umgehen kann. Im kognitiven Ansatz hat ein biblischer Text die Funktion, das Denken in Richtung auf eine alternative Sichtweise anzuregen. Anderes bleibt unbeachtet. Im emotionalen Ansatz wird der Text präsentiert, um im Gefühlsleben abzuholen und weiterzubringen. Im lebensgeschichtlich-narrativen Ansatz stehen die Figuren des biblischen Textes für Weggefährten in einer Geschichte, die der meinen ähnlich ist, Weggefährten, die ähnlich denken, fühlen und handeln, wie auch ich handeln könnte.

Die Ziele der drei Wege sind sicherlich nicht in einem einmaligen Kontakt erreichbar. Wünschenswert in der seelsorgerlichen Begleitung sind sicherlich häufigere Begegnungen, die dann auch in eine bestimmte Beziehung zueinander gebracht werden. Erreichtes kann ausgebaut werden. Wieder Verlorenes kann neu aufgebaut werden. Dennoch ist nicht sicher, daß der erstrebte Hoffungsaufbau gelingt. Bei allem Bemühen kann es sein, daß der depressive Mensch die aufgewiesene Hoffnung nicht in sich aufnehmen, sich zu eigen machen kann. Das Bemühen muß dennoch nicht vergeblich gewesen sein. In der Therapie wird von einer „stellvertretenden Hoffnung" gesprochen, die der Therapeut für den anderen Menschen hat. Theologisch spricht man von einem „stellvertretenden Glauben", den Seelsorgerinnen und Seelsorger zum Ausdruck bringen. Auch wenn der Mensch selbst nicht hoffen, glauben kann, kann es ihn tragen, neben sich einen Menschen zu erleben, der das kann, wozu er selbst (noch) nicht in der Lage ist. Für Ingrid Weber-Gast (1980, S. 33) war dies Erleben der Stellvertretung von großer Tragfähigkeit: „Es war weniger mein Glaube als der Glaube anderer, die Fürbitte anderer, die eine Rolle gespielt haben auf dem Weg zur Genesung." Stellvertretender Glaube kann auf allen drei Wegen zum Ausdruck kommen: dadurch daß ich zum Ausdruck bringe, daß ich anders von Gott denke, ihn anders erlebe, anders von ihm erzählen kann. Diese Stellvertretung übernehmen Seelsorgerinnen und Seelsorger nicht allein. Stellvertretend hoffen und glauben auch all die, die in den eingeführten Texten zur Sprache kommen.

D. Seelsorge in speziellen Kontexten

Bisher haben wir uns mit der Einzelseelsorge beschäftigt, mit dem Gespräch zwischen einem alten depressiven Menschen und einer Seelsorgerin oder einem Seelsorger. Seelsorgerliche Fragen treten aber auch in noch anderen Zusammenhängen auf. Diesen Zusammenhängen wenden wir uns nun zu.

I. Seelsorge als Milieugestaltung

In den letzten Jahren ist verstärkt die Bedeutung des Milieus auch im Leben eines depressiven Menschen in den Blick gekommen. Neben Milieugestaltung spricht man auch von Umweltgestaltung oder von der Herstellung einer depressionsmindernden Ökologie, wobei Ökologie mehr meint als die natürliche Umwelt. Bei der Milieugestaltung geht es um die Gestaltung der natürlichen Umwelt, der materialen Umwelt, der Ordnungsstruktur sowie der sozialen Umwelt.

Depressive Menschen brauchen eine lichtvolle Umwelt, im übertragenen wie auch in einem ganz realen Sinne. Das Zimmer, in dem sie leben, sollte hell sein. Bei Herbst-Winter-Depression besteht die Möglichkeit 2 x tägl. 1/2 Stunde Lichttherapie durchzuführen (Erich Grond 1995, S. 96). Das Zimmer sollte farbenfrohe Blumen aufweisen, vielleicht einen Zimmerspringbrunnen mit Beleuchtung. Helle, hoffnungsvolle Bilder sollten die Wände zieren. Rolf D. Hirsch (1992) weist auf die Bedeutung von Tieren in der Umgebung hin. Besonders Hunde und Katzen vermitteln ein Heimatgefühl, verringern Einsamkeit und Isolation. Gegenstände im Zimmer können Symbolwert haben. Ein Meisterbrief, Bilder vom Arbeitsplatz oder im Beruf geschaffene Gegenstände können auch nach der Pensionierung ein stückweit die „beschädigte“ Berufsidentität wahren (Martin Pinquart 1998, S. 69). Unter religiösen Gesichtspunkten können hier das Bild der Heimatkirche, der Konfirmationsspruch an der Wand, die Familienbibel oder das Gesangbuch, das man zur Konfirmation bekommen hat, eine solche identitätssichernde Funktion haben, besonders dann, wenn der Mensch nicht mehr in der Lage ist, an den Aktivitäten der Kirchengemeinde teilzunehmen.

Manfred Wolfersdorf (1995, S. 122f) weist darauf hin, daß es für einen depressiven Menschen wichtig ist, daß er über eine „gewisse Tagesstruktur mit Anforderungen“ verfügt. In einer psychiatrischen Klinik wird eine solche Tagesstruktur als Teil des Behandlungsprogramms in der Regel durchgesetzt. In einem Altersheim wird oftmals nur auf ein Minimalprogramm, das zum Funktionieren des Betriebsablaufs nötig ist, bestanden. Von freiwilligen Angeboten bleibt der depressive alte Mensch oftmals verschont, wenn er sich verweigert. Natürlich geht es nicht darum, Zwang auszuüben, wohl aber um ein behutsam motivierendes Verhalten. Wichtig sind auch Unterstützung und Lob. Dieses sollte auch in der häuslichen Umgebung geschehen. Der depressive Mensch sollte an den Aktivitäten des täglichen Lebens, wie sie im Ablauf des Tages anfallen, beteiligt werden, z. B. am Einkaufen oder der Zubereitung der Mahlzeiten. Auf diese Weise erlebt er, daß er trotz Antriebsschwäche doch noch etwas leistet, wodurch sein Selbstwertgefühl gestärkt wird. In einem Gespräch sollte immer wieder das Geleistete ins Bewußtsein gebracht und anerkannt werden. Erich Grond (1988, S. 295) empfiehlt gegen die Antriebshemmung einen gestuften Anforderungsplan zunächst einen Stundenplan, dann einen Tagesplan, dann einen Wochenplan. Für Rolf Merkle (1995, S. 77) ist es wichtig, daß nicht nur Pflichten abverlangt werden. Pflichten und Vergnügen sollen den Tagesablauf bestimmen. Auch ein Spaziergang gehört dazu, der Besuch eines Kinofilms oder das Einkaufen von etwas Schönem. Zu einer solchen Strukturierung des Lebens gehört natürlich auch das Angebot von Gottesdienst und sonstigen kirchlichen Aktivitäten.

Wichtig ist, daß der depressive Mensch all die genannten Aktivitäten nicht nur gehorsam vollzieht, sondern bei ihrer Gestaltung beteiligt ist. Die Mitbestimmung ist ein wichtiger Aspekt. Sie bewahrt den depressiven Menschen vor dem Gefühl des Kontrollverlustes, vor dem Erleben, daß er auf nichts Einfluß hat. Rolf D. Hirsch (1992, S. 162) nennt exemplarisch einige Beispiele für Bereiche der Mitbestimmung: Mitgestaltung des Tagesablaufs, Beteiligung bei der Auswahl der Mahlzeiten, Einfluß auf die Wahl des Fernsehprogramms, Einfluß auf die Gestaltung der Wohnung. Denkbar ist auch, einen depressiven Menschen etwa an der Gestaltung einer Andacht oder eines Seniorenkreises zu beteiligen. Auf diese Weise erlebt der Mensch, daß ihm noch Verantwortungsbewußtsein zugetraut wird und er noch Verantwortung für etwas tragen kann.

Die genannten Aktivitäten bringen es mit sich, daß der depressive Mensch Kontakt zu anderen bekommt. Kontakte zu Menschen überwinden die Isolation, bewahren vor dem Gefühl der Einsamkeit, zudem bringen sie „auf andere Gedanken“, stoppen das Grübeln. Wichtig ist, daß sich Kirche gemeinschaftsbildend immer wieder ins Milieu derer begibt, die „mühselig und beladen“ sind und ihnen das Gefühl der Zugehörigkeit zum Leib Christi gibt. Die Ausführungen zur Milieugestaltung haben gezeigt, daß es für Kirche durchaus möglich ist, sich in dieses Anliegen einzuklinken. Auch bei den weniger religiös bestimmten Maßnahmen können Seelsorgerinnen und Seelsorger hinweisend und beratend tätig werden.

II. Seelsorge in der Gruppe

Wir wenden uns nun der Frage nach den Möglichkeiten der seelsorgerlichen Begleitung in der Gruppe zu. Wir werden zwei verschiedene Situationen betrachten. Seelsorgebedürftig sind natürlich zunächst Menschen, die an einer Depression leiden. Aber auch Menschen im Vorfeld einer möglichen Depression haben Bedarf an Seelsorge.

1. Gruppenarbeit mit depressiven Menschen

Spezielle Gruppen für depressive alte Menschen sind in einigen gerontopsychiatrischen Einrichtungen anzutreffen. Vielleicht ist es ja möglich, daß eine Seelsorgerin oder ein Seelsorger an solchen Gruppenaktivitäten beteiligt wird. Denkbar wäre aber auch, daß in einem Altersheim eine solche Gruppe entsteht. Ob ein depressiver Mensch gruppenfähig und gruppenbereit ist, wird man von Fall zu Fall prüfen müssen. Ein in der Einzelseelsorge gewonnenes Vertrauensverhältnis vermag sicherlich die Bereitschaft zur Teilnahme an einer Gruppe fördern. Für einen depressiven Menschen kann die Beteiligung an so einer Gruppe u. a. folgenden Gewinn haben:

- Die Gruppe führt zu Kontakten und hilft, Gefühle der Einsamkeit und Isolation zu vermindern.
- In der Gruppe kann durch ansprechende Aktivitäten die Motivations- und Interessenlosigkeit verringert werden.

- Durch die Erfahrung, daß auch andere ähnliche Probleme haben, kann ein Gefühl der Solidarität entstehen.
- Durch die Ansprache in der Gruppe kann erneut Sprachfähigkeit entstehen.

Erich Grond (1988, S. 299) formuliert für die Gruppenarbeit mit depressiven alten Menschen folgende Ziele. In Gruppen sollen Depressive wieder lernen:

1. sich an positive Ereignisse zu erinnern, sich selbst realistisch zu beobachten, positive Stimmungen und Aktivitäten sowie deren kurz- und langfristige Konsequenzen wahrzunehmen und positive Aktivitäten zu planen und durchzuführen, d. h. sich etwas zu gönnen,
2. eigene Verantwortlichkeit einzuschätzen und zu realisieren,
3. sich selbst zu bewerten, zu hohe Ziele und zu strenge Maßstäbe abzubauen,
4. sich selbst zu verstärken und zu belohnen, indem der Depressive lernt, sich selbst zu loben und die Liste positiver Eigenschaften zu ergänzen.

Bei H. Radebold u. a. (1997) sind einige therapeutische Gruppenaktivitäten mit depressiven alten Menschen dokumentiert. Die Teilnehmerzahl lag bei 8 – 12 Personen. Es lassen sich zwei Grundausrichtungen feststellen:

Aktueller Ansatz:
Die Gruppe steigt ein bei dem, was ist. Es können Beschwerden, Enttäuschungen, Kränkungen blitzlichtartig geäußert werden. Der Einstieg hat eine Klagemauerfunktion. Aber auch Wünsche können vorgetragen werden. Folgende Probleme kommen vor: Überforderung, Hoffnungslosigkeit, Angst vor dem Alleinsein, Einschränkungen, Verlusterlebnisse, Angst, Beziehungsprobleme innerhalb der Familie, Tod und Sterben. Folgende Wünsche werden vorgetragen: Beschäftigung mit der Jahreszeit, Thematisierung von Festtagen, der Geburtstag, Religiosität. Aus den genannten Problemen und Wünschen wird dann das Thema der Gruppenstunde gefunden.

Lebensgeschichtlicher Ansatz:
Es wird biographisch, erinnerungstherapeutisch gearbeitet. Die Gruppenleitung erzählt modellhaft eine Geschichte mit lebensgeschichtlichem Bezug und läd dann dazu ein, ein eigenes Erlebnis aus der Lebensgeschichte zu erzählen. So entstehen etwa Geschichten aus der Familie, Wohngeschichten. Es werden Erlebnisse

aus der Berufsgeschichte erzählt. Von jahreszeitlich bedingten Vorgängen wird berichtet. Die Gruppenleitung regt immer wieder durch gerichtete und leitende Fragen dazu an, die Geschichten auszuweiten. Auf diese Weise treten neue Erinnerungen zutage und der Prozeß der selektiven, negativen Erinnerung wird gestoppt. Statt einer Einstiegsgeschichte wird oftmals auch ein Bild eingesetzt, das lebensgeschichtliche Erinnerungen auslösen kann. Es zeigt sich, daß bei diesem Ansatz auch schwer depressive alte Menschen sich beteiligten, was bei einem problemorientierten Ansatz nicht der Fall ist.

Die Inhalte der dargestellten Gruppenaktivitäten machen deutlich, daß einiges vorkommt, was von unmittelbarer religiöser Relevanz ist. In einer solchen Gruppe könnte etwa ein Gespräch geführt werden über verschiedene Gottesbilder. Die Lebensgeschichte könnte als Glaubensgeschichte thematisiert werden. Biblische Hoffnungsgeschichten könnten eingebracht werden. Verheißungsvolle Bilder mit religiöser Thematik können betrachtet werden. Dabei wird man stets die depressive Problematik im Auge haben hinsichtlich des Materials, das man benutzt und hinsichtlich der Art der Gesprächsführung. Nach dem Vorbild der Musik- und Poesietherapie, die auch in Gruppen mit depressiven Menschen arbeiten, kann man auch Kirchenmusik hören, Choräle singen, Gedichte zu Gehör bringen. Beispiele für eine solche Arbeit wurden bereits im Rahmen der Einzelseelsorge dargestellt. In der Gruppe kommt nun allerdings dazu, daß besonders beim Musikerleben noch ein Gemeinschafts- oder gar Gemeindegefühl entstehen kann. Man kann hier auch zusätzlich aktivierend einfache Instrumente aus dem Orffschen Instrumentarium einsetzen oder die körpereigenen Instrumente insbesondere die Hände in Aktion bringen.

2. Präventive Gruppenarbeit

Im weiteren betrachten wir nun noch eine andere Form von Gruppenseelsorge. Es geht um eine vorbeugende Gruppenseelsorge an alten Menschen. Nach Beobachtungen von Rolf D. Hirsch (1992, S. 195 ff) wird Altenbildung (Geragogik) zunehmend auch als Geroprävention eingesetzt, als ein Mittel zur Vorbeugung gegen Depression. Damit ist ein Anliegen angesprochen, das auch von der kirchlichen Seniorenkreisarbeit aufgenommen werden sollte.

Hirsch unterscheidet zwischen unspezifischen Angeboten und spezifischer Prävention. Unspezifische Angebote sind alle Bemühungen und Maßnahmen, die dem psycho-physischen Wohlbefinden des alten Menschen dienen. Dazu gehören z. B.: Körperliche Aktivität, Information über regionale Altenberatungsstellen, Gesundheitsinformationen, Entspannungsübungen, Informationen über Freizeitgestaltung, humoristische Veranstaltungen zur Förderung der Lebensfreude. Dazu gehört auch das Gedächtnistraining. Ein „Gedächtnistraining mit religiöser Thematik“ kann für 5 DM angefordert werden bei: Arbeitsstelle für gemeindebezogene Altenarbeit im Amt für Gemeindedienst, Postfach 265, 30002 Hannover . All die genannten Maßnahmen können auch dazu beitragen, daß sich die Wahrscheinlichkeit einer Depression verringert.
Unter einer spezifischen Prävention sind Maßnahmen zu verstehen, die unmittelbar auf das Vermeiden einer Depression ausgerichtet sind. Im folgenden empfehlen wir einige Bausteine, die in einem Seniorenkreis umgesetzt werden können:

Aufklärung über die Ursachen von Depression

- Verschiedene körperliche Krankheiten können zu somatischen Depressionen führen. Durch Beachtung der Risikofaktoren kann vorgebeugt werden.
- Kritische Lebensereignisse können zu reaktiven Depressionen führen. Durch Bewußtmachung der Lebenslage und durch Inanspruchnahme qualifizierter Hilfe kann das Risiko vermindert werden.
- Wenn auf die Sinnfrage des Lebens so recht keine Antwort mehr gefunden wird, ist der Weg in die Depression nicht mehr weit. In diesem Fall sollte seelsorgerliche Hilfe zur Sinnfindung gesucht werden.

Für die beiden ersten Punkte sollte man sich medizinische und psychologische Fachleute einladen, vielleicht auch einen Experten zu Ernährungsfragen. Wichtig ist, daß diese Fachleute Auskunft darüber geben, was man ganz konkret tun kann. Wichtig ist auch, daß sie Adressen nennen, an die man sich wenden kann, wenn man bei sich das Aufkommen einer Depression spürt.

Bewußtmachen von depressogenen Denk- und Sprachmustern

Die in diesem Buch dargestellten Beispiele zu Denkfehlern (Beck) wie willkürliche Schlußfolgerungen, selektive Verallgemeinerung, Übergeneralisation, Maximierung, Minimierung, Personalisierung und verabsolutiertes, dichotomes Denken werden zur Diskussion gestellt. Es können Beispiele „überbewerteter Attributionen" (Seligman) oder das Beispiel einer „fragwürdigen Ereignisinterpretation" (Ellis) der Gruppe vorgelegt werden. Man kann solche Gesprächsbeispiele auf Karten schreiben. Aus so einem Kartensatz werden nach und nach einzelne Karten gezogen und die Gesprächsbeispiele diskutiert. Auf einer Karte steht etwa:

> Frau H. beklagt sich über den Hausmeister, weil er immer noch nicht den defekten Wasserhahn repariert hat und fügt hinzu:
> „Der kommt nicht, weil er mich nicht leiden kann."
> Frage: „Wie finden Sie diese Reaktion?"

> oder: Frau F. macht sich Sorgen über ihren Sohn, der mit dem Gesetz in Konflikt gekommen ist. Sie macht sich Vorwürfe:
> „Ich hätte den Jungen besser erziehen sollen."
> Frage: „Wie finden Sie diese Reaktion?"

> oder: Frau H. klagt über ihre Tochter, weil sie sie nicht besucht hat. Sie sagt: „ Die will mit mir nichts mehr zu tun haben."
> Frage: „Wie finden Sie diese Reaktion?"

Sind eine Reihe von Gesprächsbeispielen diskutiert, so wird die Frage in den Raum gestellt: „Neige ich auch zu solchen Denkweisen?" Es wird weiterhin gefragt: „Was bewirken solche Denkweisen?" Lernziel sollte die Entdeckung sein: Wer so denkt, baut sich ein negatives Selbst-, Welt- und Zukunftsbild auf. Solche Bilder begünstigen das Hineinfallen in eine Depression.

Aufbau von Wertbewußtsein und Lebensfreude
Der kognitive Depressionstherapeut Beck (1986, S. 168) empfiehlt im Hinblick auf die Depression die sogenannte Erfolg-und-Vergnügen-Technik. Er empfiehlt, gehabte Erfolge und erlebte Vergnügungen aufzulisten. Bewußtgemachte Erfolge vermitteln das Erleben: ich bewältige etwas, ich leiste etwas. Diese Feststellung vermittelt Wertbewußtsein. Bewußtgemachte Vergnügungen vermitteln das Erleben: das Leben macht Spaß, beugen der depressiven Freudlosigkeit vor. Nach meinen Erfahrungen ist das Verfahren auch in Gruppen mit alten Menschen möglich und hilfreich. Weni-

ger geeignet sind allerdings die Begrifflichkeiten. Man sollte hier nicht von Erfolg und Vergnügen sprechen. Bei dem Begriff „Erfolg" denken viele an das Berufsleben. Ein Großteil älterer Frauen hatte aber kein Berufsleben oder nur ein kurzes vor der Eheschließung. Außerdem aktiviert der Begriff den Gedanken „Eigenlob stinkt". Der Begriff „Vergnügen" ist zumindest im niedersächsischen Raum von eingegrenzter Bedeutung. Ein Vergnügen ist eine Tanzveranstaltung, der Besuch eines Schützenfestes. Ein Vergnügen hat für viele alte Menschen auch einen verminderten Lebenswert. In den Sinn kommt dabei: „Erst kommt die Arbeit, dann das Vergnügen" oder „Wer zum Vergnügen gehen kann, muß auch arbeiten können". Von daher sollte man diese Begriffe meiden. Man kann das Gemeinte anders ausdrücken, z. B.:

- Was habe ich in der letzten Zeit/in meinem Leben erreicht?
- Worüber habe ich mich in der letzten Zeit/in meinem Leben gefreut?

Die Antworten kann man nach einer Bedenkzeit mündlich aussprechen lassen. Man kann sie aber auch auf Zettel schreiben lassen, die dann vermischt werden und anonym vorgelesen werden. Anschließend sollte ein Gespräch stattfinden über die Bedeutung solcher „Schätze" im Leben. Dieses Verfahren kann auch der Korrektur fragwürdiger religiöser Einstellungen dienen. Manche alte Menschen verbieten sich den Hinweis auf den Eigenanteil am Gelingen ihres Lebens. Für sie gilt „Alles ist Geschenk", „Alles ist Gnade". Andere verbieten sich den Genuß der Freude, sind bestimmt von einer Haltung, die etwa in dem Lied „Jesu geh voran auf der Lebensbahn" (EG 391) zum Ausdruck kommt: „denn durch Trübsal hier, geht der Weg zu dir".

Anbahnung von Aktivität und Gemeinschaftsbildung

Geeignet ist hier die Geschichte von den „Bremer Stadtmusikanten". Die Geschichte wird vorgelesen bis: „und sie gingen alle viere zusammen fort". Es wird der Impuls gegeben: „Die Stadtmusikanten haben das Musizieren als eine Möglichkeit der Altersgestaltung entdeckt. Zu welchen Aktivitäten hätten Sie Lust?" Nachdem die Aktivitäten genannt worden sind, kann man nach Aktivitäten fragen, die die Teilnehmer und Teilnehmerinnen der Gruppe ja vielleicht gemeinsam ausführen könnten. Auf diese Weise kann es geschehen, daß sich Menschen gegenseitig zur Tat anregen. Zugleich wird ein Gemeinschaftserlebnis angebahnt, das vor Isolation schützen kann.

Man kann auch die Frage aufwerfen: „Was hätte ich gern in den letzten Wochen gemacht?“ Möglicherweise kommen Wünsche zutage, die mehrere der Anwesenden haben. Möglicherweise findet man sich zur gemeinsamen Wunscherfüllung zusammen: Man geht zusammen ins Theater, spielt zusammen Schach oder macht einen gemeinsamen Spaziergang in den Wald. Besonders bei Dingen, die nur in Gemeinschaft möglich sind oder Spaß machen, sollte die Gruppenleitung die Frage in den Raum stellen: „Wer würde das gerne mit Frau H. oder Herrn F. machen?

Aufbau von christlicher Hoffnung
Um christliche Hoffnung aufzubauen, kann man ein Gespräch führen über eigene Glaubenserfahrungen. In der Gruppe ist die Bereitschaft dazu eher da, wenn man mit einer biblischen Geschichte beginnt, die dann eigenes Erleben wachruft. Geeignet sind hier folgende in diesem Buch dargestellte Geschichten:

Das Murren der Israeliten (2. Mose 16)
Hiskias Erinnerung (Jesaja 38)
Er zog mich aus der grausigen Grube (Ps. 40)
Elia (1. Kön. 19,4-8)
Petri Fischzug (Lk. 5,4-6)
Gleichnis vom Schalksknecht (Mt. 18,23-27)
Sturmstillung (Mt. 8,23-26)
Das Seewandeln des Petrus (Mt. 14,28-32)

Das Gespräch kann aber auch über einen Liedtext, über einen Psalm oder ein Gedicht der christlichen Lyrik geführt werden. Auch dazu sind mehre Beispiele in diesem Buch zu finden.

III. Seelsorge an Begleitpersonen

Wir wenden uns nun den Menschen zu, die mit depressiven alten Menschen intensiven Kontakt haben, die sie begleiten. Das sind im wesentlichen die Angehörigen und die professionell Pflegenden.

1. Die Angehörigen

Pflegebedürftige alte Menschen werden zu 80–90 % zu Hause gepflegt. Pflegende sind zu 32 % die Töchter, zu 28 % die Ehefrau, zu 10 % der Ehemann, zu 10 % die Schwiegertochter, zu 6 % andere Verwandten und zu 5 % der Sohn (Erich Grond 1995, S. 128). Ein Großteil der pflegebedingenden Krankheiten geht mit Depressionen einher. Darüberhinaus leben in der häuslichen Gemeinschaft zahlreiche nichtpflegebedürftige alte Menschen, die unter einer Depression leiden. Zu einem Problem für Angehörige können auch depressive alte Menschen werden, die außerhalb einer häuslichen Gemeinschaft leben, wenn sie aus der Ferne immer wieder über ihre Verlassenheit klagen. Angehörige brauchen seelsorgerliche Unterstützung, um mit den „sich und andere niederschlagenden Menschen“ (Klaus Dörner/Ursula Plog 1992, S. 193) fertig zu werden. Diese kann in persönlichen Gesprächen geschehen oder auch in Gruppen pflegender Angehöriger.

Pflegende Angehörige sind aus verschiedenen Gründen selbst gefährdet, in eine Depression zu fallen, durch Dauerbelastung in eine depressive Entwicklung zu geraten, die schließlich in eine totale Erschöpfung einmündet:

- Infolge von Überlastung durch die Pflege,
- dadurch daß „alles an mir hängen bleibt“,
- aufgrund von sozialer Isolation bedingt durch das Angebundensein,
- durch das schlechte Gewissen, das aus dem Gefühl, nicht genug zu tun oder nicht geduldig genug zu sein, entsteht,
- durch das schlechte Gewissen, das entsteht, wenn Heimeinweisung erwogen wird, verstärkt noch durch das Signal der Umwelt: „Das tut man nicht“,
- durch die öffentliche Diskussion um „Gewalt an Pflegebedürftigen“, die unter Verdacht setzt,
- durch die ansteckend wirkende Hoffnungslosigkeit des Depressiven.

Eine große Hilfe im seelsorgerlichen Umgang ist es, wenn die Möglichkeit gegeben wird, all das, was bedrückt, einmal aussprechen zu können. In Kreisen pflegender Angehöriger ist dieses Bedürfnis oft größer als das Bedürfnis nach Information über konkrete Pflegemaßnahmen. Im Austausch von Erfahrungen kann das entlastende Gefühl entstehen, daß sich andere in derselben Lage befinden. Weiterhelfend können Bewältigungsstrategien sein, mit denen andere gute Erfahrung gemacht haben. Es wird weiterhin darum gehen, nach institutionalisierten Entlastungsmöglichkeiten Ausschau zu halten. Es geht um Aufklärung über Stützsysteme wie ambulante Dienste, Kurzzeitpflege, Tagespflege, Nachtpflege.

Eventuell ist ein Sozialarbeiter heranzuziehen, der über die rechtlichen Fragen, vor allem über die finanziellen Ansprüche aufklären kann. Es geht um die Frage: Wie kann ich mir Freiräume verschaffen? Wer könnte mir Freiräume verschaffen, damit ich auch mal aus dem Haus kann? Zu einem solchen Freiraumschaffen muß oftmals mit Nachdruck ermutigt werden. Viele Pflegende haben Angst, daß „andere ihnen in die Karten gucken" oder daß der Pflegebedürftige Ehrenrühriges erzählt. Manche haben auch Angst, daß der Tod sich gerade dann einstellt, wenn sie nicht da sind.
Wenn es um die Frage der Schuld geht, so ist zu prüfen, ob der Weg des „Entverantwortlichmachens" zu gehen ist. Bleiben Schuldbewußtsein und Schuldgefühl bestehen, so ist von der Vergebung zu sprechen. Im Zusammenhang mit dem Erwägen einer Heimeinweisung ist in einem Gespräch eventuell abzuklären, was eine Gewissensentscheidung ist. Eine Gewissensentscheidung entsteht aus dem gewissenhaften Abwägen mehrerer Faktoren, das neben den Interessen des Pflegebedüftigen auch die Interessen anderer Familienglieder und die eigene Belastbarkeit mit einbezieht. Dabei bleibt immer ein Rest von Unbefriedigtem.
Angehörige brauchen Anerkennung für das, was sie leisten. Aber gerade die bekommen sie von einem depressiven Menschen häufig nicht. Von ihnen hören sie oft trotz Einsatz den Vorwurf der Vernachlässigung, trotz Liebe den Vorwurf der Lieblosigkeit. Eine seelsorgerliche Zuwendung kann als Anerkennung registriert werden. Für einen religösen Menschen kann der Hinweis stärkend sein, daß der Angehörige im Neuen Testament im Umfeld von Jesus eine große Wertschätzung erfährt. Wiederholt wird davon erzählt, daß sich Angehörige oftmals mit großer Mühe für ihre Kranken einsetzen, um für sie Heil und Heilung zu erwirken.

2. Die professionellen Pflegekräfte

Eine zweite Gruppe von Begleitpersonen sind die professionellen Pflegekräfte. Für ambulant und stationär Pflegende gibt es eine Fülle hilfreicher Literatur zum Umgang mit alten Menschen. In Aus- und Fortbildung erhalten Pflegende nützliche Hinweise, wie man sich zum Wohle der Anvertrauten verhalten soll. Hilfreiche, nützliche Instruktion ist aber stets ambivalent. Einerseits wird sie als wertvolle Orientierungshilfe begrüßt. Andererseits haben solche Instruktionen aber auch immer einen Anforderungscharakter. Sie fordern Leistung, zumeist zusätzliche Leistung. Das ist auch dann der Fall, wenn Pflegende auch in seelsorgerlicher Hinsicht qualifiziert werden sollen. Und so ist dann auch häufig die Klage zu hören: „Wie sollen wir das denn alles noch schaffen?“ Pflegende brauchen von daher nicht nur Rüstzeug zur Ausübung ihres Berufes. Sie brauchen zugleich auch Rüstzeug zur Bewältigung ihrer eigenen Belastungsproblematik. Es bedarf der „Pflege der Pflegenden“ (Erich Grond 1995, S. 147). Anders ausgedrückt: Auch sie bedürfen der Seelsorge.

Pflegekräfte sind selbst depressionsgefährdet. Dafür gibt es zahlreiche Gründe:

- Das vielfältige Leid, mit dem Pflegende täglich konfrontiert sind, kann depressiv machen.
- Der Mangel an Erfolgserlebnissen kann depressiv machen.
- Das unaufhörliche Klagen Depressiver macht hilflos.
- Die Depression derer, die gepflegt werden, kann ansteckend wirken, kann eigene Gefühle der Hoffnungslosigkeit aufkommen lassen.

Von daher ist es depressionsprophylaktisch äußerst wichtig, daß Pflegende einen Ort finden, an dem sie all das, was sie bedrückt, aussprechen können. „Pflegende brauchen Aussprachemöglichkeiten“ (Erich Grond 1993, S. 107). Seelsorgerinnen und Seelsorger können sich hier anbieten. Mindestens in dreifacher Hinsicht spielen sie eine besondere Rolle:

- Wichtig ist, daß eine solche Aussprachemöglichkeit tabulos ist. Auch negative Gefühle müssen erlaubt sein. Auch Gefühle wie Ekel, Ärger, Neid müssen akzeptabel sein. Gina Schibler (1999, S. 110) schreibt zum Umgang mit Gefühlen: „A l l e Gefühle, auch Wut, Trauer, ja sogar Hass und Rache haben ihr Daseinsrecht. Sie sollten nicht unbedingt ausgelebt werden, aber auch nicht abgespalten werden. In religiöse Worte übersetzt, heißt dies: Sie müssen vor Gott nicht verborgen werden.“ Das Aussprechen solcher Gefühle wirkt kathartisch. Solche Gefühle sind nicht überall kommunikabel. Seelsorge kann sich hier als ein Ort anbieten, an dem man geschützt, abgesichert durch Schweigepflicht, reden kann.
- Pflegende haben oftmals ein hohes Anspruchsniveau. Sie neigen zum Perfektionismus. Erich Grond (1995, S. 147) spricht von einem „tyrannischen Berufsideal“. Aufgabe von Seelsorge ist es, Hilfestellung beim Abbau von überzogenen Erwartungen zu geben, einen Realismus zu fördern. Es gilt bewußt zu machen, daß all unser Wirken stets fragmentarisch und nie vollkommen

ist. Und es ist deutlich zu machen, daß wir trotz dieses fragmentarischen Daseins von Gott angenommen sind.
- Pflegende leiden oftmals unter der mangelnden Anerkennung ihres Tuns. Das Image des Berufs steht in der Gesellschaft nicht gerade hoch im Kurs. Bewohner bzw. Patienten betrachten oft den Einsatz als Selbstverständlichkeit. Auch die Verantwortlichen der arbeitgebenden Institution vergessen oft das Loben. Bisweilen sind Pflegekräfte Angriffen der Angehörigen ausgesetzt, die damit ihre Schuldgefühle kompensieren. Seelsorger können sich die Arbeit der Pflegenden beschreiben lassen, sagen lassen, was ihnen gelungen ist, worauf sie stolz sind. Allein das Offensein für eine solche positive Bilanz kann schon anerkennend wirken. Seelsorgerinnen und Seelsorger können eine biblische Anerkennung weitergeben: „Was ihr getan habt einem von diesen meinen geringsten Brüdern (und einer meiner geringsten Schwester), das habt ihr mir getan" (Mt. 25,40). Dieses Wort ist nicht nur als ethischer Appell zum Handeln zu verstehen, sondern auch als Wort der Anerkennung des Geleisteten.

IV. Gottesdienst mit depressiven Menschen

Der Besuch des Gottesdienstes hat neben seiner Bedeutung für das geistliche Leben eines Menschen offenbar auch eine gesundheitliche Bedeutung, ja er kann sogar Leben verlängern und retten. So sagen es jedenfalls zwei Untersuchungen aus. In der Zeitschrift „Journal of Gerontology" wurde vor kurzem das Ergebnis einer Langzeitstudie an 4000 alten Menschen, die jeden Sonntag zur Kirche gehen, veröffentlicht (nach: Deutsches Sonntagsblatt vom 30. 7. 1999). Die Wahrscheinlichkeit, in den nächsten sechs Jahren zu sterben ist bei regelmäßigen Kirchgängern um 50 % geringer als bei anderen alten Menschen. Außerdem litten diese Menschen weniger unter Depression. Weiterhin wurde schon Ende der 70er Jahre in der Schweiz (Günter Hole 1977, S. 198) festgestellt, daß man bei depressiven Menschen, die nie den Gottesdienst besuchen, „eine besondere Häufung von Suizidversuchen findet".
In der Untersuchung zum Verhältnis zwischen Depression und Glaube stellte Günter Hole (1977, S. 99ff) den Patienten der psychiatrischen Universitätsklinik Basel unter anderem auch die Frage nach ihrem Gottesdienstbesuch. Er fragte: Wie oft besuchten Sie in gesunden Zeiten den Gottesdienst? Er erhielt folgende Antworten:

20,9% nie
40,0% bei besonderen Anlässen
20,0% öfters
19,1% regelmäßig

Weiterhin fragte er: Würden Sie jetzt (während der Depression) gerne den Gottesdienst besuchen? Folgende Antworten wurden gegeben:

46,3% nein
25,5% unentschieden
28,2% ja

Ein Vergleich zeigt, daß unter Depression das Bedürfnis nach Gottesdienst abnimmt. Wie genauere Analysen zeigen, gibt es dabei keinen Unterschied bei Frauen und Männern. Auch zwischen Protestanten und Katholiken gibt es keinen Unterschied. Und es gibt auch keinen Unterschied zwischen den verschiedenen Altersgruppen. Unterschiede lassen sich lediglich im Schweregrad der Depression feststellen. Je schwerer die Depression ist, um so geringer ist der Wunsch nach Gottesdienst. Dieser Rückgang des Bedürfnisses nach Gottesdienst steht auf den ersten Blick im Widerspruch zu dem auch in dieser Untersuchung festgestellten starken Bedürfnis depressiver Menschen nach religiöser Verankerung. Hole vermutet, daß ein Grund für das verringerte Bedürfnis nach Gottesdienst in dem „depressiven Interessen- und Aktivitätsverlust" liegt. Diese Vermutung ist einleuchtend. Die Teilnahme am Gottesdienst setzt voraus, daß man sich „aufrafft", eine Wegstrecke hinter sich bringt. Für viele ältere Menschen ist es selbstverständlich, daß sie sich für einen Gottesdienst angemessen kleiden, was bei vielen mit großer Anstrengung verbunden ist. Zu all dem fehlt dem depressiven Menschen der nötige Antrieb. Eine Konsequenz daraus könnte sein, daß man den Gottesdienst in die Nähe des Menschen bringt. Denkbar wären Hausgottesdienste, im Heim Gottesdienste im Wohnbereich oder eine Andacht im Rahmen eines seelsorgerlichen Besuches, um die Aktivitätsanforderungen der Hinbewegung zu verringern. Motivierend könnte es aber auch sein, depressive Menschen zum Gottesdienst abzuholen. So ein gemeinschaftlicher Gang zum Gottesdienst könnte einen Mitzieheffekt haben.

Karl Heinz Bierlein (1994, S. 248ff) formuliert einige aufbauende Funktionen, die der Gottesdienst für alte Menschen hat. Für einen depressiven Menschen sind sicherlich drei von besonderer Bedeutung:

Der Gottesdienst bietet eine immer wiederkehrende Grundstruktur, enthält Elemente der Kontinuität. Gerade in einem Dasein der krisenhaften Veränderung kann eine solche Kontinuität das Gefühl der Sicherheit gewähren.

Im Gottesdienst wird geformte Sprache verwendet, die „auch bei eigener Sprachlosigkeit Sprache gewährt".

Im Gottesdienst kommt es zu einer „Begegnung zwischen der Story Gottes und der eigenen Story, die zu einer Vergewisserung des Lebens und Glaubens führt".

Ingrid Weber-Gast (1980, S. 34) schreibt: „Verkündigung müßte auch mit der Schwermut der Hörer rechnen." Sie formuliert bestimmte Erwartungen an eine Predigt, die depressive Menschen aufbauen kann. Schon die Textauswahl ist entscheidend. Bußpredigten, Gerichtsdrohungen oder die Weherufe über die Pharisäer erschrecken. Hilfreich hingegen können Krankenheilungen und Totenerweckungen sein, die Versuchung Jesu, Jesus am Ölberg oder Klagepsalmen. Es ist von Hoffnung, Trost und Verheißung zu sprechen aber zugleich auch die Finsternis und Mühsal des Lebens zur Sprache zu bringen. Man denke an das aus der Musik- und Poesietherapie bekannte ISO-Prinzip. Die Menschen sollen abgeholt werden in ihrem Stimmungstief und sodann für eine hoffnungsvolle Perspektive geöffnet werden. Dabei sollte nicht erst in der zweiten Hälfte der Predigt von der Hoffnung gesprochen werden. Wer weiß, ob der in seinem Konzentrationsvermögen beeinträchtigte depressive Mensch innerlich dann noch dabei ist. Sinnvoller ist ein durchgängiger Wechsel von Leidensthematik und Hoffnungsthematik.
Natürlich kann nicht jeder Gottesdienst unter Depressionsgesichtspunkten gestaltet werden. Wohl aber sollte bei der Analyse der homiletischen Situation auch immer wieder die Frage nach dem Gewicht dieser Problematik gestellt werden. Diese Frage stellt sich im Hinblick auf die vermutete Zuhörerschaft. Sie stellt sich zudem im Hinblick auf die Kirchenjahreszeit. Insbesondere das Ende des Kirchenjahres mit dem Volkstrauertag und dem Totensonntag/Ewigkeitssonntag verbunden mit der Tristheit der Jahreszeit macht anfällig für depressive Stimmung, fördert Herbst-Winter-Depression. Aber auch das Licht der Advents- und Weihnachtszeit am Anfang des Kirchenjahres kann für Menschen bedrückend werden, die das Gefühl haben, mehr auf der Schattenseite des Lebens

zu stehen. Bei ihnen kann es eine sogenannte Weihnachtsdepression fördern.

V. Seelsorge als Therapievermittlung

Zur Aufgabe eines Seelsorgers oder einer Seelsorgerin gehört es auch, auf weitere Hilfen aufmerksam zu machen. Gedacht ist vor allem an therapeutische Möglichkeiten, über die medizinische und psychologische Therapeuten verfügen. Das setzt natürlich voraus, das man ausreichend Kenntnis hat von Angeboten, die es in dieser Region gibt. Howard Clinebell (1971, S. 181) empfieht Seelsorgerinnen und Seelsorgern, sich eine „Überweisungsliste“ zusammenzustellen, in denen die relevanten lokalen Einrichtungen erfaßt sind. Ideal ist, wenn persönliche Kontakte zu Fachpersonen bestehen, mit denen man kooperativ zusammenarbeiten kann. Wichtig im Hinblick auf alte Menschen ist auch, daß man sich vergewissert, daß ausreichend geronto-psychiatrische und geronto-therapeutische Kompetenz vorhanden ist.

Gerade alte Menschen müssen besonders ermutigt werden, bei psychischen Problemen die Hilfe von Fachleuten in Anspruch zu nehmen. Untersuchungen zeigen, daß für alte Menschen die Psychotherapie weitgehend ein unbekanntes und damit angstbesetztes Feld ist. Vielen geht der Begriff der „Klapsmühle“ durch den Kopf. Manche haben negative Erinnerungen an einen Mißbrauch der Psychiatrie in der NS-Zeit.

Zur Ermutigung gehört auch eine Vorweginformation darüber, was „diese Leute mit einem tun“. Manfred Wolfersdorf (1994, S. 73) gibt folgende Möglichkeiten der Depressionsbehandlung an:

- Behandlung mit Antidepressiva
- Speziell für depressiv Kranke geeignete psychotherapeutsche Verfahren als Einzeltherapie, Gruppentherapie oder Familientherapie
- Biologische Behandlungsverfahren wie Lichttherapie, Schlafentzug
- begleitende Maßnahmen wie Sport und Gymnastik, Bewegungstherapie,Ergotherapie und Musiktherapie.

Nach Auffassung von Howard Clinebell (1971, S. 177) sollte man sich bei der „Seelsorgehilfe durch Überweisung“ vor zwei Extremen hüten: Auf der einen Seite sollte die Überweisung nicht zu einer „automatischen und selbstverständlichen Reaktion“ werden.

Man sollte die Ratsuchenden nicht allzuschnell weiterschicken, weil man damit die Möglichkeiten der Seelsorge vertut. Auf der anderen Seite sollte aber auch den Ratsuchenden weitergehende Hilfe nicht vorenthalten werden, weil eine Überweisung als „ein Eingeständnis der eigenen Unzulänglichkeit oder des Scheitern“ angesehen wird.

VI. Vermittlungshilfe für die Seelsorgefortbildung

In diesem letzten Teil des Buches geht es um eine methodisch-didaktische Vermittlungshilfe für Personen, die seelsorgerliche Kompetenzen an andere vermitteln wollen. Gedacht ist etwa an Pastorinnen und Pastoren oder Diakoninnen und Diakone, die seelsorgerlich Interessierte im Kontext der Altersdepression schulen wollen. Eine solche Schulung kann etwa stattfinden in einem Besuchsdienstkreis oder mit Mitarbeiter/innen eines Altenheims oder einer Diakonie/Sozialstation, die auch seelsorgerlich begleiten möchten. Eine Hilfe kann dieser Teil auch sein für Lehrkräfte an einer (kirchlich verankerten) Altenpflegeschule. Vorgeschlagen wird ein grober Aufbauplan, der natürlich phantasievoll auch in Abhängigkeit von der jeweiligen Zielgruppe und ihren Voraussetzungen modifiziert werden kann. Folgende Bausteine werden vorgeschlagen.

1. Eine kleine Selbsterfahrung als erste Annäherung an das Problem

Die Teilnehmenden werden gebeten, sich an ein Erlebnis zu erinnern: „Als ich einmal ganz unten war.“
Dabei ist nicht gleich an eine Depression gedacht, vielmehr an einen Zustand des Deprimiertseins.

Die Teilnehmenden werden gebeten, die Augen zu schließen.
Wem das unangenehm ist, der möge darauf verzichten.

Leitimpulse einer Imagination:
Wo befinde ich mich?
Wie sieht es dort aus? Welche Menschen sind anwesend?
Welche Geräusche nehme ich wahr?
Was für Stimmen höre ich?
Was geht mir durch den Kopf?

Mit welchen Worten werde ich konfrontiert?
Wie verhalte ich mich?
Welche Gefühle machen sich in mir breit?

Die Teilnehmenden werden gebeten, die Augen wieder zu öffnen.

Die Teilnehmenden werden gebeten, ihre Erfahrungen zu äußern.

Die Erfahrungen werden systematisiert nach: Gedanken, Gefühlen, Verhalten.

Hinweis: Deprimiertsein ist keine Depression, aber es gibt gewisse Strukturparallelen.

2. Was ist eine Depression?

Ideal ist, wenn für diesen Baustein eine Expertin oder ein Experte zur Verfügung steht. Man frage in einer psychiatrischen Einrichtung nach. Wichtig ist, daß gerontopsychiatrische Erfahrungen vorhanden sind. Gelingt es nicht, einen solchen Menschen zu finden, so bereite man sich nach Teil A dieses Buches vor oder man greife zu dem Buch von Erich Grond: Die Pflege und Begleitung depressiver alter Menschen.

3. Die Depression als ein Denkproblem

Gesprächsbeispiele aus diesem Buch aus dem Bereich „Auf dem Weg zu einem neuen Denken“ werden zweifach kopiert und mit verteilten Rollen gelesen etwa:

Sokratischer Dialog:

Ich bin zu *nichts* mehr zu gebrauchen
Keiner kann mich hier ausstehen
Es sagt mir hier *alles* nicht zu
Ich hätte mich um den Jungen besser kümmern sollen
Ich hätte den Hof meinem Sohn früher überschreiben sollen
Meine Tochter traut mir überhaupt nichts mehr zu
Die Operation nächste Woche ist dann der Anfang vom Ende

Philosophisches Disputieren:

Man sollte sich zusammenreißen
Man muß sich anpassen

Darf man keinen Fehler machen?
Das Leben macht überhaupt keinen Spaß mehr
Undank ist der Welt Lohn

Fragen: Welches Problem liegt vor?
Welche Strategie wird in dem Gespräch angewandt?

Nach mehreren Beispielen: Erläuterung des Verfahrens einer kognitiven Umstrukturierung.

Vorlage von biblischen Geschichten:
Gleichnis vom Schalksknecht (Mt. 18, 23-27)
Sturmstillung (Mt. 8, 23-26)
Das Seewandeln des Petrus (Mt. 14,28-32)

Auf die eigene Person bezogenes Gespräch: „Was sagt mir die Geschichte?“

Frage: Wie könnte die Geschichte für einen depressiven Menschen hilfreich sein?“

4. Die Depression als ein emotionales Problem
Jemand wird gebeten, etwa eine Urlaubsgeschichte zu erzählen.
Die anderen bekommen den Auftrag (ohne daß der Erzähler oder die Erzählerin das hört), auf nonverbale, verbale und paraverbale Ausdrücke zu achten.
Die Beobachtungen werden in der Gruppe ausgetauscht.
Frage: „Welche nonverbalen, verbale und paraverbalen Signale senden depressive Menschen aus?“

Gespräch: „Wie reagieren Menschen auf Klagen?“
Formen der Klageabweisung werden systematisiert (Systematisierungsvorschlag in diesem Buch). Die Auswirkungen werden diskutiert.
Frage: „Wie kann ich anders mit dem Klagen umgehen?“

Das Verfahren der Paraphrasierung wird erklärt und an Beispielen geübt: „Wie kann ich das anders und gleichwertig sagen?“

Frage: „Kann ich depressive Menschen verstehen?“

Erkenntnisziel: Das Signal „Ich möchte Sie verstehen“ ist häufig angemessener als das Signal „Ich verstehe Sie“.

Möglichkeiten des Klärens von Gefühlen werden dargestellt.

Frage: „Wie kann ich positive Aspekte erkennen und herausstellen?“
Vertiefung mit Beispielen aus diesem Buch.

Wir hören Musik von Pachelbel, Bach und Vivaldi (Werkbeispiele in diesem Buch).

Frage: Wie habe ich diese Musik erlebt?
Welche Kräfte können depressiven Menschen durch diese Musik zuströmen?
Wir singen Choräle (Beispiele in diesem Buch).

Frage: „Wie spricht mich dieses Lied an?“
„Was können Text und Melodie einem depressiven Menschen geben?“
Wir lesen Gedichte und Psalmen (Beispiele in diesem Buch).

Frage: „Was spricht mich an?“
„Wie können diese Texte auf depressive Menschen wirken?“

5. Die Depression als Erzählung
Gesprächsbeispiele aus diesem Buch aus dem Bereich „Auf dem Weg zu einer neuen Lebensgeschichte“ werden zweifach kopiert und mit verteilten Rollen gelesen:
Geht noch ganz flott.
Und das mitten in der Woche.
Doch wieder auf die Füße gestellt.
Fragen: Welches Problem liegt vor?
Welche Strategie wird in dem Gespräch angewandt?
Nach mehreren Beispielen: Erläuterung des Verfahrens der Erzählarbeit.

Vorlage von biblischen Hoffnungs-und Antriebsgeschichten:
Das Murren der Israeliten (2. Mose 16)
Hiskias Erinnerung (Jesaja 38)

Er zog mich aus der grausigen Grube (Ps. 40)
Elia (1.Kön.19,4-8)
Der Fischzug des Petrus (Lk.5,4-6)

Auf die eigene Person bezogenes Gespräch: „Was sagt mir die Geschichte?"

Frage: „Wie könnte die Geschichte für einen depressiven Menschen hilfreich sein?"

6. Weitere Themen:

Gespräch: „Wie muß eine Umwelt aussehen, in der ich mich wohlfühle?"

„Was für eine Umwelt brauchen depressive alte Menschen?"

Gespräch: „Was für Probleme haben Angehörige?"

„Was kann ich zur Problemlösung tun?"

Gespräch: „Was belastet Pflegekräfte?"

„Was kann ich zur Entlastung beitragen?"

Gespräch: „Was kann depressive alte Menschen im Gottesdienst bereichern?"

Literatur

Ackerknecht, Erwin H.: Kurze Geschichte der Psychiatrie. Enke, Stuttgart 1985, 3. Aufl.

Adam, Christian: Depressive Störungen im Alter – Epidemiologie und soziale Bedingungen. Juventa, Weinheim und München 1998.

Adler, A.: Menschenkenntnis, Rascher, Zürich 1947, 6. Aufl.

Albersnagel, Frans A./Emmelkamp, Paul M.G./van den Hoofdakker, Rudi H.(Hrsg.): Depression. Verlag für angewandte Psychologie, Göttingen, Stuttgart 1993.

Allert-Wybranietz, Kristine: Dem Leben auf der Spur – Verschenktexte. Heyne, München 1987, 6. Aufl.

Allport, G.W./Ross, J.M.: Personal religious orientation and prejudice. Journal of Personality and Social Psychology, 1967, 5 , S. 432ff.

Arens, Edmund: Erzählter Glaube – erzählende Kirche. Herder, Freiburg, Basel, Wien 1988.

Argyle, Michael: Körpersprache und Kommunikation. Junfermann, Paderborn 1987.

Baumgartner, Isidor: Pastoralpsychologie. Patmos, Düsseldorf 1990.

Baumgartner, Isidor: Heilende Seelsorge in Lebenskrisen. Patmos, Düsseldorf 1992.

Beck, Aaron T./ Rush/Shaw/Emery: Kognitive Therapie der Depression. Urban & Schwarzenberg, München-Weinheim 1986, 2. Aufl.

Billig, Nathan: Depression im Alter muß nicht sein – Ihre Anzeichen und ihre Behandlung. Kreuz, Zürich 1988.

Bierlein, Karl Heinz: Lebensbilanz. Claudius, München 1994.

Blonski, Harald (Hg.): Neurotische Störungen im Alter – Ein Praxisbuch. Asanger, Heidelberg 1998.

Bornkamm, Günther/Barth, Gerhard/Held, Heinz Joachim: Überlieferung und Auslegung im Matthäusevangelium. Neukirchener, Neukirchen-Vluyn 1970, 6. Aufl.

Böschemeyer, Uwe: Logotherapie mit alten Menschen; in: Petzold/Bubolz 1979, S. 59ff.

Bowlby, J.: Trennung. Fischer, Frankfurt /M 1986.

Carolsfeld, Julius Schnorr von: Die Bibel in Bildern. Hänssler, Neuhausen-Stuttgart 1997, 3. Aufl.

Christe, Christel: Suizid im Alter – Dimensionen eines ignorierten Problems. Kleine, Bielefeld 1989.

Clinebell, Howard: Modelle beratender Seelsorge. Kaiser, München 1985, 5. Aufl.

Decker-Voigt, Hans-Helmut: Aus der Seele gespielt – Eine Einführung in die Musiktherapie. Goldmann, München 1991.

Depping, Klaus: Altersverwirrte Menschen seelsorgerlich begleiten – Bd 1: Hintergründe, Zugänge, Begegnungssebenen. Lutherisches Verlagshaus, Hannover 1993, 1997 2. Aufl.

Depping, Klaus: Altersverwirrte Menschen seelsorgerlich begleiten – Bd 2: Eine Vermittlungshilfe für Aus- und Fortbildende verschiedener Bereiche. Lutherisches Verlagshaus, Hannover 1993, 1994 2. Aufl.

Dörner, Klaus/Plog, Ursula: Irren ist menschlich – Lehrbuch der Psychiatrie/Psychotherapie. Psychiatrie Verlag, Bonn 1992, 7. Aufl.

Dörr, Anette: Religion und Depression – Eine empirisch-psychologische Untersuchung, Deutscher Studien Verlag, Weinheim 1987.

DS – Das Sonntagsblatt: Was glauben die Deutschen? Hansisches Druck- und Verlagshaus, Hamburg 1997.

DSM-IV – Diagnostische Kriterien: Dt. Bearb.: Henning Saß, Hans-Ulrich Wittchen, Michael Zaudig, Isabel Houben, Hogrefe, Göttingen, Bern, Toronto, Seattle 1998.

Dürckheim, Karlfried Graf: Alt werden – Zeit der Verwandlung – Einige Gedanken zur Therapie des alten Menschen; in: Petzold/Bubolz 1979, S. 21ff.

Eberhard, Kurt und Gudrun: Typologie und Therapie der depressiven Verstimmungen. Vandenhoeck, Göttingen 1997.

Echtermeyer/von Wiese: Deutsche Gedichte – Von den Anfängen bis zur Gegenwart. Bagel, Düsseldorf 1968.

Eibach, Ulrich: Seelische Krankheit und christlicher Glaube. Neukirchener, Neukirchen-Vluyn 1992.

Ekman, P./Friesen, W. V.: Nonverbal behavior in psychopathology; in: Friedman/Katz.

Ellis, Albert: Die rational-emotive Therapie – Das innere Selbstgespräch bei seelischen Problemen und seine Veränderung. Pfeiffer, München 1982, 3. Auflage.

Ellis, Albert/Hoellen, Burkhard: Die rational-emotive Verhaltenstherapie – Reflexionen und Neubestimmungen. Pfeiffer, München 1997.

Erikson, E. H.: Identität und Lebenszyklus, Suhrkamp, Frankfurt 1966.

Erlemeier, Norbert: Suizidalität im Alter – Bericht über den aktuellen Forschungsstand, Kohlhammer, Stuttgart, Berlin, Köln 1992.

Erlemeier, Norbert: Suizidgefährdung im Alter, Pro Alter 2/97, S. 50f.

Ernst, Cécile: Epidemiologie depressiver Störungen im Alter; in: Radebold u. a. S. 2ff.

Ernst, D.: Depressive Episoden und subsyndromale Depression; in: Radebold u. a. S. 4ff..

Eschenröder, Chr.: Grundprinzipien der rational-emotiven Therapie; in: Mitteilungen der Deutschen Gesellschaft für Verhaltenstherapie (DGVT), Tübingen 10,2/1978, S. 217.

Evangelisches Kirchengesangbuch: Lutherisches Verlagshaus, Hannover 1994.

Fairchild, Roy W.: Seelsorge mit depressiven Menschen. Grünewald, Mainz 1991.
Fishback Powers, Margaret: Originalfassung des Gedichts *Footprints* © 1964 Margaret Fishback Powers. Deutsche Fassung des Gedichts *Spuren im Sand* © 1996 Brunnen Verlag Gießen.
Friedman, J./Katz, M.M. (Eds.): The psychology of depression – Contemporary theory and research. Winston-Wiley, Washington 1974.
Fuchs, Werner: Biographische Forschung – Eine Einführung in Praxis und Methoden. Westdeutscher Verlag, Opladen 1984.

Geibel, Emanuel: Hoffnung; in: Hay, S. 196.
Glock, Charles Y.: On the study of religious commitment; in: Religious Education Research Supplement 57 (1962) 4:98-110.
Göbel, H., Kipp, J., Struwe, B.: Symptomatik der Altersdepression und die Diagnose der Depression nach ICD 10 – erste Ergebnisse einer Vergleichsuntersuchung; in: Radebold u. a. S. 88ff.
Goes, Albrecht: Nach schwerem Winter; in: Echtermeyer/von Wiese, S. 619f.
Gordon, David: Therapeutische Metaphern. Junfermann, Paderborn 1987.
Gneist, J.: Religiöse Prägung und religiöses Verhalten der depressiven Primärpersönlichkeit. Conf. Psychiatr. 12, 1969, S. 164ff.
Grom, Bernhard: Religionspsychologie. Kösel, München 1992.
Grond, Erich: Depression im Alter; in: Altenpflege 4/1988, S. 274ff.
Grond, Erich: Zum Umgang mit Depressiven; in: Altenpflege 5/1988, S. 295ff.
Grond, Erich: Die Pflege und Begleitung depressiver alter Menschen. Schlüter, Hannover 1993.
Grond, Erich: Kompendium der Alters-Psychiatrie und -Neurologie für Altenpfleger/innen. Kunz, Hagen 1995.
Grond, Erich: Altenpflege als Beziehungspflege – Ein interaktionelles Pflegekonzept. Kunz, Hagen 1997.
Grmek, Mirko D.: Die Geschichte des medizinischen Denkens – Antike und Mittelalter. Beck, München 1996.

Hagenmaier, Heike und Martin: Seelsorge mit psychisch kranken Menschen. Grünewald, Mainz 1991.
Hark, H.: Religiöse Entwicklung und psychische Schwierigkeiten; in: Wege zum Menschen, 1982, 34 (11-12), S. 443ff.
Hay, Gerhard/Steinsdorff, Sibylle von (Hrg.): Deutsche Lyrik vom Barock bis zur Gegenwart. Deutscher Taschenbuch Verlag, München 1997, 8. Aufl.
Held, Heinz Joachim: in Bornkamm u. a. S. 155ff.
Hell, Daniel (Hrsg.): Ethologie der Depression. Gustav Fischer, Stuttgart, Jena 1993.
Herzog von Braunschweig-Lüneburg, Anton Ulrich: Ich kann nicht mehr; in: Urbanek, S. 62f.
Hiroto, D. S.: Locus of Control and Learned Helplessness. Journal of Experimental Psychology, 1974, 102, S. 187-193.
Hiroto, D. S./Seligman, M. E. P.: Generality of learned helplessness in man. Journal of Personality and Social Psychology, 1974, in press.

Hirsch, Rolf D.: Altern und Depressivität. Huber, Bern, Göttingen, Toronto 1992.

Hoffmann, S.O./Hochapfel, G.: Einführung in die Neurosenlehre und psychosomatische Medizin. Schattauer, Stuttgart, New York 1991, 4. Aufl.

Hofmannsthal, Hugo von: Wasser stürzt; in: Echtermeyer/von Wiese, S. 562.

Hohendorf, Gerrit: Depressive Erkrankungen aus anthropologischer und psychiatrischer Sicht; in: Praktische Theologie 32. Jg., Heft 4, S. 260-272.

Hole, Günter: Der Glaube bei Depressiven – Religionspsychopathologische und klinisch-statistische Untersuchung. Enke, Stuttgart 1977.

Horney, Karen: Neurose und menschliches Wachstum. Fischer, Frankfurt a.M. 1985.

ICD-10 Kapitel V (F): Weltgesundheitsorganisation: Internationale Klassifikation psychischer Störungen, H. Dilling/W. Mombour/M.H. Schmidt (Hrsg.), Huber 1993, 2. Aufl.

Jörns, Klaus-Peter: Die neuen Gesichter Gottes – Was die Menschen heute wirklich glauben. C.H. Beck, München 1997.

Jörns, Klaus-Peter/Großeholz, Carsten (Hg.): Was die Menschen wirklich glauben – Die soziale Gestalt des Glaubens – Analysen einer Umfrage. Chr. Kaiser, Gütersloh 1998.

Kähler, Christoph: Jesu Gleichnisse als Poesie und Therapie. J.C.B. Mohr, Tübingen 1995.

Kielholz, P.: Diagnose und Therapie der Depression für den Praktiker. Lehmann, München 1971, 3. Aufl.

Kisker, K.P. u. a. (Hrg): Alterspsychiatrie. Springer, Berlin, Heidelberg, New York, London, Paris, Tokyo 1989, 3. Aufl.

Kretschmar, J.H.: Diagnostik der Altersdepression aus gerontopsychiatrischer Sicht; in: Radebold u. a. S. 191ff.

Kroeger, Matthias: Themenzentrierte Seelsorge. Kohlhammer, Stuttgart, Berlin, Köln, Mainz 1973.

Labov, W./Waletzky, J.: Erzählanalyse: Mündliche Versionen persönlicher Erfahrung; in: Jens Ihwe, Hrsg., Literaturwissenschaft und Linguistik, Band 2, S. 78-126, Frankfurt a.M 1973.

Ladenhauf, Karl Heinz: Integrative Therapie und Gestalttherapie in der Seelsorge. Junfermann, Paderborn 1988.

Lazarus, R. S./Folkman, S.: Stress, appraisal und coping. Springer, New York 1984.

Leedy, Jack J.: Poetry therapy. The use of poetry in the treatment of emotional disorders. Lippincott, Philadelphia/Toronto 1969.

Leedy, Jack J.: Prinzipien der Poesietherapie; in: Petzold/Orth, S. 243ff.

Lemke, Helga: Theologie und Praxis annehmender Seelsorge. Kohlhammer, Stuttgart, Berlin, Köln, Mainz 1978.

Lemke, Helga: Personenzentrierte Beratung in der Seelsorge, Kohlhammer, Stuttgart, Berlin, Köln 1995.

Lohmann, R./Heuft, G.: Life Review: Förderung der Entwicklungspotentiale im Alter; in: Zeitschrift für Gerontologie und Geriatrie, Bd 28, Heft 4 (1995).

Lowen, Alexander: Bioenergetische Analyse: Eine Weiterentwicklung der Reich'schen Therapie; in: Petzold 1987, S. 51-61.

Lowen, Alexander: Depression, Kösel, München 1978.

Luther, Martin: Die Bibel. Deutsche Bibelgesellschaft, Stuttgart 1985.

Luumi, Pertti: Möglichkeiten und Grenzen des Erzählens; in: Wege zum Menschen, 42. Jg. S. 284-293.

Mahnkopf, A.: Die Gesprächsgruppe für Patienten in der zweiten Lebenshälfte – Gruppentherapie für stationär behandelte ältere depressive Patienten; in: Radebold u. a. S. 169ff.

Makarowski, K.D.: Seelsorgerliche Begegnung mit Depressiven; in: Wege zum Menschen 32 (1980) 257-269.

Mayer, Karl Ulrich/Baltes, Paul B.: Die Berliner Altenstudie. Akademie-Verlag, Berlin 1996.

Merkle, Rolf: Nie mehr depressiv – Selbsthilfeprogramm zur Überwindung negativer Gefühle. mvg, München/Landsberg am Lech 1995, 4. Aufl.

Merrit, Stephanie: Die heilende Kraft der klassischen Musik – Eine Entdekkungsreise zu mehr Kreativität und Lebensenergie durch Musik. Kösel, München 1998.

Meyer, Conrad Ferdinand: In Harmesnächten; in: Echtermeyer/von Wiese, S. 486.

Möricke, Eduard: Verborgenheit; in: Echtermeyer/von Wiese, S. 398f.

Müller-Spahn, F./ Hock, Chr.: Neurobiologische Faktoren und somatische Aspekte der Depression im höheren Lebensalter; in: Radebold u. a. S. 12ff.

Murphy, E.: Depressionen im Alter; in: Kisker u. a. S. 225-251.

Nüchtern, Michael: Was heilen kann – Therapeutische Einsichten aus biblischen Geschichten, Vandenhoeck, Göttingen, Zürich 1994.

Oesterreich, Klaus: Psychiatrie des Alterns, Quelle und Meyer, Heidelberg 1981, 2. Aufl.

Orelli, A.von: Der Wandel des Inhaltes der depressiven Ideen bei der reinen Melancholie unter Berücksichtigung des Inhaltes der Versündigungsideen. Schweiz. Arch. Neurol. Psychiat. 73, 1954, 217.

Petsch, Hans-Joachim: Am Leben wie an einer Krankheit leiden – Psalmen als Sprachschule in depressiver Daseinsangst, Wege zum Menschen, Heft 4, 1995, S. 230ff.

Petzold, Hilarion /Bubolz, Elisabeth: Psychotherapie mit alten Menschen. Junfermann, Paderborn 1979.

Petzold, Hilarion/Orth, Ilse (Hrsg.): Poesie und Therapie – Über die Heilkraft der Sprache. Junfermann, Paderborn 1985.

Petzold, Hilarion: Die Bedeutung der Lebensbilanz; in: Altenpflege 10/1986, S. 593ff.

Petzold, Hilarion (Hrsg.): Die neuen Körpertherapien, Paderborn 1987.
Psychologie Heute, Heft 6, 1997, S. 21ff: Macht Glauben gesund?
Radebold, H./Hirsch, R.D./Kipp, J./Kortus, R./Stoppe, G./Struwe, B./Wächter, C. (Hrg): Depressionen im Alter, Steinkopff, Darmstadt 1997.
Rafaelsen, Ole J./Helmchen, Hanfried: Depression, Melancholie, Manie – Ein Buch für Kranke und Angehörige. Thieme, Stuttgart, New York 1982.
Rizzuto, A.-M.: The birth of the living god. University of Chicago Press, Chicago 1979.
Rogers, C.R.: Die klientenzentrierte Gesprächspsychotherapie. Kindler, München 1973.
Rosenthal, Gabriele: Erlebte und erzählte Lebensgeschichte – Gestalt und Struktur biographischer Selbstbeschreibungen. Campus, Frankfurt /Main, New York 1995.
Rudolf, Gerhard A.E.: Depression und höheres Lebensalter. Wissenschaftliche Buchgesellschaft, Darmstadt 1993.

Scharfenberg, J.: Einführung in die Pastoralpsychologie. Vandenhoeck, Göttingen 1985.
Schibler, Gina: Kreativ-emanzipierende Seelsorge. Kohlhammer, Stuttgart 1999.
Schipperges, Heinrich: Die Kranken im Mittelalter. Beck, München 1993.
Schmidt, W./Röhrle, N.: Biographie-Arbeit in der gerontopsychiatrischen Tagesklinik Tübingen; in: Radebold u. a. S. 294ff.
Schröder, Rudolf Alexander: Was dir auch immer begegnet; in: Weggeleit, S. 196f.
Schulte, W.: Glaube und Unglaube des Depressiven; in: Evang. Theol. 11, 1951, S. 172ff.
Schulte, W.: Das Glaubensleben in der melancholischen Phase; in: Nervenarzt 25, 1954, S. 401ff.
Schulte, W.: Psychotherapeutische Bemühungen bei Melancholie; in: Studien zur heutigen Psychotherapie 1964.
Schütze, Fritz: Das narrative Interview in Interaktionsfeldstudien I. Fernuniversität Hagen 1987.
Schwab, Ulrich: Familienreligiosität – Religiöse Traditionen im Prozeß der Generationen. Kohlhammer, Stuttgart, Berlin, Köln 1995.
Seligman, Martin E.P.: Erlernte Hilflosigkeit. Urban & Schwarzenberg, München, Weinheim 1986, 3. Aufl.
Seligman, Martin: Pessimisten küßt man nicht – Optimismus kann man lernen, Droemer Knaur, München 1991.
Seligman, M. E. P./Elder, G.; in: Soerenson u. a. S. 377ff.
Soerenson, A./Weinert, F../Sherrod, L. (Eds.): Human development and life course. Lawrence Erlbaum, Hillsdale 1986.
Söhngen, Michael: Ziele, Möglichkeiten und Grenzen der Seelsorge in der Gerontopsychiatrie; in: Praktische Theologie 32. Jg., Heft 4, S. 273-283.
Spitz, R. A.: Vom Säugling zum Kleinkind. Klett, Stuttgart, 6. Aufl.
Starobinski, Jean: Geschichte der Melancholiebehandlung von den Anfängen bis 1900. J.R. Geigy, Basel 1960.

Steinhilper, Rolf: Depression – Herausforderung an die Seelsorge. Calwer, Stuttgart 1990.
Stemmer-Beer, Roswitha: Zu alt für die Liebe? – Liebe, Partnerschaft und Sexualität im Alter. mvg, München, Landsberg am Lech 1994.
Strobel, Wolfgang/Huppmann, Gernot: Musiktherapie – Grundlagen, Formen, Möglichkeiten. Hogrefe, Göttingen, Bern, Toronto, Seattle 1997, 3.Aufl.
Supprian, Ulrich: Chronobiologische Gestalten endogener Psychosen. PsychologieVerlagsUnion, München 1993.
Sydow, Kirsten von: Die Lust auf Liebe bei älteren Menschen. Ernst Reinhardt, München, Basel 1994, 2. Aufl.

Tacke, Helmut: Mit den Müden zur rechten Zeit zu reden – Beiträge zu einer bibelorientierten Seelsorge. Neukirchener, Neukirchen-Vluyn 1989.
Tölle, Rainer: Psychiatrie. Springer, Berlin, Heidelberg, New York, Tokio 1985, 7. Aufl.

Uhland, Ludwig: Frühlingsglaube; in Echtermeyer/von Wiese, S. 384.
Urbanek, Walter: Lyrische Signaturen. Buchner, Bamberg 1977.

Varley, Susan: Leb wohl, lieber Dachs. Betz, Wien-München 1992.

Wagensommer, Georg: „Klagepsalmen und Seelsorge“ Der Psalter als Ausdruck persönlicher Frömmigkeit und Sprachhilfe für kranke Menschen. LIT, Münster 1998.
Walen, Susan R./Di Giuseppe, Raymond/Wessler, Richard L.: RET-Training – Einführung in die Praxis der rational-emotiven Therapie. Pfeiffer, München 1982.
Watzlawick, Paul: Die Möglichkeit des Andersseins – Zur Technik der therapeutischen Kommunikation. Huber, Bern, Stuttgart, Wien 1986, 3. Aufl.
Weber-Gast, Ingrid: Weil du nicht geflohen bist vor meiner Angst. Grünewald, Mainz 1980, 4. Aufl.
Weggeleit – Gedichte. Schroedel, Hannover 1956.
Welz, Rainer: Epidemiologie psychischer Störungen im Alter -Ergebnisse einer repräsentativen Bevölkerungsstudie in Duderstadt. Roderer, Regensburg 1994.
Wessells, Michael G: Kognitive Psychologie. Harper & Row, New York 1984.
Westermann, Claus: Der Psalter. Calwer, Stuttgart 1969, 2. Aufl.
Wetterling, T.: Depressive Pseudodemenz – empirische Ergebnisse zu einem umstrittenen Konzept; in: Radebold u. a. S. 92ff.
Wiedemann, Peter M.: Erzählte Wirklichkeit – Zur Theorie und Auswertung narrativer Interviews. Psychologie Verlags Union, Weinheim und München 1986.
Wolfersdorf, Manfred: Depression – Verstehen und bewältigen. Springer, Berlin, Heidelberg, New York, London, Paris, Tokyo, Hongkong, Barcelona, Budapest 1995, 2. Aufl.

Yost, E./Allender, J.: Group cognitive therapie: A treatment method for depressed elderly. Pergamon, New York 1986.